山代二子塚（松江市山代町）

出雲国府跡（松江市大草町）

仲仙寺古墳群宮山Ⅳ号墓（安来市西赤江町）

加茂岩倉遺跡出土銅鐸群
（雲南市加茂町岩倉，島根県立古代出雲歴史博物館保管）

田和山遺跡（松江市乃白町）

中世の史跡

後鳥羽上皇御火葬塚
（隠岐郡海士町海士）

沖泊港（大田市温泉津町温泉津）

万福寺本堂（益田市東町）

益田氏城館跡
（益田市三宅町）

石州文禄丁銀
(島根県立古代出雲歴史博物館蔵)

石見銀山遺跡釜屋間歩付近(大田市大森町)

神魂神社本殿(松江市大庭町)

八重垣神社板絵著色神像
(松江市佐草町)

富田城跡(安来市広瀬町富田)

近世・近代の史跡

日御碕灯台
(出雲市大社町日御碕)

出雲大社本殿(出雲市大社町杵築東)

森鷗外旧宅
(鹿足郡津和野町町田)

小泉八雲旧居（松江市北堀町）

松江城（松江市殿町城山）

和野城跡（鹿足郡津和野町鷲原・後田）

菅谷たたら山内の高殿（雲南市吉田町吉田）

伝統文化と自然

隠岐国分寺蓮華会舞
(隠岐郡隠岐の島町池田)

隠岐国賀海岸
(隠岐郡西ノ島町国賀)

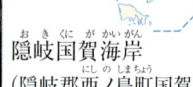

鷺舞
(鹿足郡津和野町)

石見神楽
(石見地方)

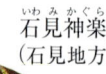

佐陀神能
(佐太神社,松江市鹿島町佐陀宮内)

宍道湖
(松江市・出雲市)

日刀保たたら
(仁多郡奥出雲町大呂)

三瓶小豆原埋没林公園(大田市三瓶町多根)

もくじ　赤字はコラム

能義の里

❶ 鋼の町安来--- 4
　和鋼博物館／安来一里塚／清水寺／雲樹寺／『出雲国風土記』と安来の伝承／教昊寺跡／安来節と「どじょうすくい」／インヨウチク群落／穴神横穴墓群

❷ 荒島・王陵の丘--- 14
　仲仙寺古墳群／荒島古墳群／四隅突出型墳丘墓／塩津山墳墓群／塩津神社古墳／岩舟古墳／鷺の湯病院跡横穴墓石棺・矢田横穴墓群

❸ 広瀬の町とその周辺-- 21
　安来市立歴史資料館／富田川河床遺跡／富田城跡／尼子氏と山中鹿介／巌倉寺／城安寺／富田八幡宮／鉄の道文化圏／金屋子神社

松江とその周辺

❶ 意宇川の流れに沿って--- 36
　島根県立八雲立つ風土記の丘／神社の造営と遷宮／神魂神社／熊野大社／安部栄四郎記念館／出雲国府跡／中世の出雲国府中／八重垣神社／出雲国山代郷遺跡群正倉跡と山代二子塚／出雲国分寺跡／平浜八幡宮／阿太加夜神社とホーランエンヤ／揖夜神社

❷ 松江城下から宍道湖畔南部へ------------------------------------ 51
　島根県立美術館／洞光寺・善光寺／田和山遺跡／出雲玉作跡／モニュメント・ミュージアム来待ストーンと石宮神社／木幡家住宅と女夫岩遺跡／伊志見一里塚

❸ 島根半島から松江城下へ -- 60
美保神社／権現山洞窟住居跡とサルガ鼻洞窟住居跡／華蔵寺／大根島熔岩隧道／佐太神社／佐太講武貝塚／加賀の潜戸／丹花庵古墳と古墳の丘古曽志公園／松江藩の人口増加／菅田庵／金崎古墳群／明々庵と小泉八雲旧居／近世城下町としての松江／松江城／松江神社と興雲閣／島根県立図書館／月照寺／天倫寺

出雲西部

❶ 木綿街道と平田の町 -- 86
大寺薬師／一畑電車と十六島海苔／鳶が巣城跡／康国寺／出雲市立木綿街道交流館／舟運の町平田／鰐淵寺／弁慶伝説／一畑薬師／宇竜と塩津／猪目洞窟遺跡

❷ 出雲大社と日御碕 -- 98
出雲大社／縁結びの神／島根県立古代出雲歴史博物館／出雲市立吉兆館／出雲阿国の墓／稲佐の浜と出雲神話／日御碕神社

❸ 出雲平野 --- 110
今市大念寺古墳／西谷墳墓群／見々久神楽／出雲民芸館／須佐神社／出雲平野の築地松と人びとの生活／本願寺／立虫神社／荒神谷出土青銅器の語るもの／荒神谷遺跡

奥出雲

❶ 雲南 --- 124
加茂岩倉遺跡／神原神社古墳／光明寺／古代鉄歌謡館／神話の世界を伝える神楽／峯寺／永井隆／禅定寺／菅谷たたら山内

もくじ

❷ 飯石と仁多の郡-- 135
　飯南町民俗資料館／赤穴八幡宮／三沢城跡／可部屋集成館／鬼舌振／奥出雲のトロッコ列車／絲原記念館／奥出雲たたらと刀剣館／近世企業たたら／横田荘／伊賀多気神社／雲州そろばん／横田相愛教会

石東

❶ 大田とその周辺--- 150
　鶴岡八幡宮／物部神社／三瓶山／明神古墳／三瓶小豆原埋没林／高野寺
❷ 石見銀山遺跡-- 157
　大森地区／石見銀山／井戸平左衛門正明／銀山地区／石見銀山街道（温泉津沖泊道）／石見銀山街道／鞆ヶ浦／温泉津温泉／温泉津

石央

❶ 大河江の川とその周辺-- 176
　千丈溪／甘南備寺／木谷石塔／断魚溪／大元神楽／諏訪神社／順庵原１号墳／志都の岩屋／賀茂神社／斎藤茂吉と鴨山
❷ 江津とその周辺--- 186
　清泰寺／小川庭園／福泉寺
❸ 城下町浜田とその周辺-- 190
　浜田城跡／下府廃寺塔跡／多陀寺／石見国分寺跡／石見畳ヶ浦／浜田市金城歴史民俗資料館／石州半紙／周布古墳／大麻山神社／三隅神社／石見神楽の現在／三隅大平ザクラ

石西

❶ 益田とその周辺-- 206

鵜ノ鼻古墳群／スクモ塚古墳／大喜庵／柿本神社／三宅御土居跡／七尾城跡／万福寺／益田糸操り人形／東陽庵／大元神社跡の樟／旧道面家住宅／金谷の城山桜／新槇原遺跡

❷ 城下町津和野とその周辺-- 220

永明寺／多胡家表門と養老館／津和野町郷土館／津和野藩御殿跡／津和野城跡／鷺舞と津和野踊／西周旧居・森鷗外旧宅／鷲原八幡宮

隠岐

❶ 島後--- 232

西郷港／佐々木家住宅／隠岐騒動／玉若酢命神社／隠岐国分寺／平神社古墳／壇鏡の滝／牛突き／水若酢神社／隠岐郷土館／隠岐古典相撲／隠岐白島海岸／隠岐の海運／大満寺山

❷ 島前--- 248

碧風館と黒木御所跡／西ノ島ふるさと館／焼火神社／隠岐の天然記念物／由良比女神社／隠岐国賀海岸／隠岐民謡／菱浦港と承久海道キンニャモニャセンター／海土町後鳥羽院資料館／村上家と固屋城跡／後鳥羽上皇御火葬塚・源福寺跡／隠岐神社／金光寺山と金光寺／清水寺／松養寺／隠岐の海産物とかなぎ漁／知夫村郷土資料館／赤禿山と隠岐知夫赤壁

あとがき／島根県のあゆみ／地域の概観／文化財公開施設／無形民俗文化財／おもな祭り／有形民俗文化財／無形文化財／散歩便利帳／参考文献／年表／索引

もくじ

［本書の利用にあたって］

1. 散歩モデルコースで使われているおもな記号は，つぎのとおりです。なお，数字は所要時間(分)をあらわします。
   ・・・・・・・・・・・・・・・・・ 電車　　　　　　＝＝＝＝＝＝＝＝＝＝ 地下鉄
   ────── バス　　　　　・・・・・・・・・・・・・・・・・・・・・・ 車
   ------------- 徒歩　　　　　〜〜〜〜〜〜〜〜〜〜 船

2. 本文で使われているおもな記号は，つぎのとおりです。
   - 🚶　徒歩　　　　🚌　バス　　　　✈　飛行機
   - 🚗　車　　　　　⛴　船　　　　　Ｐ　駐車場あり

   〈M ▶ P.○○〉は，地図の該当ページを示します。

3. 各項目の後ろにある丸数字は，章の地図上の丸数字に対応します。

4. 本文中のおもな文化財の区別は，つぎのとおりです。
   国指定重要文化財＝(国重文)，国指定史跡＝(国史跡)，国指定天然記念物＝(国天然)，国指定名勝＝(国名勝)，国指定重要有形民俗文化財・国指定重要無形民俗文化財＝(国民俗)，国登録有形文化財＝(国登録)
   都道府県もこれに準じています。

5. コラムのマークは，つぎのとおりです。
泊	歴史的な宿	憩	名湯	食	飲む・食べる
み	土産	作	作る	体	体験する
祭	祭り	行	民俗行事	芸	民俗芸能
人	人物	伝	伝説	産	伝統産業
‼	そのほか				

6. 本書掲載のデータは，2011年9月末日現在のものです。今後変更になる場合もありますので，事前にお確かめください。

Nogi 能義の里

清水寺金堂と三重塔

富田城跡(山中御殿)

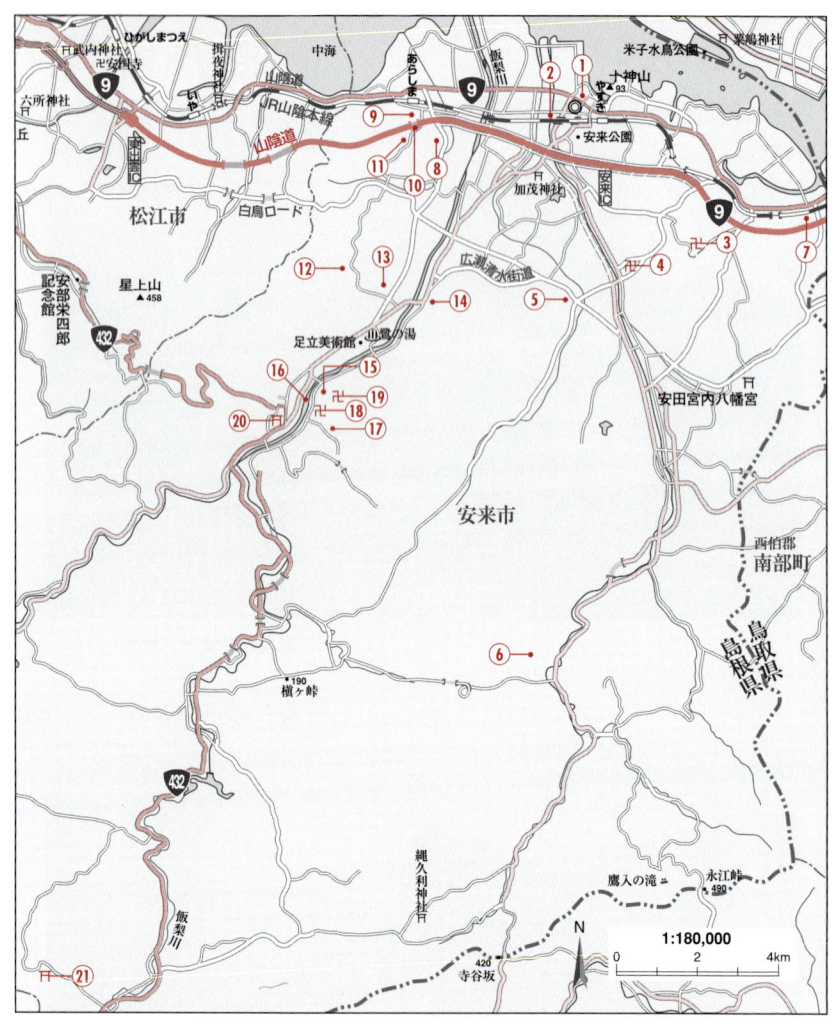

①和鋼博物館	⑧仲仙寺古墳群	⑭矢田横穴墓群	⑳富田八幡宮
②安来一里塚	⑨荒島古墳群	⑮安来市立歴史資料館	㉑金屋子神社
③清水寺	⑩塩津山墳墓群	⑯富田川河床遺跡	
④雲樹寺	⑪塩津神社古墳	⑰富田城跡	
⑤教昊寺跡	⑫岩舟古墳	⑱巌倉寺	
⑥インヨウチク群落	⑬鷺の湯病院跡横穴墓石棺	⑲城安寺	
⑦穴神横穴墓群			

◎能義の里散歩モデルコース

和鋼と山陰の古刹めぐりコース　　JR安来駅 10 毘売塚古墳 20 和鋼博物館 20 並河家住宅 20 安来一里塚 10 プラーナ前バス停 15 清水バス停 5 清水寺 5 清水バス停 5 雲樹寺入口バス停 5 雲樹寺 5 雲樹寺入口バス停 5 教昊寺跡 30 吉佐バス停 15 穴神横穴墓群 15 吉佐バス停 10 JR米子駅

安来の王墓めぐりコース　　JR荒島駅 5 仲仙寺古墳群宮山支群 10 仲仙寺古墳群仲仙寺支群 15 塩津山墳墓群 5 塩津神社古墳 10 大成古墳 20 造山古墳群 20 JR荒島駅 20 飯梨小学校バス停 30 岩舟古墳 30 飯梨小学校バス停 20 JR荒島駅

尼子の里めぐりコース　　JR安来駅 30 安来節演芸館・足立美術館 5 市立病院前バス停 15 安来市立歴史資料館・富田川河床遺跡 15 富田城跡 5 巌倉寺・堀尾吉晴の五輪塔 15 城安寺 15 新宮党館跡 30 洞光寺（尼子清貞・経久墓）20 富田八幡宮 10 広瀬バスターミナル 50 西比田車庫バス停 20 金屋子神社・金屋子神話民俗館 20 西比田車庫バス停 50 広瀬バスターミナル 25 JR安来駅

鋼の町安来

鉄の積出港として栄え、近代製鉄の港町へと発展した歴史とそこにのこる古刹をめぐる。

鉄の積出港として栄えた町

和鋼博物館 ❶
0854-23-2500
〈M▶P.2,5〉安来市安来町1058 P
JR山陰本線安来駅🚶15分

　安来駅を出ると、正面にきれいな三角形の小山がみえる。安来節にも唄われた十神山だ。安来は、江戸時代後期〜明治時代中期にかけて、奥出雲産の鉄の積出港として栄え、安来港には鉄問屋の蔵が軒を連ねた。中国山地の各所から集積された鉄や鋼は、北前船に積まれ北陸地方など各地の金物産地へ送られた。明治時代に洋鉄の大量輸入と高炉生産に押されてたたら(鑪)製鉄が衰退すると、地元資本による製鋼業がおこり、幾多の変遷を経て今日の日立金属安来工場が創設され、安来は鋼の町とよばれるようになった。

　駅から北へ進むと安来港へ出る。港沿いに北西へ進み十神大橋を渡ると、斬新なデザインの建物がみえる。これが和鋼博物館である。「和鋼」とは、近代以前に砂鉄を原料とし、木炭を燃料として「たたら製鉄法」で生産された鋼のことで、日本刀はこの玉鋼(和鋼)を鍛えてつくられる。中国山地では、古代から良質の砂鉄と豊富な森林資源を背景として和鋼が生産され、近世後期にはわが国の鉄生産量の80％以上を占めたという。

　和鋼博物館は、日立金属安来工場の付属展示施設であった和鋼記念館のたたら製鉄と日本刀の関連資料1万5000点を引き継いで、たたらに関する博物館として1993(平成5)年に開館した。1階には、天秤鞴を設置した近世たたらの炉が再現され、中国山地のたたら製鉄用具(250点、国民俗)を中心に、砂鉄採取の鉄穴流しから製鉄工房の高殿までの全工

和鋼博物館と十神山

安来駅周辺の史跡

程を再現したジオラマや、高殿の模型、たたら工房の地下構造の模型が展示されている。さらに写真や映像によって、江戸〜明治時代にかけて中国山地で盛んに行われた、たたら製鉄の具体的な工程を理解することができる。2階には、安来が鉄の流通拠点から鉄鋼生産地へ変化する様子や、日常生活のなかで鉄のはたす役割が紹介されている。また、島根県浜田市出身の鉄冶金学者で、「和鋼」の命名者でもある俵国一博士の研究資料や遺品も展示されている。

安来一里塚(やすぎいちりづか) ❷

近世山陰道の名残りを伝える商家と一里塚

〈M ▶ P.2, 5〉 安来市安来町川子788、819
JR山陰本線安来駅🚌安来市広域生活バス買い物バス安来大橋🚶すぐ

　和鋼博物館から国道9号線へ出て、安来駅から400mほどの所で西小路(にしこうじ)の通りを南へ入る。この道が近世の山陰道(伯耆街道(ほうきかいどう))であり、国道9号線から100mほどの所に並河家住宅(なびかけ)(主屋・土蔵・宅地、県文化)がある。並河家は近世に酒造業を営み、屋敷は城代(じょうだい)・巡見使・家老の宿舎をつとめ、本陣宿(ほんじんやど)としての役割を担った。屋敷の広さは673坪で、庭園・井戸・水路なども残る。現存の主屋は、1783(天明3)年の建築で入母屋造妻入り(いりもやづくりつまいり)、塗屋造(ぬりやづくり)の形態は、安来地方の特徴的商家建築の先例である。建物や敷地内の一般公開はしていない。周辺には、ほかにも明治時代の商家建築が残る。

鋼の町安来　5

旧道をさらに西へ進み、伯太川の手前で十神小学校の南側の路地を入ると安来一里塚(国史跡)がある。1603(慶長8)年に江戸幕府の命で、松江藩主堀尾氏が設けた1里(約4km)ごとの街道の目印である。これは東の出雲と伯耆(現、鳥取県西部)の国境から数えて3つ目の一里塚である。山陰道を挟んで南北に配され、塚上に老松の巨木があったが、虫害のため1981(昭和56)年に伐採された。現在は盛土が残り、2代目のマツが植えられている。

清水寺 ❸

0854-22-2151(清水寺)
0854-22-2046(蓮乗院)

〈M▶P.2〉安来市清水町528　P
JR山陰本線安来駅🚌安来市広域生活バス観光ループ(外回り)清水🚶5分

広い寺域に山岳寺院の趣を残す山陰の古刹

瑞光山清水寺は、鰐淵寺(出雲市)・三仏寺(鳥取県東伯郡)・大山寺(同県西伯郡)と並ぶ天台宗の古刹で、出雲三十三観音第21番札所となっている。寺伝では587(用明天皇2)年に尊隆上人が開いたというが、古代寺院の遺構は確認されておらず、伝説の域を出ない。しかし、平安時代前期には40余坊の伽藍を数える天台霊場として栄えたといい、この時期の仏像彫刻も数多く伝えられている。戦国時代には毛利・尼子氏の保護を受けて寺勢を強め、江戸時代には松江藩主堀尾氏から寺領100石を与えられた。伽藍は、戦国時代の兵火で根本堂を残して焼失したが、江戸時代に再興され、現在に至っている。

清水バス停から参道を進み、深山幽谷の趣ただよう長い石段をのぼって大門をくぐる。石畳を進み、右手に並ぶ宿坊を過ぎると、本坊(光明閣)・蓮乗院がみえ、コンクリート造りの宝蔵(収蔵庫)がある。左手の大きな石段をのぼると根本堂、その右に護摩堂、さらに奥には護法堂と阿弥陀堂(常行堂)がある。根本堂の背後に立つ鐘楼を通り過ぎると、

蓮乗院の庭園と三重塔

三重塔が聳え,その奥に常念仏堂がある。古くは西側の宇賀荘町方面からの参道があり,現在でも参詣者を迎える仁王門が宝蔵の背後上方にある。

現存する伽藍のなかで最古の建築は,根本堂(本堂 附 棟札,国重文)である。戦国時代の兵火から焼失を免れ,室町時代初期の様式を伝える入母屋造・柿葺き,方7間の堂々たる建物である。1987(昭和62)〜92(平成4)年に解体修理が行われ,柱の枠肘木に「明徳四(1393)年」の墨書がみつかり,建立時期が明らかになった。文政年間(1818〜30)に単層の仏殿に改築されていたが,この解体修理によって室町時代の様式に復された。また,地下遺構の発掘調査の結果,根本堂の地下には複数の焼土層があり,焼失するたびに背後の丘陵を削って焼け跡を埋め立て,より規模の大きい堂を構築していった過程がわかった。しかし,最初の堂の造営年代は明確にされていない。

堂の背後にある銅鐘(県文化)は,「応永廿八(1421)年」「和州(現,奈良県)住人大工友光」の銘をもち,総高103.8cmと県内でもとくに大型の銅鐘である。三重塔(附工作図板1面,県文化)は山陰では唯一のもので,中興恵教和尚が発願し,33年の歳月を費やして1859(安政6)年に完成した。最上層までのぼることができ,一見の価値がある。

清水寺は,山陰における仏教美術の宝庫でもある。根本堂本尊の木造十一面観音立像(国重文)は,ヒノキの一木造で,翻波式の美しい衣文などの様式から平安時代前期の作と考えられるもので,大きな小鼻と厚い唇がどことなく異国風の印

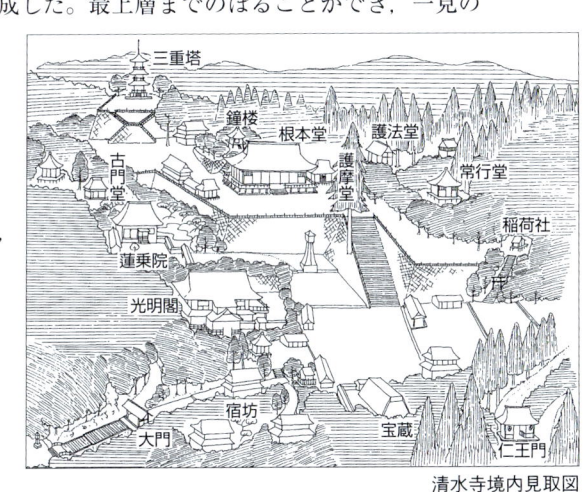

清水寺境内見取図

象を与える。昭和40年代まで根本堂の後ろに本尊と背中あわせにまつられ、「裏観音」とよばれた木造十一面観音立像(県文化)は、平安時代後期の作。常行堂本尊の木造阿弥陀如来坐像(国重文)は、ヒノキの寄木造。定朝様式で平安時代後期の作とみられ、像高284cmと山陰随一の丈六坐像である。常念仏堂本尊の木造阿弥陀如来及び両脇士坐像(国重文)は、中尊に阿弥陀如来、右に観音菩薩、左に勢至菩薩を配する。衆生を浄土に導くとされる来迎三尊仏で、平安時代末期の作と考えられる。石造線刻大日如来坐像(県文化)は、板状の凝灰岩に流麗な線刻で描かれており、「正嘉元(1257)年」銘がある。ほかに、木造四天王立像・「嘉吉三(1443)年」銘と「文禄四(1595)年」銘の鰐口2点・金銅十一面観音像懸仏(いずれも県文化)などがある。境内には、正平年間(1346〜70)の五輪塔、「正平十二(1357)年」の宝篋印塔、「正平十四年」の板碑など、南朝年号の石造美術がある。こうした平安・鎌倉・室町時代の豊富な文化財から、清水寺の盛時の姿を想像することができる。

蓮乗院には、江戸時代の雅趣あふれる庭園と文化年間(1804〜18)に建てられた古門堂茶室及び巌松軒茶室(附露地、県文化)がある。山内は、春のサクラ、秋の紅葉など四季を通じて美しい自然を楽しむこともできる。なお、三重塔・宝蔵・蓮乗院の茶室は管理上休みとなることもあるため、拝観の際は清水寺・蓮乗院への事前確認が望ましい。

雲樹寺 ❹
0854-22-2875

〈M▶P.2〉安来市清井町281　P
JR山陰本線安来駅🚌安来市広域生活バス伯太安来線雲樹寺入口
🚶5分

鎌倉時代の禅宗様建築を伝える四脚門

清水寺の南西1.5kmほどの所に瑞塔山雲樹寺(臨済宗)がある。寺伝によれば、1322(元亨2)年、孤峰覚明により開かれたという。孤峰覚明は元から帰国した後、相模国(現、神奈川県)などをめぐり、出雲に入り、宇賀荘の地頭代と推測される土豪牧新左衛門入道の援助を受けて雲樹寺を創建した。覚明は、南北朝時代には南朝方の天皇の帰依を受け、後醍醐天皇から国済国師、さらに後村上天皇から三光国師の称号を与えられた。雲樹寺は勅願寺となり、盛時には七堂伽藍と塔頭20余を備え、500余人の僧が起居する山陰随一の

『出雲国風土記』と安来の伝承

コラム 伝

奈良時代の伝説に由来する真夏の月の輪神事

　奈良時代に編纂された『出雲国風土記』には，安来にまつわる伝承も多い。JR安来駅正面の山が，安来節に「安来千軒名のでたところ，社日桜に十神山」と唄われた十神山（93m）で，『風土記』は「砥神島」と記し，近世初期までは島であった。地元では，神無月（10月，出雲では神在月という）に出雲大社へ集う神々が，途中，この十神山に立ち寄るので，この月には入山してはならないと伝えられている。

　また，『風土記』は「天武天皇3（674）年，安来の郷の語臣猪麻呂の娘が，海辺で大きなワニ（サメのこと）に食い殺され，猪麻呂が鉾で大ワニを刺し殺して仇を討った」と記す。この娘の霊を弔う行事に由来し，元禄年間（1688～1704）から大念仏と称して華麗な行列を繰り出すようになり，盆の行事に安来の加茂・糺両大明神の祭りを融合した祭事が，8月14日から4日間，安来市安来町で盛大に行われる月の輪神事である。その名は，行列の山車に立てた三日月形の灯籠がワニを串刺しにした形で，娘の命日の十三夜の月に似ていることに由来する。明治時代に猪麻呂の娘の埋葬地の伝承から，安来駅東隣の毘売塚山の山頂に顕彰碑が建立された。大正時代には石碑のまわりの拡張工事で船形石棺が発見された。毘売塚古墳（県史跡）と名づけられたこの古墳は，1966（昭和41）年に再発掘され，全長42mの前方後円墳で，石棺内からは人骨1体と鉄剣，石棺外からは鉄製甲・鉄鏃・鉄鉾・漁具の銛が出土した。5世紀頃の築造とみられるが，猪麻呂の娘の墓であるかは不明である。

禅刹であった。1820（文政3）年に主要伽藍を焼失したが，開創当時のものと伝える大門や天正年間（1573～92）再建の山門・薬師堂・鐘楼などは焼失を免れ，文政年間（1818～30）に再建された伽藍とともに現存する。

　雲樹寺入口のバス停から北へ進むと，松並木の参道と四脚門（大門，国重文）がみえる。1934（昭和9）年の大修理

雲樹寺四脚門

鋼の町安来

で一部が新材にかえられたが、鎌倉時代末期の禅宗様式の手法をとどめた四脚門の遺構として注目される。

　寺宝には、古文書や絵画などのすぐれた文化財が多い。開祖覚明を描いた頂相(禅僧の肖像画)である絹本著色三光国師像(国重文)、北朝の光厳上皇や南朝の後村上天皇が覚明に宛てて上洛を促した紙本墨書光厳院宸翰御消息・紙本墨書後村上天皇宸翰消息(ともに国重文)、さらに紙本墨書孤峰覚明墨蹟(国重文)は、覚明が91歳で没する3カ月前の書で絶筆と考えられている。また、現在も境内にある三光国師の舎利塔(石造の宝篋印塔)の下から、1751(寛延4)年に発掘された銅製経筒(県文化)は、「元弘二(1332)年」の銘があり、覚明らが弥勒出生を祈願して埋経したものであることがわかっている。

　また、雲樹寺の銅鐘(国重文)は、新羅製のいわゆる朝鮮鐘であり、追刻銘には、宗順という人物が1374(応安7)年に寄進したとある。単頭の竜頭をもち、鐘身には鼓を打つ天女と笛を吹く天女が雲に乗る流麗な飛天の姿が陽鋳されている。この銅鐘の装飾模様や竜頭の形態などが、朝鮮五台山月精寺の「開元十三(725)年」銘の上院寺鐘に似ているといわれ、雲樹寺の朝鮮鐘も同時代のものとみる説が強い。朝鮮鐘は有料で拝観できる。

教昊寺跡 ❺

〈M▶P.2〉安来市野方町字真ヶ崎
JR山陰本線安来駅🚌安来市広域生活バス観光ループ(外回り)野方🚶2分

『出雲国風土記』に記された上蝮首押猪の祖父の寺

　野方バス停の60mほど南の集落内の丘に神蔵神社がある。この神社の祠は塔心礎の上に建てられており、この一帯が教昊寺跡(野方廃寺)と考えられている。『出雲国風土記』には、「意宇郡舎人郷に五重塔があり、僧教昊が建てた。この僧は大初位下の上蝮首押猪の祖父にあたる」とある。同書には寺院に関する記事が10カ所あるが、寺号をもつのは教昊寺のみで、ほかは「何々郷の新造院」と記されているにすぎない。

　1984(昭和59)・85年に安来市教育委員会が行った部分的な発掘調査では、顕著な寺院遺構は発見されなかったが、軒丸瓦・軒平瓦などが出土した。上淀廃寺(鳥取県米子市淀江町)の軒丸瓦の文様

安来節と「どじょうすくい」

コラム

安来節誕生の歴史と今

　島根を代表する民謡の安来節は、どじょうすくいの唄としても有名である。幕末の頃、鳥取県境港の三子という芸妓が北前船の船乗りから習った各地の民謡に工夫を加えた「さん子節」に、安来の大塚順仙が手を加えて安来節の原型をつくったという。明治時代の終わり頃、安来に唄の名手渡部お糸があらわれ、三味線の富田徳之助と一座を組んでレコード販売や全国巡業を行い、大正時代に安来節を全国に広めた。

　滑稽な踊りの「どじょうすくい」の発祥には諸説あるが、ドジョウを肴に酒盛をした際、ドジョウを掬う動作を真似た踊りを座興としたところ、安来節のリズムによく合ったという。当初は男踊りだけであったが、大正時代に西川流小川静子の振付で女踊りもつくられた。また、安来節の伴奏に用いられる銭太鼓は、銭の触れ合う音を利用した竹筒型のリズム楽器であり、明治時代に安来節に加わった。

　現在では、安来節全国優勝大会の開催や4代目お糸を中心とする公演を通して安来節の保存普及が図られ、古川町には、安来節と安来節にまつわる芝居を上演する安来節演芸館もある。

に類似し、7世紀末〜8世紀前葉頃の創建と考えられる。また、東隣の丘陵では瓦窯跡(教昊寺第1号・2号瓦窯跡)も発見されており、第2号瓦窯跡の近くから大正時代に塼仏が発見されている。

　教昊寺跡から西へ約2km、利弘町の宮島神社には、数百m離れた旧社地から出土したという地蔵菩薩懸仏(県文化、県立古代出雲歴史博物館寄託)が伝わる。面径20.8cm・厚さ1mm、鏡板の表面に銅板打ち出しによる地蔵菩薩を鋲留めし、裏面に「保元元(1156)年丙子十二月日」の文字を鋳出し、鍍金の痕がみえる。紀年銘を有する懸仏としては、現存最古のもので、平安時代後期の本地垂迹思想を物語る資料である。

インヨウチク群落 ❻

〈M▶P.2〉安来市伯太町横屋
JR山陰本線安来駅🚌安来市広域生活バス伯太安来線横屋🚶60分

神話の山の珍しいタケ

　安来町から伯太川を遡ると伯太町安田である。安田は古代山陰道が通り、『出雲国風土記』によると伯耆国との境には手間剗(現、伯太町安田関付近)が設けられ、中世には京都の石清水八幡宮領安

鋼の町安来　11

田荘として栄えた。安田宮内八幡宮には,「長禄四(1460)年」銘をもつ鰐口(県文化,県立古代出雲歴史博物館寄託)が伝えられている。

さらに伯太川を遡った伯太町横屋の比婆山(330m)は,戦前には『古事記』の「伊邪那美神は出雲国と伯伎国(伯耆国)の堺の比婆の山に葬りき」とある比婆山の候補地の1つとなった。山頂付近には,インヨウチク(陰陽竹)群落がある。径3cmほどの真竹に似た幹に,笹のような大きな葉(幅約6cm,長さ約25cm)をつけ,男竹に女性的な笹がついているため「陰陽竹」の名がついた。ササ属とナリヒラダケ属との異属間雑種と考えられており,県の天然記念物に指定されている。

▶穴神横穴墓群 ❼
0854-22-3927(安来市いにしえ横穴学習館)

〈M▶P.2〉安来市吉佐町
JR山陰本線安来駅🚌安来市広域生活バス広瀬米子線吉佐🚶15分

九州との交流を示す彩色壁画をもつ石棺

鳥取県との県境にある吉佐町は,古代には出雲と伯耆の国境であり,穴神横穴墓群(県史跡)が分布する。国道9号線の吉佐バス停から南へ500mほど行くと,山陰自動車道(安来道路)のすぐ脇の丘陵斜面に穴神1号横穴墓がある。7世紀初頭の築造で,家形石棺の袖石には蕨手文や三角文が赤色顔料によって描かれている。こうした文様の彩色壁画は熊本県玉名市大坊古墳などの九州の古墳にあり,出雲と九州地方の古墳文化の関連を示す資料となった。この石棺は安来市北西部で採れる荒島石を加工したもので,安来平野の工人がつくり,ここまで運んだと考えられる。

安来市いにしえ横穴学習館の家形石棺

横穴墓は現在いずれも閉鎖され,一般の見学はできないが,この石棺の複製品が約300m東の安来市いにしえ横穴学習館に,安来市内のほかの横穴墓から出土した石棺とともに展示されている。学習館の正面には,天井石

が露出した神代塚古墳の石室がある。一枚石でできた天井石をもつ横穴式石室は，鳥取県西部の西伯耆地域に特徴的なもので，穴神1号横穴墓の1代前，6世紀後半の築造と推定されている。伯耆の勢力に属した神代塚古墳の時代から，出雲の勢力に属した穴神1号横穴墓の時代へと移りかわる様子を知ることができる。

荒島・王陵の丘

弥生時代後期から古墳時代を通じて安来平野を支配した，歴代王墓が残る野外博物館をめぐる。

仲仙寺古墳群 ❽

〈M ▶ P. 2, 15〉安来市西赤江町
JR山陰本線荒島駅🚌安来市広域生活バス広瀬荒島線安来三中 🚶 5分

復元された四隅突出型墳丘墓が見学できる

　安来市北西部の荒島町と西赤江町には，弥生時代後期から古墳時代末期まで，この地域を支配した首長の墓が連綿と築かれている。築造の順は，仲仙寺・宮山墳墓群（2～3世紀），大成古墳・造山1号墳・同3号墳・塩津山1号墳，清水山1号墳，宮山1号墳，造山2号墳，仏山古墳，塩津神社古墳，若塚古墳（7世紀中頃）であり，その多くが古代出雲王陵の丘として整備され，さながら古墳の野外博物館のようである。

　荒島駅から県道180号広瀬荒島線へ出て南へ1.2kmほど行くと，右手の神塚団地内の緑地公園が仲仙寺古墳群（国史跡）仲仙寺支群，左手の安来第三中学校の裏山が宮山支群である。ここには，弥生時代後期の出雲を特徴づける四隅突出型墳丘墓があることで有名である。

　仲仙寺支群は，弥生時代後期の墳墓3基や5世紀頃の方墳・円墳11基があったが，宅地造成にともない8号墓と9号墓を残して消滅した。8～10号墓は，弥生時代後期の四隅突出型墳丘墓である。9号墓は27×19m（突出部を含む），高さ2mで斜面には板石を貼り，墳丘の裾には立石を2列にめぐらせる。墳頂部には木棺を用いた3体分の埋葬施設があり，緑色凝灰岩製の管玉が出土した。現在は墳丘に芝を張り，墳頂には墓壙と木棺の輪郭がレンガで表示されている。消滅した10号墓

仲仙寺古墳群宮山Ⅳ号墓（発掘時の様子）

14　能義の里

も同様の構造だが、埋葬施設は11もあった。9号・10号墓ともに、その突出部の形は、宮山Ⅳ号墓の突出部よりも細く、先が尖る形に特徴がある。8号墓は未調査のまま保存されている。

宮山支群は6基からなり、このなかに四隅突出型墳丘墓のⅣ号墓がある。Ⅳ号墓は30×23m（突出部を含む）、高さ2.5mと仙仙寺9号墓とほぼ同規模だが、その突出部は大きなしゃもじ形に発達している。埋葬施設は1つしかなく、中には

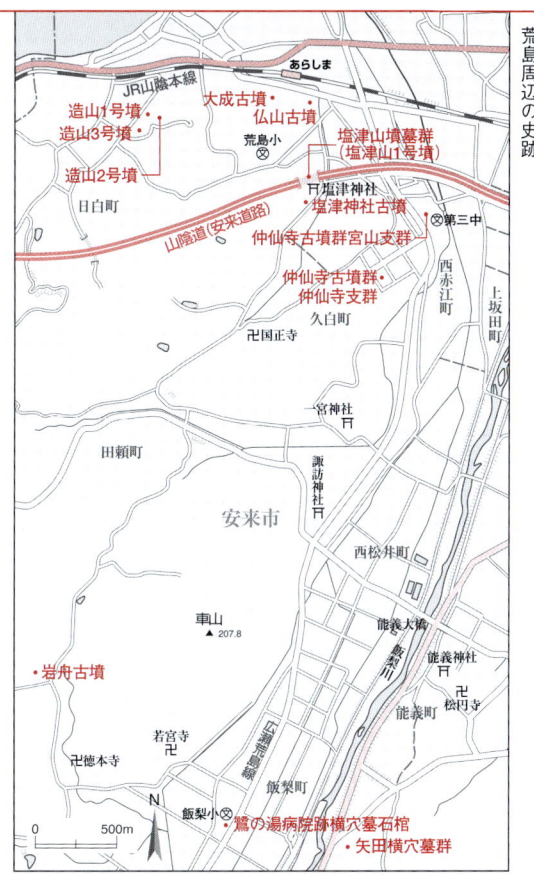

鉄刀1振が副葬されており、全国の四隅突出型墳丘墓のなかでももっとも新しく、2世紀後半〜3世紀前半のものと考えられている。Ⅳ号墓は列石と貼石が復元されており、この種の墳墓の構造がよくわかる。また、安来第三中学校の敷地には、5世紀末に築造された全長56mの前方後方墳である宮山1号墳があったが、校舎建設で消滅した。

荒島古墳群 ❾　〈M▶P.2.15〉安来市荒島町　P
　　　　　　　　JR山陰本線荒島駅🚶20分

　仙仙寺古墳群の北方の丘陵一帯には、塩津山支群・造山支群・大成古墳からなる荒島古墳群（国史跡）がある。

大成古墳の竪穴式石室（発掘時の様子）

4 全国でも稀有な4世紀の大型方墳

　荒島駅の北600mほどの所に荒島小学校があり、この裏手から山道をのぼり、荒島駅を見下ろす丘陵頂上に出ると、そこが大成古墳である。一辺約60m・高さ約6mの大型の方墳で、墳丘中央には長さ7.5mの竪穴式石室がある。三角縁神獣鏡1面・素環頭大刀・鉄剣・土師器などが出土し、現在は東京国立博物館の所蔵となっているが、復元された素環頭大刀は和鋼博物館でみることができる。

　荒島小学校前から西に1kmほど進むと造山公園に至り、大成古墳に続いてつくられた造山1号墳と3号墳がある。造山1号墳は一辺約60m・高さ約7mの方墳で、2つの竪穴式石室が発見されている。1号石室は長さ7.1m、三角縁神獣鏡・方格規矩鏡・ガラス管玉・大刀が出土。2号石槨は長さ5.6m、方格規矩鏡・碧玉製紡錘車・ガラス管玉・鉄剣・大刀が出土している。このほかに、墳頂部から塩津山1号墳と同様の円筒形土器で遺体を覆った箱式石棺がみつかっている。これらの出土品は、いずれも東京国立博物館に所蔵されている。

　丘陵西端にある造山3号墳は、38×30m・高さ約4mの方墳である。長さ4.7mの竪穴式石室の中には、斜縁神獣鏡と碧玉製管玉、ガラス小玉・刀子・鉇が副葬されていた。

　大成古墳・造山1号墳・同3号墳は、いずれも古墳時代前期（4世紀頃）に順次築かれたもので、仲仙寺古墳群の四隅突出型墳丘墓の主の後継者の墓であると考えられる。同じ前期古墳の塩津山1号墳は、造山1・3号墳とほぼ同時期だがひとまわり小さいことから、これらの被葬者の配下の人物の墓であろう。全国的には前期の大型古墳の多くが前方後円墳や前方後方墳であるのに対し、この荒島丘陵では大型の方墳が築かれた。とくに大成古墳と造山1号墳は前期では全国最大級の方墳であり、その竪穴式石室も全国的にも長大な

四隅突出型墳丘墓

コラム

特異な形をした弥生時代の墓

　弥生時代後期（1～3世紀）の出雲地方には、方形の墳丘の四隅に張り出しをつけた四隅突出型墳丘墓とよばれる特異な墳墓が築かれた。その分布は中国山地、出雲以東の山陰地方、北陸地方に集中し、3世紀後半の前方後円墳の出現とともに姿を消す。

　出雲市の西谷墳墓群には、四隅突出型墳丘墓としては全国でも最大級である一辺約30mの墳墓4基があり、出雲平野の歴代大首長墓と考えられている。一方、鳥取県米子市の妻木晩田遺跡群では一辺わずか2～4mの四隅突出型墳丘墓もあり、その被葬者は一概に首長であるとはいえないようだ。

　この型式の墳墓は、出雲では安来平野と出雲平野に集中する。とくに安来平野と西谷墳墓群では墳丘の裾に立石を2列にめぐらす共通点があり、両地域の首長の交流をうかがわせる。埋葬方法は木棺を直に埋めたものがほとんどであるが、西谷墳墓群では木棺をさらに木材で覆った木槨も確認されている。また、安来市の仲仙寺9号墓や宮山Ⅳ号墓では、木棺を白砂で被覆するなど独特の葬法を行っている。墳丘上では、壺や酒杯形の土器が多数出土し、飲食をともなう葬送儀礼が行われたと考えられる。

部類に入るが、いずれも埋め戻され、現在はみることができない。

　荒島丘陵の最高所には、造山2号墳がある。6世紀前半に築造された全長46mの前方後方墳で、墳丘は2段に築かれ、裾と下段の上には円筒埴輪がめぐらされている。中心となる埋葬施設は未発掘だが、現在は墳丘に芝が張られて、墳丘のおよその形態がわかるようになっている。

　大成古墳のある丘陵の東端、モルタルでかためた崖の上に仏山古墳がある。墳長43mの前方後方墳で、中心となる埋葬施設の箱式石棺から、獅噛環頭大刀・鉄槍・鉄剣・金銅装馬具・鉄斧・鉄鏃・水晶製勾玉などが出土した。墳丘には葺石と円筒埴輪があり、6世紀中頃の築造とみられる。造山2号墳と仏山古墳はともに前方後方墳であるが、扁平な前方部をもつ点に特徴がある。

塩津山墳墓群 ⑩　　〈M ▶ P. 2, 15〉安来市久白町　P
　　　　　　　　　　JR山陰本線荒島駅🚶15分

　荒島小学校の南東約300m、山陰自動車道（安来道路）のトンネル

荒島・王陵の丘

塩津山1号墳

墓上の祭祀が復元された前期古墳

上の丘陵に塩津山墳墓群（荒島古墳群塩津山支群，国史跡）がある。自動車道路脇の階段をのぼると塩津山1号墳に出る。仲仙寺古墳群に続く，古墳時代前期（4世紀）の古墳である。25×20m・高さ2mの方墳で，平野からみえる北側と東側の斜面のみに葺石があり，その状況が復元されている。埋葬施設は，未調査のまま保存されている中心となる竪穴式石室のほかに，5カ所が確認されている。第3主体は円礫（えんれき）の上に割竹（わりたけ）形木棺がおかれ，砂で覆われている。高さ83cmの円筒形土器を用いた棺と墳丘上の葬送儀礼に用いた土器が復元されており，前期古墳の墓上の様子がよくわかる。墳頂からは，東に秀峰大山（だいせん）の美しい姿を望むことができる。

　1号墳の南側と北側の林の中には，四隅突出型墳丘墓の6号墓（31×28m・高さ3.5m）と10号墓（32×26m・高さ3m）がある。これらは安来平野最大の規模をもつが，いずれも未発掘である。

塩津神社古墳（しおつじんじゃこふん） ⓫

〈M▶P.2,15〉安来市久白町字塩津
JR山陰本線荒島駅 🚶20分

市道脇に露出する特異な石室

　塩津山1号墳から山陰自動車道のすぐ南側にある塩津神社へ向かうと，市道に面して横穴（よこあな）式石室が露出している。これが塩津神社古墳で，盛土はいつの頃にか削りとられ，羨道（せんどう）も失われ，玄室（げんしつ）のみが残る。石材は，付近で採れる荒島石（あらしまいし）とよばれる凝灰岩が利用されている。石室内に入ると，四壁と天井石それぞれが一枚石を削ってつくられていることがわか

塩津神社古墳石室

り，壁面には鑿痕や，ベンガラが塗られ赤くなっている部分もみえる。天井内面は家形に加工され，外面も風化はしているが家形をしていたらしい。巨大な家形石棺をそのまま石室にしたような形状のこの石棺式石室は，出雲東部に特徴的なものである。内部は奥行2m・幅3.15m・高さ2.2mと，この種の石室でも最大級のものである。出土品などは不明だが，石室の形態から6世紀後半の築造と推定される。

岩舟古墳 ⑫

〈M▶P.2,15〉安来市岩舟町字岩屋
JR山陰本線荒島駅🚌安来市広域生活バス広瀬荒島線飯梨小学校🚶30分

深山に残るきわめて精巧な横穴式石室

飯梨小学校バス停から北西へ2kmほど行くと，岩舟町の北部丘陵地に岩舟古墳（国史跡）がある。古くに墳丘は削りとられて石室が露出しており，塩津神社古墳と同じ石棺式石室であるが，造りはより複雑で丁寧である。羨道部は床石以外は失われているが，羨道側壁を嵌め込んだ溝が玄室前壁に残る。天井石外面の家形もよく保たれており，玄室内部には家形石棺の破片がある。墳丘の形・大きさ，出土品などすべて不明であるが，石室形態から7世紀前半頃の築造と考えられる。

岩舟古墳石室

鷺の湯病院跡横穴墓石棺・矢田横穴墓群 ⑬⑭

〈M▶P.2,15〉安来市矢田町
JR山陰本線安来駅🚌安来市広域生活バス広瀬荒島線飯梨小学校🚶1分／🚶35分

朝鮮半島との交流を示す豪華な副葬品をもつ横穴墓

県道180号線に面した飯梨小学校校庭の入口脇に，約1.2km南の丘陵にあった鷺の湯病院跡横穴墓から出土した家形石棺が移設されている。昭和時代初期に病院の敷地拡張工事で発見され，金銅装単鳳環頭大刀・珠文鏡・金銅装馬具・金銅製冠立飾とともに，日本では唯一の出土例となる太環式耳飾・歩揺付空玉が出土した。

荒島・王陵の丘　19

これらは朝鮮半島の新羅の王墓から多く出土するもので、横穴墓としては破格の副葬品で、埋葬された人物の地位や背景が注目される。出土品は、現在、東北大学に所蔵されているが、復元品が島根県立古代出雲歴史博物館に展示されている。

　飯梨小学校から南東へ600mほど行くと、飯梨川に架かる矢田橋に出る。橋の東側の丘陵一帯は、椿谷古墳群とよばれる総数53基からなる大群集墳であり、この古墳群の北端にあるのが矢田横穴墓群である。現存する6世紀後半から7世紀前半までの横穴墓14基のうち、9基が開口し見学できるが、見学路などはとくに整備されていないため、場所はわかりにくい。家形石棺をもつ横穴墓が4基あり、Ⅱ群1号穴は出雲でもっとも整美な石棺の1つである。凝灰岩を削り、各側石がかみ合うように切り込みを設け、外面全体は赤く塗られている。また、Ⅰ群1号穴は、前後に部屋がつながる副室構造をもち、肥後地方（現、熊本県）との関連が考えられる。

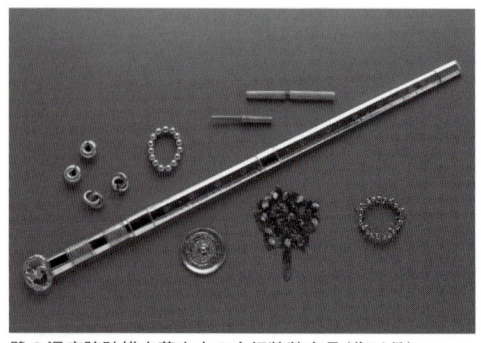
鷺の湯病院跡横穴墓出土の金銅装装身具（復元品）

広瀬の町とその周辺

戦国時代に山陰に覇を唱えた尼子経久の居城，月山富田城とその城下町。その名残りを伝える寺院・神社をめぐる。

安来市立歴史資料館 ⓯
0854-32-2767

〈M ▶ P. 2.22〉 安来市広瀬町町帳752 P
JR山陰本線安来駅🚌安来市広域生活バス広瀬米子線市立病院前🚶15分

中・近世の広瀬の歴史を学ぶ

　安来市広瀬町は中世には富田荘という荘園であり，戦国時代に山陰に覇を唱えた尼子氏の居城，富田城があった。1566(永禄9)年，尼子氏が毛利元就に敗れた後，富田城主は毛利氏・吉川氏，関ヶ原の戦い(1600年)の後には堀尾氏へとかわりながらも，富田城下町は出雲国の政治・経済の中心地であり続けた。1611(慶長16)年に堀尾氏が松江に城と城下町を移すと，富田城は廃城となった。さらに1666(寛文6)年の富田川の大洪水により，尼子時代の城下町は現在の富田川河川敷となってしまった。

　1666年，松江藩主松平綱隆の弟近栄は3万石を分知され，広瀬藩が誕生した。富田川西岸の広瀬村に陣屋(藩邸。現，社会福祉センター一帯)をおき，侍屋敷・町人町が形成され，現在の広瀬の町並みがつくられた。広瀬藩には陣屋があるだけで城郭はない。1915(大正4)年の大火で，藩庁や武家屋敷も含め，町の近世遺構は焼失した。

　市立病院前のバス停から，市立病院を通り，町の東を流れる富田川の土手にのぼる。川向こうにみえるのが，尼子氏の居城として知られる富田城跡である。川下の新宮橋を渡った所に，安来市立歴史資料館がある。資料館には，市内の考古遺跡・古墳，富田城跡やその城下町である富田川河床遺跡からの出土品が多数，収蔵・展示されている。

　歴史資料館の隣には，広瀬絣センターがある。江戸時

安来市立歴史資料館展示室

広瀬の町とその周辺

代に始まり、明治時代後半の最盛期には年間約10万反を生産した広瀬絣(県無形)の技術伝習所として開設された施設で、藍染体験もできる(要予約、0854-32-2575)。隣接して立つコンクリート造りの土蔵風の建物は広瀬重要民俗資料収蔵庫であり、広瀬町東比田の畑伝之助が長年かけて収集・整理した奥出雲の山村民俗文化財600点が保管されている。この中には、農耕具や屋根葺き用具などの東比田の山村生産用具185点(国民俗)や、飲食用具などの東比田地方の生産用具コレクション100点(県民俗)がある。

富田川河床遺跡 ⑯

〈M▶P.2,22〉 安来市広瀬町富田 P
JR山陰本線安来駅🚌安来市広域生活バス広瀬米子線市立病院前🚶15分

戦国城下町河床からあらわれた

　1666(寛文6)年の大洪水で壊滅する以前の広瀬の町は、現在の富田川の位置にあった。その旧城下町の遺構が富田川河床遺跡である。飯梨川上流にダムや堰堤がつくられ、富田橋付近の河床面が著しく低下したため、1960(昭和35)年に埋もれていた遺構が露出し、偶然に発見された。

　1974年以降、旧広瀬町教育委員会や島根県教育委員会による発掘調査が断続的に行われ、遺跡は富田橋の下流約1.5kmの範囲におよぶことが確認された。16世紀中頃から17世紀中頃に至る土層の堆積は3層に分かれ、屋敷跡・工房跡・井戸跡・石積溝・杭列・埋設木

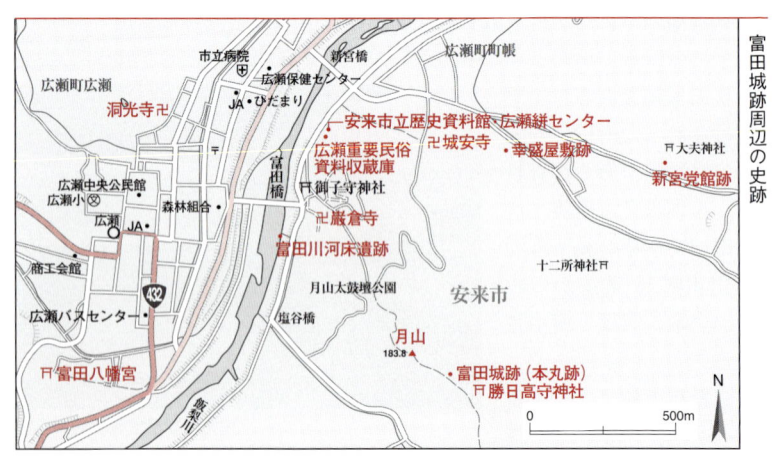

富田城跡周辺の史跡

桶・土壙・道路跡・墓地など、町屋の遺構が検出された。1976年の調査では、両側に側溝をもつ幅6mの道路とこれに沿った間口3間の建物跡が数棟検出され、具体的な町並みの一画が明らかになった。

出土遺物は、陶磁器では中国製の染付・青磁・白磁・三彩の水注・「天文年造」銘白磁皿、伊万里・唐津・備前・美濃・信楽焼などがあり、富田城下と各地との交易の実態をうかがうことができる。また、河床遺跡であったため、漆器・曲物・桶・下駄・櫛などの木製品が数多く出土した。ほかに、鏡・鎧金具・煙管なども発見された。

発掘調査後、河川改修工事によって消滅したが、富田川河床遺跡は、埋没時期が確定でき、近世初頭の城下町の様子を良好に保存する、全国的にもきわめて珍しい遺跡であった。

富田城跡 ⑰

〈M▶P.2,22〉 安来市広瀬町富田 P
JR山陰本線安来駅🚌安来市広域生活バス広瀬米子線市立病院前🚶30分

堅牢無比といわれた尼子氏の居城

富田川東岸に聳える月山の山上に、戦国時代、山陰の覇者として名を馳せた尼子氏の居城富田城跡(国史跡)がある。月山は標高183mの独立峰で、勝日山ともよばれた。ここに初めて館や城が築かれたのは12世紀後半のことで、平家の武将によると伝えられるが確証はない。1221(承久3)年の承久の乱後、富田荘(現、安来市広瀬町とその周辺)の地頭職は佐々木泰清に与えられ、その職を継いだ子の四郎義泰の系統はやがて富田氏を名乗り、富田城を本城とした。その後、南北朝時代には山名氏、室町時代には京極氏と歴代守護の居城となった。1484(文明16)年、守護代として富田城に入っていた尼子経久は、守護京極政経と対立し、一時、守護代を罷免されるが、1486年には復帰して、以後、勢力を拡大し、山陰・山陽2道に覇を唱える戦国大名へと

富田城本丸跡と花の壇の復元建物

広瀬の町とその周辺

成長した。

　1541(天文10)年に尼子経久の孫晴久が安芸吉田郡山城(広島県安芸高田市)の攻略に失敗すると、1543年には大内義隆の軍が京羅木山に布陣して富田城を激しく攻撃したが、堅牢無比の山城である富田城は落ちなかった。しかし、1562(永禄5)年に始まる毛利元就の出雲侵攻で、富田城は毛利軍に完全に包囲され、兵糧攻めによって、ついに1566年には晴久の子義久が降伏して城を明け渡した。

　尼子氏の後、富田城の城主は毛利元秋・毛利元康・吉川広家とかわり、広家は豊臣政権下で出雲・伯耆・隠岐・石見・安芸など計14万2000石の知行を認められた。関ヶ原の戦い後は、出雲・隠岐24万石を与えられた堀尾忠氏が父吉晴とともに入った。富田城は、戦国時代から近世への移行期に、城主がかわるごとに郭の拡張整備が行われ、毛利氏支配下の頃から石垣が築かれた。しかし、1611(慶長16)年に堀尾氏が松江に城と城下町を移転したため、富田城は廃城となった。

　富田城への登城口は、北から菅谷口・御子守口・塩谷口の3つがあり、本道は菅谷口であるが、現在の一般的な登り口は御子守口である。御子守口に隣接して安来市立歴史資料館があり、その裏手に富田城の郭全体を示した立体模型があるので、これらをみてからのぼるとよい。

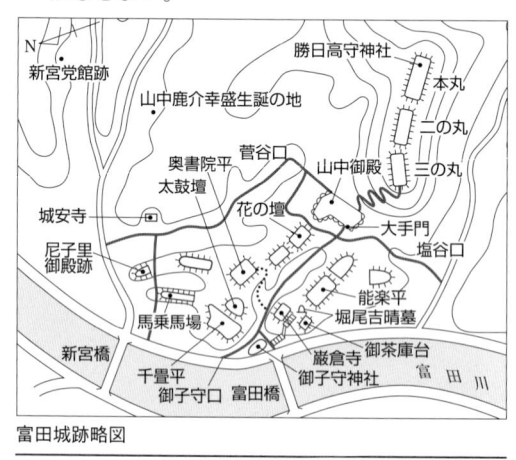

富田城跡略図

　御子守口を入ってすぐ左へのぼると千畳平、尼子経久が鼓楼を設けたという太鼓壇、奥書院平、花の壇へと尾根伝いに郭が続く。花の壇には、発掘調査の成果をもとに建物が復元されている。その奥には敵の侵入を防ぐ深い堀切があり、

尼子氏と山中鹿介

コラム

尼子氏の盛衰とその再興に戦った山中鹿介

　尼子氏の起こりは，近江源氏佐々木氏の一族，近江守護京極高秀の3男高久が，近江国犬上郡尼子郷（現，滋賀県犬上郡甲良町）で尼子姓を称したことによる。その子持久は15世紀前半に京極氏の守護代として出雲富田城に入って出雲尼子の祖となり，持久の子清貞は，応仁・文明の乱（1467～77年）の最中，出雲の国人勢力と戦い，出雲での基盤を築いていった。

　清貞の嫡子経久は，守護領美保関の関銭徴収を怠り，社寺領や守護の臨時税の段銭を横領したため，守護京極政経によって，富田城から追放されたが，1486（文明18）年，富田城を奪還したという。

　経久は，三沢・三刀屋・赤穴などの強豪国人を制圧し，美保関の関銭・奥出雲の砂鉄などにより経済力を強めた。さらに伝統的宗教勢力の杵築大社（出雲大社）と鰐淵寺（出雲市別所町）を屈服させて，16世紀初頭には出雲国内の統一を完了，因幡・伯耆・安芸・備中方面へ進出した。

　経久から家督を継いだ孫の晴久は，1540（天文9）年，中国地方最大の戦国大名大内氏に与した安芸の毛利元就の吉田郡山城を攻めるが大敗。大内義隆・毛利元就らは晴久を追撃して富田城攻めを行うが，晴久はこれを撃退した。

　1554年，毛利元就は，大内氏を滅ぼした陶晴賢を厳島合戦で破り，その勢力を急速に拡大した。これに対して同年，尼子晴久は元就の謀略に乗り，尼子氏最強の武力集団であった新宮党を自ら滅ぼした。

　晴久が急死して嫡子義久が跡を継ぐと，その2年後の1562（永禄5）年，毛利軍は大挙して出雲を侵攻，富田城を包囲した。籠城4年の末，1566年に降伏し富田城は落城，戦国大名としての尼子氏は滅亡した。尼子義久・倫久・秀久の尼子3兄弟は安芸長田の円明寺に幽閉されたが，その後，毛利家の客分として遇され，長門へ移住した。その子孫は，佐々木姓に復し，幕末まで毛利家に仕えた。

　富田城落城の後，尼子氏再興をかけて戦った忠臣が山中鹿介幸盛である。鹿介は，1569年，尼子勝久を擁して新山城（松江市）を中心に毛利軍と戦うが敗北。織田信長に助けを乞い，1577（天正5）年，羽柴（豊臣）秀吉に従って播磨上月城（現，兵庫県佐用郡佐用町）に勝久を奉じて籠城したが，毛利軍の攻撃により落城した。勝久は自刃し，鹿介は謀殺されたという。尼子氏再興をかけて戦い続けた鹿介が，「願わくば我に七難八苦を与えたまえ」と三日月に祈った逸話は，忠義と悲運の武将として講談で取り上げられ，1937（昭和12）年から小学校の国語の教科書にも登場した。

広瀬の町とその周辺

ここで菅谷口・御子守口・塩谷口の3つが合流し大手門跡に至る。さらにのぼると富田城の心臓部,御殿平が広がり,復元された堀尾氏時代の石垣がある。ここは山中御殿ともよばれ,城主の平時の居所は,菅谷口にあった尼子里御殿であった。

　御殿平の背後に聳える本丸跡へは,七曲りとよばれる急峻な山道をのぼる。狭い尾根に堀切で区切られた三の丸跡,二の丸跡,本丸跡が続く。眺望は素晴らしく,北側に飯梨川(富田川)河口の平野や尼子攻めで大内義隆が本陣を張った京羅木山などを望むことができる。本丸跡の最奥部には,『延喜式』式内社の勝日高守神社(祭神大己貴幸魂神)がある。

　なお,富田城跡の北西約1.5km,鍛治町地区西方の山麓には,尼子経久が父清貞の菩提寺として開いた洞光寺(曹洞宗)がある。初め富田川東岸の新宮金尾にあったが,江戸時代に現在地に移転した。境内には,この時に移設された尼子清貞・経久の墓が残る。

　洞光寺から400mほど北には,1565(永禄8)年に尼子の勇将山中鹿介幸盛と毛利方の益田越中守の家臣品川大膳とが,かつての富田川の中洲で一騎打ちを行った川中島一騎討ちの碑が立っている。

巌倉寺 ⑱
0854-32-2933
〈M▶P.2,22〉安来市広瀬町富田562　P
JR山陰本線安来駅🚌安来市広域生活バス広瀬米子線市立病院前
🚶20分

歴代富田城主の祈願寺

　富田城跡から御子守口へおりる左手に巌倉寺(真言宗)がある。縁起には不明な点も多いが,もとは富田川上流の山佐にあり,1187(文治3)年,高顕僧正が現在地に移したと伝えられる。盛時には末寺15カ寺をもつ大伽藍だったといい,その立地から推測して,歴代富田城主の祈願寺であったと考えられる。本尊の木造聖観音立像と脇侍帝釈天立

堀尾吉晴の五輪塔

26　能義の里

像(ともに国重文)は、ともにヒノキの一木造で平安時代の優品である。聖観音は平板な翻波式衣文や柔和な顔つきから平安時代前期の作とみられ、帝釈天は堂々たる憤怒の表情をするが、後世の補彩により当初の印象を損なっている。また、鉄製台釣六角灯籠は毛利氏支配下の「天正廿(1592)年」銘があり、広瀬町宇波の鋳物師賀藤善兵衛の作である。

境内には、堀尾吉晴を葬った高さ約6mの五輪塔がある。吉晴は子の忠氏とともに、1611(慶長16)年に松江城へ移り、同年69歳で没したが、遺言により巌倉寺に帰葬されたという。

城安寺 ⑲
0854-32-2633

〈M▶P.2,22〉安来市広瀬町富田439 P
JR山陰本線安来駅🚌安来市広域生活バス広瀬米子線市立病院前🚶20分

尼子氏ゆかりの文化財と遺跡

富田橋から北へ500mほど行き、新宮橋のたもとで東へ曲がる。ここから奥、新宮谷へと続く谷あいには富田城ゆかりの史跡が多数ある。新宮橋から300m進むと、山裾に立派な石垣をもった山門がみえる。ここが城安寺(臨済宗)である。

正和年間(1312〜17)、古愚和尚によって富田川東岸の広瀬の地に創建されたが、のちに京都南禅寺の開山南院国師の弟子源翁全帰を招いて開山としたという。室町時代には諸山の1つとして『蔭涼軒日録』にも散見し、住持の任免は将軍からの任命状によったという。1611(慶長16)年に堀尾氏が松江に移城するのにともない、松江の乃木に移ったが、1663(寛文3)年頃に寺を旧地に戻し、ついで1670(寛文10)年、この地に広瀬藩邸が造営されるのにともない月山菅谷口の尼子里御殿跡に再移建された。さらに1886(明治19)年に本堂が全焼、その秋には洪水に遭い、現在地に移転した。本尊脇侍の室町時代作の木造多聞天立像・木造広目天立像(ともに国重文)と、広瀬藩主9代松平直

城安寺山門

諒寄進の山門は，大火を免れて現存する。像はともにヒノキの寄木造で，極彩色である。また，広瀬藩の絵師堀江友声筆の月山富田城図・尼子十勇士図なども伝えられている。

城安寺から南へ延びる谷が富田城正面口の菅谷口で，城安寺付近が尼子里御殿跡である。城安寺を出て右手へまわり，谷を奥へ進むと，尼子氏再興に命をかけた武将山中鹿介幸盛の生誕地と伝える幸盛屋敷跡がある。

幸盛屋敷跡の北側の谷が新宮谷で，道端に「尼子家新宮党之霊社」と刻まれた石碑があり，その後方の小高い台地が新宮党館跡(県史跡)である。新宮党とは，尼子経久の2男国久とその軍勢のことで，新宮谷に居館を構えていたのでこの名がある。勇猛な武士が多く，尼子氏の軍事力の要であったが，毛利元就の謀略によって新宮党の謀反を信じた尼子晴久は，1554(天文23)年に国久と一党を滅ぼし，軍事力の衰退を招いた。1979(昭和54)年に部分的な発掘調査が実施され，礎石建物や柵列などが検出され，中国製陶磁器なども出土した。

富田八幡宮 ⑳
0854-32-2654
〈M▶P.2,22〉安来市広瀬町広瀬86-14 P
JR山陰本線安来駅 安来市広域生活バス広瀬米子線広瀬バスターミナル 🚶10分

森厳な自然林と名工による社殿

広瀬バスターミナルから南へ400mほど進むと，富田川西岸に富田八幡宮の鳥居がみえる。石段をのぼると，鬱蒼とした自然林の中に参道が続く。この八幡山の森をなす亜熱帯の樹木であるタブの大木は珍しく，森厳な林相は山陰随一といわれる。

富田八幡宮の祭神は誉田別尊・神功皇后・天照大神・仁徳天皇などで，伝承では，月山山麓に勝日神社の境内社としてあったが，保元・平治の乱の頃

富田八幡宮参道

28　能義の里

鉄の道文化圏

コラム

たたら製鉄の仕組みから鉄山師の生活をめぐる

　安来市・雲南市・仁多郡奥出雲町のたたら（鑪）製鉄にまつわる文化施設を結び，出雲の鉄生産の文化をこの3自治体が一体となって保存・公開するプロジェクトが「鉄の道文化圏」である。これらの地域をめぐることで，出雲の鉄生産とそれにかかわる人びとの生活・文化を学び，体感することができる。

　近世に鉄の積出港であった安来には，「鉄の道文化圏」のビジターセンター機能を備えた和鋼博物館（安来町）があり，たたら製鉄の全体像を知ることができる。安来から飯梨川を遡ると，全国の鉄山師の信仰を集めた金屋子神社と製鉄にまつわる神話伝承を紹介する金屋子神話民俗館（広瀬町）がある。ここから中国山地へ入ると，鉄生産の中心地，奥出雲町と雲南市に至る。ここで鉄生産を担った代表的鉄山師が絲原家・櫻井家・田部家であり，これら3家の鉄山経営と生活を伝えるのが絲原記念館（奥出雲町大谷）・可部屋集成館（同町上阿井）・田部家土蔵群（雲南市吉田町）である。

　田部家のあった雲南市吉田町には，近世たたらの高殿建物が現存する菅谷たたら，これに隣接して山内生活伝承館・鉄の歴史博物館があり，近世のたたら生産と鉄山師の生活を詳しく知ることができる。

　奥出雲町には，明治時代のたたら製鉄の衰退期に，洋式製鉄法を取り入れた，たたら製鉄の様子を伝えるたたら角炉伝承館がある。さらに，日本刀の作刀鍛錬を実際に見学するには，奥出雲たたらと刀剣館（奥出雲町横田）がある。

　このほかにも，鉄にかかわる歌謡と大蛇神話や水神信仰などの民俗史を紹介する古代鉄歌謡館（雲南市大東町）や，現代の最新製鉄技術を紹介する鉄の未来科学館（同市吉田町）など，多彩な施設が設けられている。

　また，鉄の道文化圏とははずれるが，出雲市多伎町奥田儀にある宮本鍛冶屋跡（田儀櫻井家たたら製鉄遺跡，国指定）は，江戸〜明治時代にかけて櫻井家によって経営された製鉄遺跡であり，鍛冶屋も併設され，墓地・金屋子神社・邸宅跡などが総合的に残っている。

（1156〜59）に月山に富田城を築くため，当地へ遷したという。この時に八幡が主体となったと推定され，現在，勝日神社（祭神大己貴幸魂命）は境内社としてまつられ，この里宮に対して，月山にある勝日高守神社は奥宮である。

　江戸時代初期には松江藩から社領30石を与えられ，支藩広瀬藩の

管轄となって以後も維持された。本殿・幣殿・拝殿の社殿3棟（県文化）は、1790（寛政2）年の火災後、広瀬藩の命により、大坂十八番組大工棟梁森川六右衛門が5年の歳月をかけて建築したものである。同時期に造立された本殿と拝殿がそのまま残っている例は珍しい。極彩色で仕上げられた殿内の趣と、多くの彫刻で飾られた本殿は、県内の神社建築の白眉といってよい。なお、社蔵の能面孫次郎・中将（県文化）があり、孫次郎は「天文二(1533)年」の銘をもつ。

金屋子神社 ㉑
0854-34-0700（金屋子神話民俗館）

〈M▶P.2〉安来市広瀬町西比田213-2　P
JR山陰本線安来駅🚌広瀬バスターミナル乗換え安来市広域生活バス広瀬西比田線西比田車庫🚶20分

全国の鉄山師の信仰を集める「金屋子さん」

広瀬町からバスで中国山地を奥へ進む。西比田車庫バス停からさらに西へ2kmほど行くと、古くから全国の鉄山師（たたら経営者）らに篤く信仰されている金屋子神社がある。

祭神は金山彦命・金山姫命ほか15柱。金屋子神とはたたら師・鍛冶・鋳物師・炭焼きなどが篤く信仰してきた火の神・鉄業の神であり、「金屋子さん」の名で親しまれ、その信仰圏は山陰・山陽のほぼ全域におよぶ。たたら製鉄の技術書である『鉄山秘書』(1784〈天明4〉年)は、「大昔、播磨国宍粟郡岩鍋（現、兵庫県宍粟市千草町）で日照りが続き、人びとが雨乞いをしたところ、一神が降臨して雨を降らせた。その神は白鷺に乗ってさらに西方へ飛び、出雲国能義郡比田の黒田の森のカツラの木に降り立った。これを狩りにきていた安部正重が発見し、近くに住む朝日長者とともに社を建ててまつったという。正重は神主となり、神はみずから村下（技師長）となり、朝日長者が炭と粉鉄を集めて吹くと、神通力によって鉄が限りなく湧き出

金屋子神社

た」との伝承を載せる。

　金屋子神社は、中世後期にたたら製鉄の発展とともに急速に発展し、諸国に分祀された。旧出雲・伯耆・備後・石見国内に、現在22社が確認されている。江戸時代には広瀬藩主の手厚い保護を受け、社殿の造営・修繕や祭祀も藩により奉行されたという。山陰はもとより山陽・大坂の製鉄関連業者の信仰が篤く、これらの人びとの寄進物は莫大なものであったという。現在の社殿3棟(県文化)は、1864(元治元)年に建てられたもので、とくに本殿の壮麗な造りは近隣に類をみない。さらに高さ7.4mの石造の鳥居は圧巻である。

　隣接する金屋子神話民俗館は、金屋子神の縁起や金屋子神社に伝わる刀剣・文書類が展示されており、金屋子神の信仰と地域の生活との結びつきの強さをうかがい知ることができる。

松江とその周辺

Matsue

明々庵より松江城を望む

神魂神社本殿

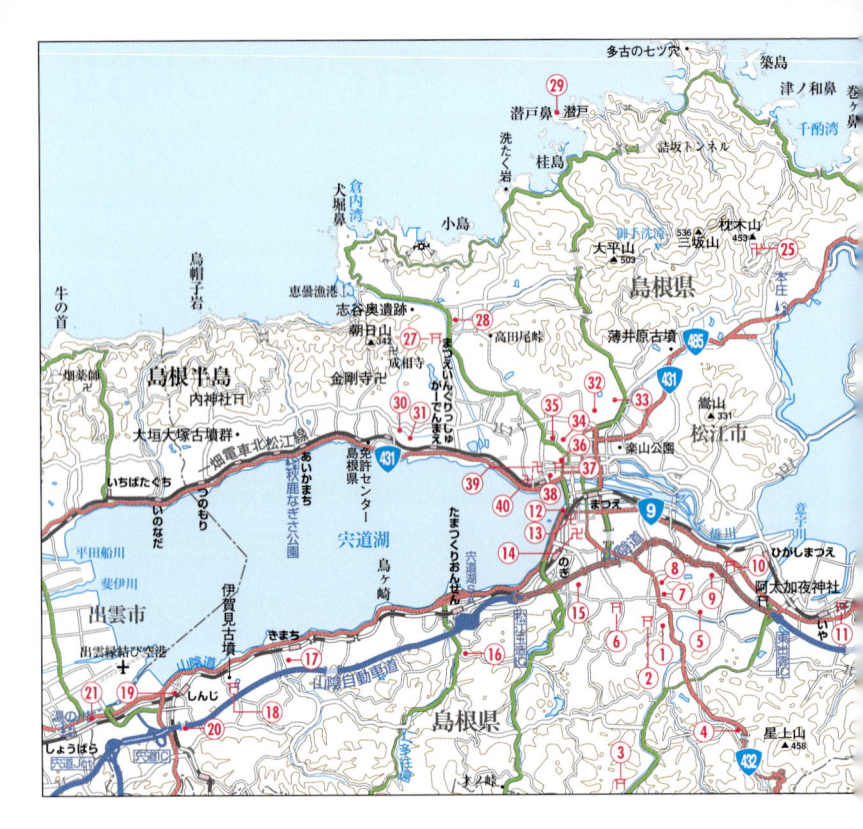

◎松江とその周辺散歩モデルコース

松江南部コース　1.JR松江駅__15__八重垣神社__20__神魂神社__5__島根県立八雲立つ風土記の丘展示学習館__10__出雲国府跡・六所神社__15__真名井神社__15__出雲国山代郷遺跡群正倉跡__10__大庭鶏塚古墳__5__山代二子塚__5__山代町バス停__15__JR松江駅

2.（ドライブコース）JR松江駅__15__大庭鶏塚古墳・山代二子塚__5__出雲国山代郷遺跡群正倉跡__10__八重垣神社__5__神魂神社__3__島根県立八雲立つ風土記の丘__5__真名井神社__5__出雲国府跡・六所神社__15__熊野大社__20__揖夜神社__5__阿太加夜神社__10__出雲国分寺跡__5__平浜八幡宮__15__JR松江駅

松江北部コース　JR松江駅__4__島根県立美術館__25__松江城__3__興雲閣（松江郷土館）__10__小泉八雲旧居・記念館__2__武家屋敷__10__明々庵__10__千手院__25__菅田庵__10__菅田庵入口バス停__15__月照寺__10__宝照院__5__天倫寺__17__JR松江駅

①島根県立八雲立つ風土記の丘展示学習館	⑳女夫岩遺跡
②神魂神社	㉑伊志見一里塚
③熊野大社	㉒美保神社
④安部栄四郎記念館	㉓権現山洞窟住居跡
⑤出雲国府跡	㉔サルガ鼻洞窟住居跡
⑥八重垣神社	㉕華蔵寺
⑦出雲国山代郷遺跡群正倉跡	㉖大根島熔岩隧道
⑧山代二子塚	㉗佐太神社
⑨出雲国分寺跡	㉘佐太講武貝塚
⑩平浜八幡宮	㉙加賀の潜戸
⑪揖夜神社	㉚丹花庵古墳
⑫島根県立美術館	㉛古墳の丘古曽志公園
⑬洞光寺	㉜菅田庵
⑭善光寺	㉝金崎古墳群
⑮田和山遺跡	㉞明々庵
⑯出雲玉作跡	㉟小泉八雲旧居
⑰モニュメント・ミュージアム来待ストーン	㊱松江城
⑱石宮神社	㊲松江神社と興雲閣
⑲木幡家住宅	㊳島根県立図書館
	㊴月照寺
	㊵天倫寺

山陰道沿線コース　　山陰自動車道東出雲IC ‥8‥ 陣幕久五郎記念碑 ‥5‥ 揖夜神社 ‥10‥ 阿太加夜神社 ‥10‥ 平浜八幡宮 ‥20‥ 田和山遺跡 ‥15‥ 出雲玉作跡・松江市立出雲玉作資料館 ‥10‥ 来待ストーン ‥10‥ 石宮神社 ‥10‥ 木幡家住宅 ‥10‥ 伊志見一里塚 ‥5‥ 山陰自動車道宍道IC

古墳をたどるコース　　山陰自動車道松江西IC ‥20‥ 松江市鹿島歴史民俗資料館 ‥10‥ 丹花庵古墳 ‥5‥ 古墳の丘古曽志公園 ‥20‥ 田和山遺跡 ‥5‥ 乃木二子塚古墳 ‥10‥ 山代二子塚・ガイダンス山代の郷 ‥5‥ 大庭鶏塚古墳 ‥10‥ 山代方墳 ‥5‥ ガイダンス山代の郷 ‥15‥ 廻田1号墳 ‥10‥ 島根県立八雲立つ風土記の丘と周辺の古墳（岡田山1号墳・2号墳） ‥10‥ 山陰自動車道松江東IC

① 意宇川の流れに沿って

律令制以前の古墳の変遷と、以後、現代に至る神社・寺院・政庁の変化をたどり、悠久の歴史と文化を追体験する。

島根県立八雲立つ風土記の丘 ❶
0852-23-2485

〈M▶P.34,36〉松江市大庭町456 P
JR山陰本線松江駅🚌大庭・八雲行
風土記の丘入口🚶5分（展示学習館）

岡田山1号墳と「額田部臣」

バス停のすぐ南側に、島根県立八雲立つ風土記の丘がある。1966（昭和41）年に文化庁から発表された「風土記の丘設置構想」に基づき、1972年9月に全国6番目のものとしてオープンした。敷地内には、2基からなる岡田

岡田山1号墳

出雲国府跡周辺の史跡

36　松江とその周辺

神社の造営と遷宮

コラム

仮殿造営から正殿造営へ

　神社の遷宮といえば、伊勢神宮の20年ごとの式年遷宮がよく知られている。あらたな正殿を造営するとともに、神体を遷し替えるのである。伊勢神宮の場合は正殿の隣にもう１つ宮地があり、交互に移動した。

　出雲国では、一旦仮殿を造営して神体を遷したのちに正殿を造営し、そこに神体を戻すことによって造営・遷宮が完了する。すなわち、仮殿造営と正殿造営という２つの過程を経て遷宮が完結するのである。当然、一時的に使用されるのみである仮殿の規模は正殿より小さかった。これがのちには財政難などから、なかなか正殿造営が行われなくなり、やがて本来の規模に達しない社殿を仮殿とよぶようになっていった。

　松江藩領内の神社の造営・遷宮では、17世紀後半以降、出雲大社の神仏分離を契機に、それまであった仏教的要素が神社からのぞかれるようになった。具体的には、神宮寺や仏像などを神社境内の外に移したり、遷宮時にそれらをのぞくことが行われた。この結果、神社の構造や景観には変化がみられた。また、18世紀後半以降は松江藩から繰り返し倹約令が出されたため、正殿の造営は少なくなり、仮殿造営ないしは修復という形が増えた。

山古墳(国史跡)、復元された古代の竪穴住居や中世土居跡をみることができる。

　岡田山１号墳は全長24mの前方後方墳で、全長5.6mの横穴式石室をもつ。石室からは、大刀４・鉄器・馬具・銅鏡・須恵器など(出雲岡田山古墳出土品、国重文)が出土し、６世紀中〜後期の築造とされている。出土品は、1915(大正４)年の発見後、出雲国府跡にある六所神社が保管していたが、1983(昭和58)年のＸ線撮影により円頭大刀(銀錯銘銀装円頭大刀)の刀身部分から「各田卩臣(額田部臣)」を含む12文字が確認され、部民制の成立を証明するものとして全国的に注目された。隣接してある岡田山２号墳は直径43m・高さ6.5mの円墳だが、未調査のため詳細は不明である。

　中心となる展示学習館は2007(平成19)年７月にリニューアル・オープンし、従来の展示室が展示学習室となり、別棟にガイダンスルームが設けられた。展示学習室の常設展では、最新の発掘成果に基づき、風土記の丘周辺の古墳と寺院、さらには国庁と国司館、正倉

からの出土品と復元模型が展示されている。展示品のおもなものには，岡田山古墳出土の太刀(国重文)，平所遺跡出土の埴輪(国重文)，北新造院基壇，国分寺瓦，国庁跡出土土師器・須恵器などがある。

また，敷地内には風土記植物園があり，『出雲国風土記』に登場する植物のうち現在の何にあたるかが推定できる約100種類が植えられている。

なお，岡田山1号墳の南東約300m，国道432号線東側の水田の中には，ほぼ同時期に築造された岩屋後古墳(県史跡)がある。盛土が失われ石室が露出しているが，出雲東部独特の石棺式石室として最大規模のものである。明治時代に出土した人物埴輪4体は，東京国立博物館が所蔵している。岩屋後古墳南側の道路を越えた丘陵上に，御崎山古墳(県史跡)がある。築造当初は50m以上あったと推定されるが，前方後方墳の後方部の一部が削られ，現状では全長41mとなっている。主体部は全長9mで，墳丘・横穴式石室の規模・副葬品の質とも岡田山1号墳を上まわっているが，やや先行する時期の築造とされる。

神魂神社 ❷
0852-21-6379
〈M ▶ P. 34, 36〉 松江市大庭町377　P
JR山陰本線松江駅 🚌 大庭・八雲行風土記の丘入口 🚶10分

静かにたたずむ大社造を実感

八雲立つ風土記の丘を出て西に進むと，鳥居のある参道にぶつかる。急勾配の階段をのぼると，静まりかえった空間の中に，神魂神社本殿(附 内殿1基・心御柱古材1箇，国宝)と末社貴布祢・稲荷両神社本殿(国重文)がたたずんでいる。神魂神社本殿は大社造ではあるが，女神である伊弉冉命を主祭神とするためか，独自性がみられる。すなわち，千木は出雲大社が垂直に切られているのに対して水平に切ら

神魂神社本殿と境内社

れており，神座も出雲大社と反対で，東向きになっている。末社2社は二間社流造である。

神魂神社は1583(天正11)年には末社ともども焼失し，毛利輝元により再建された。かつては神宮寺を擁していたが，17世紀後半に出雲国内で神仏分離が進むなか，遷宮関係史料から神宮寺は姿を消している。

神魂神社の前身は，熊野大社から1.5kmほど東南の八雲町日吉の神納山付近にあった出雲国造の斎場で，国造の杵築移転と出雲府中域の整備が進むなか，この地に移転したと考えられる。祭神から伊弉冉社ともよばれ，伊弉諾社(真名井神社)・惣社(六所神社)とともに国衙の重要な神社とされた。また国造は，鎌倉幕府から神社のある大庭・田尻保の地頭に補任された。

木造十一面観音立像(浄音寺)

南北朝時代には国造が神魂神社で神火・神水相続の儀式(国造の代替わりの神事)を行っており，その際の火は熊野大社，水は真名井神社からもたらされたことが確認できる。

神社には室町期以降の文書からなる紙本墨書秋上家文書55巻31冊，室町中期の色々威腹巻附袖鎧(県文化)も残されており，文書の内容は『意宇六社文書』『松江市史』によって知ることができる。

なお，これまで秋上家文書中の尼子経久の歌で，尼子氏と神社の深い関係を示すものとされてきた「あきあけは　とみとたからに　あいかして　おもふことなく　なかいきをせむ」について，その花押から孫の詮久(晴久)のものであることが，近年，明らかになった。

神魂神社の北150mほどの所には，国造家の菩提寺である正林寺(曹洞宗)があり，裏山に歴代の国造の墓とされる五輪塔が残る。また，北東へ600mほど行った国道432号線西側の団原には浄音寺(真言宗)がある。寺宝の木造十一面観音立像(国重文)は13世紀中頃の作で，本来は神魂神社神宮寺の本尊であった。現在，浄音寺は無住で，石橋町の千手院住職が兼務している。

意宇川の流れに沿って

熊野大社 ❸

0852-54-0087

〈M▶P. 34〉松江市八雲町熊野2451 P
JR山陰本線松江駅🚌大庭・八雲行終点乗換え熊野行熊野大社前🚶5分

出雲大社の原形と鑽火祭

熊野大社は、10世紀までは意宇郡司を兼任する出雲国造が祭祀を行う出雲国第一の神社であった。10世紀頃、郡司と国造の兼帯が禁止されると、国造は意宇郡司の地位を棄て、杵築への移住を決断した。11世紀中頃以降、出雲大社が出雲国一宮となるなか、熊野大社の地位は低下し、鎌倉時代に入ると熊野荘には国外から加治氏が地頭として入部した。

創建当初は、意宇川上流東岸にある天狗山(天宮山)に宮があった。中世には、出雲大社と同じく素盞嗚尊を祭神としたが、一方では紀州熊野三社権現や伊勢神宮の信仰を導入した。そのため、近世には上ノ社(熊野三社権現)と下ノ社(伊勢宮)に分かれていたが、明治時代に入って再び素盞嗚尊を主祭神とし、1908(明治41)年には合祀する形で上ノ社を廃した。

熊野大社前バス停から意宇川に架かる神橋を渡ると境内に至り、大社造の本殿左手には鑽火殿があり、毎年10月15日には鑽火祭が行われ、熊野大社側から出雲大社側に火が渡される。国造の代替わりの際に行われる火継神事にも熊野大社の火が使われる。社宝には、戦国時代末期から明治時代にかけての紙本墨書熊野神社文書4巻(県文化)がある。

熊野大社の下流約500mの小高い丘に常栄寺(曹洞宗)がある。裏山の宝篋印塔は、尼子経久の長子で、晴久の父である政久の墓と伝えられ、寺名も政久の法名にちなむものである。

熊野大社の上流約1km、意宇川東側の旧道の両側に展開する集落は市場とよばれ、近

熊野大社鑽火殿

40 松江とその周辺

世以前にここで定期市が立ったことを示している。さらに1kmほど上流の西岸の丘陵は要害山とよばれており、この地を支配していた熊野氏の居城跡とされる。南東の天狗山を越えると富田荘山佐（現、安来市広瀬町）に至ることから、富田城防衛上も重要であった。『雲陽軍実記』には、「尼子十旗」の1つに熊野城が挙げられている。

安部栄四郎記念館 ❹
0852-54-1745

〈M▶P.34〉松江市八雲町東岩坂1754 P
JR山陰本線松江駅🚌大庭・八雲行終点乗換え秋吉・別所方面行別所🚶10分

熊野から東へ山1つ越えると西岩坂である。松江市役所八雲支所付近で意宇川から分かれた支流沿いの谷は桑並とよばれ、その中ほどに鎮守の志多備神社がある。この一帯にはスダジイの巨木がみられるが、とりわけ神社階段横のものと、境内の南東側の志多備神社スダジイ（県天然）は古

安部栄四郎記念館

くて大きい。後者は、2001（平成13）年の環境省の調査で、スダジイとしては全国4番目の樹高（約17.8m）であるとされた。樹齢300年ともいわれ、保護が必要とされた。

伝統を継承した近代の匠から学ぶ

志多備神社南の道路から東へ一山越えると、東岩坂に出る。国道432号線を南東へ500mほど行くと、左手に安部栄四郎の生家がみえ、その手前を左折すると安部栄四郎記念館がある。江戸時代に藩の専売品であった和紙生産は、明治時代に入って衰退していたが、昭和時代に入り安部栄四郎を中心として復興の取り組みがなされた。安部は、「民芸運動の父」柳宗悦に雁皮紙作りの技を認められ、運動に参加していった。1968（昭和43）年には人間国宝に指定され、没後、和紙作りはその孫によって受け継がれている。記念館には栄四郎の作品・資料とともに、親交を深めた棟方志功・浜田庄司・河井寛次郎、バーナード・リーチらの作品も展示されている。隣接する手

意宇川の流れに沿って　41

漉き和紙伝習所では，実際に紙漉きを体験することもできる。

出雲国府跡 ❺ 〈M▶P.34,36〉松江市大草町
JR山陰本線松江駅🚌大庭八雲行風土記の丘入口🚶10分

　八雲立つ風土記の丘から東へ出ると，意宇平野が視界に入ってくる。郷土史家恩田 清 は，出雲国総(惣)社であった六所神社に隣接する水田に「こくてう(国庁)」という字が残されていることと，官人の個人印とされる銅印「春」(県文化)が1933(昭和8)年に出土していたことなどから，出雲国庁(府)がこの地にあったとした。そして，1968年以降の発掘調査により，7世紀後半から9世紀にかけての6期の国庁跡の遺構が確認され，木簡・墨書土器・和同開珎・須恵器などが出土した。1971年には出雲国府跡として41haが国の史跡に指定された。1999(平成11)年度からの調査でも，四面廂付き大型建物・溝・井戸跡や漆紙文書が検出され，その実態が明らかにされつつあるが，中心的施設は六所神社と民家の敷地にあるため未発掘である。出雲国府跡の政庁辺りが六所神社で，その東側には「こくてう」の石碑が建てられている。

　六所神社(祭神伊弉諾命ほか5神)は，南北朝時代までは勅使が訪れたが，以後は熊野大社からの代参となったという。1542(天文11)年の大内氏の出雲攻めで社殿は失われ，正殿ではなく仮殿の形で再建された。松江藩政下でも，18世紀以降は仮殿造営か修復にとどめられた。社宝には，出雲岡田山古墳出土品(国重文，八雲立つ風土記の丘展示学習館寄託)のほか，江戸時代初期の紙本著色勅使代参向図5幅1面(県文化)がある。

　国府跡から北へ100mほど行くと十字路がある。これが『出雲国風土記』にみえる，「国庁・意宇郡家の北なる十字街」に比定されている。ここから隠岐国へ向かう道を「北に枉れる道」(近年の調査で奈良時代後半と平安時代末期の遺構が確認された)，石見国への道を「正西の道」という。この名称が，都から出雲国府にやってくる人を念頭においていることが注目される。また，国府に隣接して意宇郡家とともに黒田駅があり，郡家に付属して意宇軍団がおかれていたことも記されている。十字街の周辺には，条里の跡も確認できる。

古代の国府政庁と群集墳

中世の出雲国府中

コラム

中世都市と関係寺社群

　律令制に基づく国司による支配は、南北朝時代まで続いていた。11世紀以降、都にいる国守の代官(目代)のもとで、在地有力者の組織化が進み、目代と在庁官人からなる国衙が国内の所領の約5割を占める公領(国衙領)を支配した。

　国衙を中心とする地域は府中とよばれ、政治・経済・文化の中枢となった。出雲国の場合、大草郷、大庭・田尻保、山代郷、竹矢郷、平浜八幡宮、出雲郷(中世出雲国最大の公領)という意宇平野一帯の地域に広がっており、大庭・田尻保をのぞくこれらの国衙領には、惣社(六所神社)・伊弉諾社(真名井神社)・伊弉冉社(神魂神社)の料田が設定されていた。

　当初、国衙側がこれら3社の支配権を握っていたが、出雲国造は守護佐々木氏と結んで鎌倉幕府から大庭・田尻保の地頭の地位を認められた。大庭・田尻保の田数は大草郷と同じ39町であった。古代の大草郷の中心部分が、国庁があり国衙側が主導権をもつ大草郷と、出雲国造が一定の権限を認められた大庭・田尻保に2分されたのだろう。承久の乱(1221年)で在庁官人の多くが没落したこともあり、13世紀半ばには国造が3社の支配権を獲得した。

　平浜八幡宮は京都石清水八幡宮の別宮として成立したが、承久の乱後は守護が地頭となった。南北朝時代にはこの付近に守護所がおかれ、竹矢郷内の円通寺が室町幕府により安国寺と定められた。

　南北朝末期には、在庁官人筆頭の地位にあった朝山氏が、京都にその活動拠点を移した。以後、国衙による支配を示す史料もみられなくなる。

　国府跡の向かい、意宇川南側の丘陵は古墳の集中地帯で、安部谷には小規模な円墳・方墳が15基、横穴墓が10基確認されている。このうち一直線に並ぶ横穴5基などは安部谷古墳(国史跡)とよばれ、出土した須恵器により6世紀後半から7世紀にかけての築造とされる。安部谷古墳の南西、松江市東出雲町春日との境にある大草岩船古墳(県史跡)は、盛土は失われ舟形石棺が露出しているが、埴輪と須恵器から6世紀前半の築造と推定される。安部谷古墳の西北にある古天神古墳(県史跡)は全長25mの前方後方墳で6世紀後半の築造とされるが、石棺式石室としては初期のもので、銅鏡・馬具・円頭大刀など、遺物の種類も豊富である。その南西にある東百塚山古墳群(100基以上)と西百塚山古墳群(40基以上)は円墳もあるが、

意宇川の流れに沿って

ほとんどは小規模な方墳で，5〜6世紀の築造とされる(ともに県史跡)。これらの古墳は，竹矢町の大橋川南側丘陵に築かれた古墳の被葬者の支配下にあった中・小首長層の墓と考えられる。

八重垣神社 ❻　〈M▶P.34,36〉松江市佐草町227　P
0852-21-1148　JR山陰本線松江駅🚌八重垣神社行終点🚶1分

神魂神社から八重垣神社までの1.6kmは，「はにわロード」として整備されている。平所遺跡埴輪窯跡出土の「見返りの鹿」など26体の埴輪模型が配置され，途中には大石横穴群，荒神谷・後谷古墳群(県史跡)がある。後者は小古墳と横穴からなり，6〜7世紀のものである。峠を越えて大庭から佐草へ入ると，樹齢400年の夫婦椿があり，ここを左折するとまもなく八重垣神社に至る。

八重垣神社は縁結びの神として知られ，現在は素盞嗚尊と稲田姫命を祭神としているが，『出雲国風土記』では「佐久佐社」と記されている。南北朝時代には安国寺の支配下に入ったが，戦国時代末期には大原郡海潮の須我神社(雲南市大東町)の勢力が当地におよび，以後，八重垣神社とみえるようになる。現社名は，『古事記』にみえる「八雲立つ　出雲八重垣　妻籠みに　八重垣作る　その八重垣を」による。

社宝の板絵著色神像(国重文)は，現在宝蔵に収められており，拝観も可能だが，1966(昭和41)年までは本殿の壁画であった。従来は絵画の様式から16世紀末頃のものとされていたが，2002(平成14)年の調査で板そのものは13世紀中頃に伐採されたスギ板であることがわかった。素盞嗚尊・稲田姫命など6神像が描かれており，須我神社との関係を含めた検討が必要となった。戦国時代末期〜江戸時代の紙本墨書八重垣神社文書(県文化)は，『意宇六社文書』に収録されている。

板絵著色神像(八重垣神社)

板絵著色神像と鏡の池

44　松江とその周辺

神社の背後には奥の院があり、佐久佐女の森の中に稲田姫をまつる天鏡神社の小祠と鏡の池がある。縁結びの占いの池として信仰されており、小泉八雲が『知られざる日本の面影』のなかで紹介している。

出雲国山代郷遺跡群 正倉跡と山代二子塚 ❼❽
0852-25-9490(ガイダンス山代の郷)

〈M▶P. 34, 36〉松江市大庭町／山代町4760ほか Ⓟ
JR山陰本線松江駅🚌大庭・八雲行大庭十字路🚶1分／山代町🚶5分

　国道432号線と県道247号八重垣神社竹矢線が交差する大庭十字路の北東側から太い柱が整然と並ぶ倉庫群の遺構が発見され、1980(昭和55)年、『出雲国風土記』にみえる出雲国山代郷遺跡群正倉跡として国の史跡に指定された。26棟の掘立柱建物跡、3列の柵跡、5本の溝跡、2つの土坑などが確認されている。このうち奈良時代のものは4棟の倉庫とそれに付属する3棟の建物跡、および1列の柵跡である。正倉跡の北東に聳える茶臼山(171m)には戦国時代の城郭の遺構が確認できるが、『風土記』では国内に4カ所ある神名樋山の1つとして記されている。

　正倉跡から国道432号線を北へ600mほど進むと、道の西側に墳丘の一辺約42m・高さ約10mの方墳である大庭鶏塚(国史跡)がみえる。6世紀中頃までの築造と考えられるが、それまで宍道湖や中海の周辺でつくられていた有力大型古墳がいっせいに姿を消す時期にあたっており、この地の勢力が出雲国東部における覇権を確立したと考えられる。国道を挟んで東側にある山代二子塚(国史跡)は、6世紀中頃に築かれた全長94mの前方後方墳で、県内最大の古墳である。調査と整備が進み、前方部には土層見学施設が、後方部南隣の地にはガイダンス山代の郷が整備され、茶臼山周辺の古代遺跡について詳しく学ぶこと

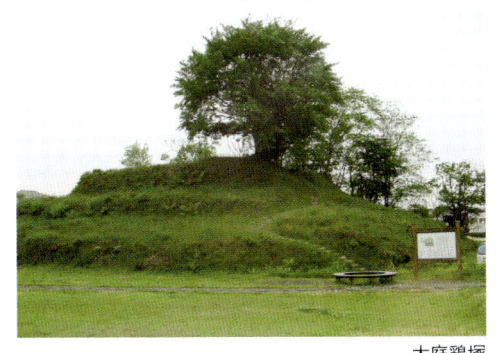

出雲国の正倉と出雲国最大の古墳

大庭鶏塚

意宇川の流れに沿って

真名井神社本殿

ができる。

　山代二子塚と南東側の道1つ隔てた住宅地の中に、7世紀初頭に築かれた山代方墳(国史跡)がある。一辺約45mの方墳で、東部の勢力が出雲国全域の覇者となったことを示すものとされている。この時期の畿内でも、大王陵はそれまでの前方後円墳から方墳に変化している。このことから、この古墳を築造し埋葬されたのは、畿内とのつながりの深かった出雲臣(のちの出雲国造)であろうとされる。

　山代方墳から北東へ進むと湖東中学校があるが、その北側丘陵から4つの基壇(金堂、2つの塔など)をもつ寺院跡が確認された。『風土記』にみえる2つの「山代郷新造院」のうち、日置君目烈が造立した厳堂に比定され、北新造院跡(国史跡)と命名された。

　大庭十字路に戻り正倉跡から東へ400mほど進むと「四王寺跡」の標識があり、そこを左に入ると南新造院跡である。9世紀に朝廷から四天王像を与えられたことから「四王寺」の別称がある。南新造院の造立者は、『風土記』作成の中心となった国造兼意宇郡大領出雲臣廣嶋のつぎに出雲国造となる飯石郡少領の弟山とされる。

　さらに東へ約500m行くと、真名井神社(祭神伊弉諾尊)がある。比高差20mほどの急な階段をのぼると、正面に大社造の本殿(県文化)がみえる。1661(寛文元)年に焼失したが、翌年に再建され、その後も遷宮が行われた。この東方約500mにある真名井の滝への信仰とかかわる神社で、国府跡方面からみると茶臼山の中に本殿があるようにみえる。13世紀半ば以降は国造の支配下に入ったが、近世には松江藩主堀尾氏の政策により独立した神社とされた。明治時代以降は、『風土記』時代の名称に変更した。

出雲国分寺跡 ❾ 〈M▶P.34, 36〉松江市竹矢町寺領 P
JR山陰本線松江駅🚌竹矢行武内神社前🚶15分

古代の交通路と信仰の跡

　真名井の滝から県道を北東へ１kmほど進むと，左手に出雲国分寺跡（国史跡）がある。国分寺は，741（天平13）年に聖武天皇の命により国分尼寺とともに各国に建立された。1955（昭和30）〜56年と1970〜71年の調査により東大寺式伽藍が確認され，寺地は２町四方と推定された。遺物としては，瓦・塼・須恵器・土師器などの奈良・平安時代のもののほか，中世の陶磁器もみられる。瓦の種類から，数度の葺き替えがあったことがわかる。２度の焼失が確認されるが，鎌倉時代まで存続したと推定される。また，国分寺跡から南に延びる道は天平古道と称される古代の幹線道路の跡で，国分寺跡に附指定されている。

　国分寺跡から東へ500mほど行くと，民家のあたりに国分尼寺跡がある。1973（昭和48）〜75年の調査により，寺地は１町四方と推定され，礎石建物の基壇の掘込み地業部分や溝状遺構，中世の掘立柱建物などが検出された。なお，国分寺跡からは「西寺」，尼寺跡からは「東室」と墨書した土器が出土している。

　国分寺跡と国分尼寺跡の中間には，出雲国分寺瓦窯跡（県史跡）がある。２つの寺跡から共通して出土する瓦は，ここで焼かれたと考えられる。

　国分寺跡の北西約1.5km，竹矢の北西には矢田の渡しがある。中海からの入口にあたるこの地は，水運と陸上交通の要であった。また，矢田町の内陸工業団地の南東部に，十王免横穴群（県史跡）を整備した古墳公園がある。６世紀後半から７世紀にかけて築造された32基中27基が保存され，うち１基は内部をみることができる。古墳公園の北東約600mには，1975〜76年の調査で弥生時代末期の竪穴式住居跡４棟（１棟

出雲国分寺跡

意宇川の流れに沿って

「見返りの鹿」(平所遺跡埴輪窯跡出土)

は玉作工房跡)と埴輪窯跡が発掘された平所遺跡がある。平所遺跡埴輪窯跡出土品(国重文)には，馬・家・人物をかたどった埴輪が多いが，なかでも「見返りの鹿」とよばれるものが著名で，県立八雲立つ風土記の丘展示学習館で展示されている。

　古墳公園から南東へ約500mの地点にある廻田1号墳からは，2002(平成14)年の調査で県内2例目の鰭付き円筒埴輪が発見された。全長58mのこの前方後円墳は4世紀中頃の築造と推定され，県内で最古級の古墳である。矢田町の西隣の東津田町には，1978(昭和53)年に東光台団地造成中に発見された石屋古墳(国史跡)がある。一辺40mの方墳で力士像など多量の形象埴輪と須恵器・土師器が出士し，5世紀後半〜6世紀前半の築造とされる。大橋川南側の丘陵上の古墳としては，ほかに竹矢岩船古墳(全長51m，前方後方墳)，前方後円墳としては出雲地方で2番目の大きさの手間古墳(全長66m，6世紀中〜後期)などがある。

平浜八幡宮 ⑩
0852-37-0435

〈M▶P. 34, 36〉松江市八幡町303　P
JR山陰本線松江駅🚌竹矢行武内神社前🚶3分

出雲国八所八幡宮の第一社

　国分尼寺跡からさらに北東へ行くと国道9号線に出るが，その左手に平浜八幡宮がある。現在は摂社の武内神社の名前でよばれることが多いが，出雲国に勧請された京都石清水八幡宮の別宮の筆頭で，12世紀初めにはその存在と八幡荘の成立が確認される。当荘を竹矢郷が取り囲む形となっており，その一角が荘園となった。

　当社の神職は惣検校とよばれ，府中の神社が出雲国造の支配下に入るなか，独自性を維持した。中海からの入口に位置することもあり，この辺りは出雲国の政治・経済の中心となり，戦国時代には「八幡市」が立ち，当社の造営も出雲・隠岐国の段銭により行われた。

　当社蔵の木造神馬3具(県文化)のうち1具には「宝徳二(1450)年神有月」の墨書銘があり，弥生時代の細形銅剣(県文化)は史跡出雲

阿太加夜神社とホーランエンヤ

コラム

松江藩主の信仰と祭り

松江市東出雲町出雲郷の阿太加夜神社は，12年に1度，卯年5月に行われるホーランエンヤの神事（城山稲荷神社式年神幸祭）で有名である。

阿太加夜神社は，近世には芦高神社とよばれていた。堀尾吉晴が松江城を築く際に，亀田山にあった荒神を芦高神社の神主松岡兵庫に祈禱を依頼して遷し，城は無事完成した。これ以降，芦高神社の神主は代々松岡兵庫を名乗り，藩主と領民の尊崇を受けた。

1638（寛永15）年に松江藩主として入部した松平直政が，信濃松本藩（現，長野県松本市）時代に信仰していた稲荷社を勧請したのが城山稲荷神社で，ここに荒神を合祀し，松岡兵庫に稲荷社の神職を兼任させた。そして，1647（正保4）年の凶作時に稲荷社の御神体を芦高神社に船で渡御し，1週間の祈禱を経た後に稲荷社に還御することが行われたのが，現在のホーランエンヤの起源となった。

松江城から阿太加夜神社までの往復の際に，順路にあたる矢田・福富・馬潟・大井・大海崎の住人がそれぞれ趣向をこらして出船し，それを多くの人びとが参観した。とくに1808（文化5）年の神幸の際に神輿船が暴風雨のため座礁しかけたのを，馬潟の漁師が助けて芦高神社まで無事送ったことが直接の始まりとなった。神輿船に続く櫂伝馬の漕ぎ手が「ホーランエーエ，ヨヤサノサ，エーララノランラ，ホーランエンヤ」のかけ声にあわせて漕いだことが名前の由来である。最近では，2009（平成21）年に行われた。

ホーランエンヤ

国分寺付近の水田から発見され，寄進されたものである。

平浜八幡宮と関係の深い寺として神宮寺のほか5カ寺があったが，17世紀前半までに迎接寺をのぞき廃絶してしまった。迎接寺（真言宗）は八幡宮の北東250mほどの所にあり，紙本墨書迎接寺文書64通（県文化）など，廃絶した宝光寺関係の寺宝を多く所蔵する。絹本著色両界曼荼羅図2幅と灌頂法具（ともに県文化）は，1524（大永4）年に尼子経久の側近亀井秀綱が八幡宮に寄進し，宝光寺に預けたものである。1575（天正3）年鋳造の銅鐘（県文化）も残されている。

意宇川の流れに沿って　49

揖夜神社 ⑪ 〈M▶P.34〉松江市東出雲町揖屋2229 P
0852-52-2043 JR山陰本線揖屋駅🚶15分

出雲大社との関係
戦国大名からの寄進状

　平浜八幡宮から国道9号線を南下すると、室町幕府が指定した安国寺(臨済宗)のある竹矢町大門に至る。ここから旧山陰道へ入り意宇川を渡ると、松江市東出雲町で、出雲街道とその主要施設を記した標識が随所にみられるようになる。出雲郷の阿太加夜神社北側の地には「市向」「町」の地名が残る。街道沿いには寺院もみられ、松江藩の御茶屋、制札場もあった。竹矢から出雲郷にかけての海岸線は、風光明媚で錦浦とよばれ、和歌にも詠まれた。

　出雲郷から東へ進むと揖屋の西新に入り、道の両側に三菱農機の工場がみえてくる。三菱農機の前身は1924(大正13)年創立の佐藤造機で、全国有数の農機具メーカーとなったが、減反政策を契機に三菱機器販売と合併して現在の形となった。その道の北側に大内神社がある。1542(天文11)年、富田城攻めに失敗した大内氏が敗走するなか、溺死した義隆の養嗣子晴持の霊を慰めるために建立された。

　揖屋駅の北東約600m、揖屋の東出口近くの右手の丘には揖夜神社がある。18世紀中頃の卜蔵孫三郎による道路改修以前は、山陰道は神社のある丘陵を越えるようになっていた。『出雲国風土記』には「伊布夜社」とあり、『日本三代実録』にもその名がみえるが、中世以降は出雲大社との関係を深め、近世には意宇六社の1つに数えられた。女神の伊弉冉命を祭神とし、大社造の本殿は神魂神社と同様、千木が水平に切られており、神座も出雲大社と逆向きになっている。

　『雲陽誌』には、1583(天正11)年、毛利元秋により本殿が造営され、元和・寛永・寛文の造営の棟札があるとされる。平安時代末期の文書を含む揖夜神社文書67点(県文化)のなかには、大内義隆や尼子晴久からの寄進状も伝えられている。

　揖夜神社から東へ約2km、下意東を抜けた松原に陣幕久五郎記念碑がある。島根県域出身の唯一の横綱であった久五郎本人が、1872(明治5)年に建立した御影石製の碑で、表に「日本横綱陣幕久五郎通高碑」と刻み、裏面にその事績を記してある。

50　松江とその周辺

② 松江城下から宍道湖畔南部へ

山陰道を西にたどりながら，人・もの・文化の動きと，各地域と松江（府中・城下町）との関係をさぐる。

島根県立美術館 ⑫
0852-55-4700
〈M P.34, 51〉松江市袖師町1-5 P
JR山陰本線松江駅 🚌 南循環線内回り県立美術館前
🚶 1分

大橋川南側は白潟とよばれる。戦国時代の軍記物『陰徳太平記』には「カラカラ橋」がみえるが，1608（慶長13）年には，城下町建設の手始めに末次と白潟をつなぐ木橋が架けられた。難工事であったため，源助という者を人柱にして神の怒りをやわらげたという話が，小泉八雲『知られざる日本の面影　神国の首都』に紹介されており，松江大橋南詰バス停西隣に源助柱記念碑が建てられている。

宍道湖大橋の南詰には，宍道湖に面して白潟公園が整備され，明治維新の頃に松江藩の危急を救ったとされる玄丹お加代の胸像や，来待石製の大灯籠（復元）がある。灯籠は高さ6mほどの堂々としたもので，もともとは料亭青柳楼に建てられていた。学問の神として信仰されている白潟天神付近に建てられていた石碑が，白潟公園に移されている。

公園前交差点から東へ約150m行き左折すると，左手の民家の前に「梅謙次郎先生生誕之地」と刻まれた小さな石碑がある。

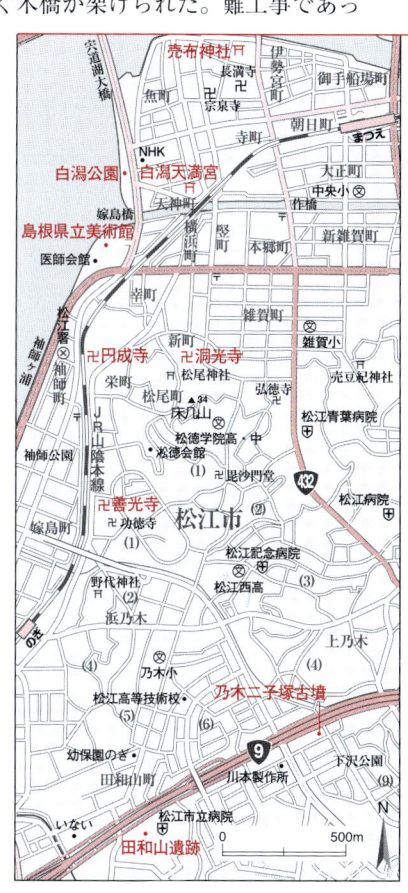

水辺の美術館と寺社

松江駅周辺の史跡

松江城下から宍道湖畔南部へ

青柳楼の大灯籠(白潟公園)

フランス法学を学び,明治30年代の民法典論争で,批判派の穂積八束らに対してフランス流民法を擁護し,のちには韓国統監伊藤博文のもとで法整備にあたった梅謙次郎の生家跡である。

　白潟公園から天神川に架かる嫁島橋を渡ると, 島根県立美術館がある。クールベ, ゴーギャン, モネらの西洋絵画と並んで, 石橋和訓筆美人読詩(県文化)といった日本人の手になる洋画や, 歌川広重筆版画東海道五十三次, 葛飾北斎筆版画凱風快晴図・神奈川沖浪裏図・山下白雨図(いずれも県文化)などの浮世絵コレクションを所蔵している。

　大橋川に架かる新大橋南詰の和多見町に, 売布神社がある。近世初頭までは橋姫大明神とよばれ, 今の寺町にあった。18世紀初めの『雲陽誌』には「白潟明神」とみえ, 祭神の速秋津比売神は水門を司る神とされる。

　和多見町の南側が寺町で, 南北方向に10カ寺以上の寺院が連なっている。南端の誓願寺(浄土宗)は, 安来市広瀬町富田から移転したものである。寺町北側にある常永寺(曹洞宗)は, 毛利元就の長子隆元がこの地で文要和尚に帰依した後に芸州(現,広島県)で急死したため, 元就が伽藍を修造したもので, 寺名も隆元の法名にちなんで改められた。寺町の西側は天神町で, 白潟天満宮は, 松江市八雲町西岩坂の小坂神社(現志多備神社)の神主が, 1616(元和元)年に堀尾忠晴の母長性院の依頼を受け, 北野天神から勧請したもの。

洞光寺・善光寺 ⓫⓮
0852-21-5807/21-5803

〈M▶P. 34, 51〉松江市新町832 [P]／浜乃木1-14-35 [P]
JR山陰本線松江駅🚌大東・玉造方面行竪町🚶7分／浜乃木🚶3分

　白潟天満宮から天神橋を渡り南へ600mほど行くと, 旧意宇郡乃

木村への出口に洞光寺(曹洞宗)がある。尼子経久の父清貞の菩提寺として開かれ，松江移城の際に，富田城下金尾からこの地に移された。寺の南側の丘陵は，堀尾吉晴・忠氏父子が床几に腰掛けて亀田山に城を築くことを決定したとされる床几山(元山)である。寺宝の絹本著色尼子経久像(県文化)には，尼子氏と交流を深めた京都大徳寺の春浦宗熙が，1490(延徳2)年に記した賛が残る。

乃木村は，江戸時代には松江城下と郷方をつなぐ地点で，意宇郡の郡役所がおかれた。その一部は，1889(明治22)年に松江市に編入され，栄町となった。

洞光寺の西約400m，県道24号線の北側に円成寺(臨済宗)がある。この地には，もとは善光寺があったが，松江移城時に南に移転し，富田から城安寺が移された。城安寺は，1633(寛永10)年閏2月までには再移転している。円成寺は，堀尾吉晴が荒和井(現，堂形町)に建てた瑞応寺の後身で，同年10月に忠晴を最後に堀尾氏が断絶し，これにかわった京極氏が瑞応寺を泰雲寺に改めた際に，忠晴の菩提を弔うため城安寺の跡に建立された。寺号は忠晴の法名にちなんだものである。境内には忠晴の墓碑があり，堀尾氏時代の家臣団研究の基本史料となる堀尾山城守給帳写を所蔵する。

円成寺から南へ500mほど行くと善光寺(時宗)がある。佐々木高綱の子光綱は，承久の乱(1221年)後，出雲国守護となった叔父義清の養子となり，乃木保と乃白郷の地頭となって乃木氏を名乗った。その子孫が高綱の菩提を弔うために建立し，のちに時宗に改宗したのが善光寺である。本尊の銅造阿弥陀如来立像(国重文)は，鎌倉時代初期の作とされる。日露戦争(1904〜05年)の司令官の1人乃木希典大将は乃木氏の末裔であり，境内にはその遺髪塔がある。

田和山遺跡 ⓯ 〈M▶P. 34, 51〉松江市乃白町田和 P
JR山陰線松江駅🚌市立病院行終点🚶3分

2005(平成17)年に移転・開設された松江市立病院の隣にある小高い丘が，田和山遺跡(国史跡)である。

田和山の地は友田ともよばれ，その丘陵には『出雲国風土記』にみえる野白神社の関連施設があったとされる。1998(平成10)年の病院建設にともなう確認調査により，3重の環壕に囲まれた山頂部か

田和山遺跡

ら祭祀施設と推定される建物跡が発見された。環壕といえば環壕集落を想起するが，発見された竪穴住居11棟は環壕の外にあり，環壕は集落ではなく山頂部を守っている。遺構は弥生時代前期末から中期にかけてのもので，環壕からは土器とともに石鏃などの石製武器や礫が大量に発見され，城塞としての性格もみられる。頂上北端の2間四方9本柱の建物跡は，のちの大社造との共通性が指摘されている。

田和山遺跡北隣の友田遺跡(消滅)からは，同時代の四隅突出型墳丘墓と土壙墓が発見されている。田和山遺跡は神庭荒神谷遺跡・加茂岩倉遺跡と同時代の祭祀遺跡として，さらには以後の神社信仰とのつながりを考える遺跡としても注目されている。現在は田和山史跡公園として整備・保存され，大型掘立柱建物などが復元されている。また，田和山遺跡の北東約1.3km，矢ノ原丘陵北麓には，6世紀後半に築造された全長40mの前方後方墳，乃木二子塚古墳(県史跡)がある。

出雲玉作跡 ⑯
0852-62-1040(出雲玉作資料館)
〈M▶P.34, 55〉松江市玉湯町玉造85-8 P
JR山陰本線松江駅🚌玉造温泉行史跡公園入口🚶5分

温泉と玉作跡

松江市西忌部町から玉湯町にかけての地域は『出雲国風土記』の忌部神戸にあたり，玉作山(現，花仙山)から産出する碧玉・瑪瑙・水晶などを原料として，管玉・勾玉を生産する古くからの玉作の地であった。また，玉湯川沿いには古代から万病に効く湯が湧き出で，老若男女が集い，市をなすありさまで，神の湯とよばれていた。松江藩の御茶屋もおかれ，温泉街のある場所は湯町という町場でもあり，中央には制札場もあった。1857(安政4)年にはここに本因坊秀策を迎えて，山陰の強豪との囲碁対局も行われた。

玉湯町の伝統産業である布志名焼は，江戸時代中期に福富村の船木与次兵衛が当地に移って窯を開いたのが始まりという。その後，

徳連場古墳の割竹形石棺

松平治郷の命を受けた土屋善四郎芳方が楽山窯から布志名窯に移り、御用窯になった。布志名といえば、南北朝時代に後醍醐天皇の隠岐国脱出を手助けし、若狭国(現、福井県)守護になった布志名雅清(義綱)が有名である。

玉造温泉駅から玉湯川に沿って南へ進み、玉造郵便局前の岩屋橋を右折すると、正面丘陵に岩屋寺跡古墳(国史跡)がある。2つの横穴墓からなり、古くから開口していて副葬品は確認されていない。この丘陵に岩屋寺(臨済宗)があったが、1876(明治9)年に温泉街南側の清巌寺(臨済宗)境内に移転した。

玉造郵便局からさらに南へ500mほど行き左折すると、温泉街の東側丘陵に出雲玉作史跡公園がある。この丘陵一帯が出雲玉作跡(国史跡)で、1971(昭和46)年の調査で古墳時代前期から平安時代にかけて約30棟の工房跡と玉の未完成品が検出され、1974年に史跡公園として整備された。県道25号松江木次線東側の高台に松江市立出雲玉作資料館があり、出雲玉作遺跡出土品(国重文)を始めとする周辺遺跡の遺物が、一括して保管・展示されている。

資料館のすぐ北側には徳連場古墳(国史跡)がある。直径8.5mの円墳で、白色凝灰岩製の割竹形石棺が墳丘中央に露出している。この地域ではもっとも古い古

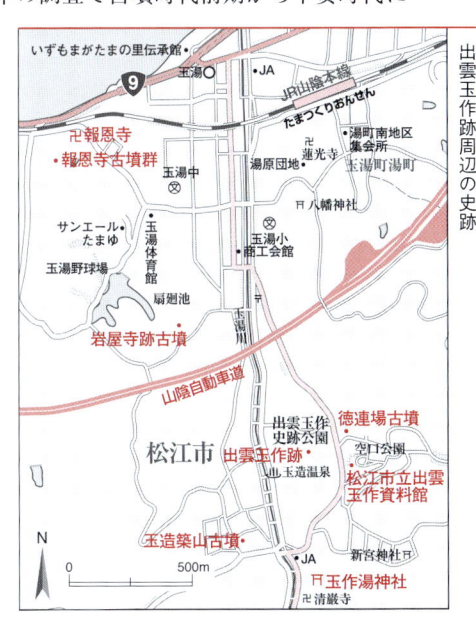

出雲玉作跡周辺の史跡

松江城下から宍道湖畔南部へ

墳で，古墳時代中期の築造である。温泉街の南側出口から西に行くと，平坦地に玉造築山古墳(県史跡)がある。直径16mの円墳で，徳連場古墳と同じ白色凝灰岩製の舟形石棺が2基確認された。副葬品はあまり残っていなかったが，古墳時代中期のものと推定される。

温泉街の南側に玉作湯神社がある。『風土記』には玉作湯社とみえ，江戸時代には湯船明神とよばれていた。櫛明玉命をまつることもあり，神社一帯から発見された玉の未完成品や砥石が出雲国玉作阯出土品(国重文)として，神社の収蔵庫に保管されている。神社背後の山には，出雲佐々木氏の一族湯氏の居城とされる玉作要害山城跡がある。

玉造郵便局から北へ500mほど行って左折し，玉湯中学校と「市向」の標識を右手にみて進むと報恩寺(真言宗)がみえる。本尊の十一面観音立像(県文化)は京都の仏師康運の1538(天文7)年の作で，高さ4.26mの大きな像である。また，1626(寛永3)年に堀尾忠晴が摩利支天像とこれを安置する堂を寄進したが，現存していない。寺の裏山には，前方後円墳1基と小円墳5基からなる報恩寺古墳群(県史跡)がある。前方後円墳は玉湯川流域で確認されている2基のうちの1基で，全長50mある。未調査であるが，古墳時代中期から後期の築造とみられる。

モニュメント・ミュージアム来待ストーンと石宮神社 ⑰⑱

0852-66-9050(来待ストーン)

〈M▶P.34〉松江市宍道町東来待1574-1　P／宍道町白石638
JR山陰本線来待駅🚶10分／JR山陰本線宍道駅🚌宍道コミュニティバス中央線健康センター行岩谷入口🚶10分

玉造温泉から国道9号線を西へ向かい，玉湯町林を通り宍道町東来待に入ると，山側に石切場がある。来待石は当地の特産品で，県内各地に残る五輪塔・宝篋印塔には来待石を使ったものも少なくない。当地は12世紀には八条院領来海荘となり，15世紀以降は室町幕府御料所となった。

来待駅の東600mほどの所に弘長寺(曹洞宗)がある。2004(平成16)年，当寺の阿弥陀如来坐像から胎内銘と経筒が発見され，1534(天文3)年9月に地元の多くの人びとの結縁により，秀英僧都が中

巨石信仰から神社祭祀へ

猪石（石宮神社）

心となって製作したこと，当時の来海荘の地頭が宍道松千代（8歳）と弟の寅寿（6歳）であったことが判明した。

　来待駅から国道9号線を西へ600mほど行き，来待川を700m遡った所にある来待石の採石場跡にモニュメント・ミュージアム来待ストーンが整備され，来待石の歴史を知るとともに彫刻体験などもできる。その周囲には，久戸千体地蔵とよばれる磨崖仏もある。さらに2.3km上流にある菅原神社は菅原道真生誕の地という伝承をもち，室町時代以降の文書を伝えている。

　来待から西へ1.5kmほど行くと白石に入る。湖に面した宍道を東南から取り囲むように白石がある。白石浜は出雲国守護で高師直と対立した塩冶高貞自刃の地とされ，宍道中学校の南100mほどの所には高貞の首塚とされる石造1尺四方の小祠もある。

　白石の中央部を流れる同道川の800mほど上流東岸に石宮神社（祭神大穴持命ほか）がある。『出雲国風土記』には「天下造大神命（大国主命）が狩をした際，猪とそれを追う犬がともに石になり，今に伝わる」との記述があるが，神社の鳥居の左右に猪石，階段をのぼった石柵の中に猟犬の石がある。以前は巨石そのものが神体で社殿はなかったが，1907（明治40）年に同じ白石地区にあった巌谷・熊野両神社を合祀した際，拝殿などが建てられた。

　石宮神社の北約700m，同道川東岸の丘陵には伊賀見古墳がある。2つの古墳とされたこともあったが，近年では全長25mの前方後方墳の可能性が高いとされる。石棺式石室で，耳環・大刀・須恵器などの副葬品から古墳時代後期中葉の築造と考えられている。

木幡家住宅と女夫岩遺跡 ⓳⓴
0852-66-0136

〈M▶P.34〉松江市宍道町宍道1335　Ｐ／宍道町白石
JR山陰本線・木次線宍道駅／🚶5分／🚶35分

宍道湖岸の近世の町場と本陣

　室町時代初期，出雲国守護京極氏の一族が宍道郷を分与されて

松江城下から宍道湖畔南部へ　57

木幡家住宅(八雲本陣)

入部し、宍道氏を称した。その拠点は、宍道駅の西700m、国道9号線との交差点から国道54号線を南へ2kmほど行った金山要害山付近にあった。その一角にあった宍道氏の菩提寺豊龍寺(曹洞宗)は、1922(大正11)年に西麓の末寺経慶寺隣に移転した。金山要害山の北側丘陵には、全長34mの前方後円墳である椎山第1号墳(県史跡)があり、その周辺が宍道総合公園「古墳の森」として整備されている。

その北約1.5kmの所にある要害山公園は、金山要害山の支城跡で、近世にはその北に町場(宍道町)が形成された。現在の国道9号線は当時は湖で、町北側の亀島神社がある場所も島であった。町は旧道の両側に家が立ち並び、その周辺に寺社があるという典型的な宿場町の形を残している。

その中央南側に八雲本陣木幡家住宅(国重文)がある。木幡家は戦国時代末期に山城国(現、京都府南部)から宍道に移り、木綿取引で財をなし、松平宗衍以降の松江藩主が巡見や出雲大社参詣の際にしばしば立ち寄り、本陣に指定された。1733(享保18)年に建造され、明治時代末期に一部補修された。

木幡家所蔵の銅鐸(県文化)は福田型銅鐸(邪視文銅鐸とも)とよばれるもので、中国地方で5例が確認されていたが、さらに佐賀県吉野ヶ里遺跡出土の銅鐸と同笵のものであることが判明した。

木幡山荘は、1899(明治32)年に私立松江図書館を創設し館長となった13代久右衛門が、全国から古木を集めて建てたもので、静寂な中で散策できる庭園と茶室がある。

宍道駅の南約1.3km、山陰自動車道の女夫岩トンネルは、石宮神社の猪石と同じ『出雲国風土記』の伝説に関係すると考えられる女夫岩遺跡(県文化)を保存するために設けられた。遺跡へは、県の中央家畜市場を目指して行くとよい。

宍道町宍道にある氷川神社(祭神須佐之男命)は、『風土記』にみえる宍道社の比定社をめぐり、白石の石宮神社と佐々布の大森神社(神体が女夫岩)とともに、明治時代に論争を行った。

伊志見一里塚 ㉑

〈M▶P.34〉松江市宍道町伊志見
JR山陰本線・木次線宍道駅🚌宍道コミュニティバス西線伊志見🚶1分

　宍道の西隣は佐々布で、『出雲国風土記』ではここが意宇郡の西端と記している。中世には在庁官人系の佐々布氏が支配したが、戦国時代には、宍道氏の支配下に入った。

　宍道駅の南1.6km、国道54号線の西側尾根上に上野1号墳があった。1997(平成9)年に中国横断自動車道尾道松江線(松江自動車道)建設の事前調査中に、県内最古の鰭付き円筒埴輪棺が出土した。全長36mの円墳から埴輪棺の主体部が2つ確認され、うち中央の主体部が鰭付きだった。直径17.5cmの銅鏡1点、勾玉1点・管玉19点などが出土し、宍道湖南岸地域ではこれまで未確認であった4世紀の古墳としても注目された。上野1号墳出土品(県文化)は、島根県埋蔵文化財調査センター(松江市打出町)に所蔵されている。

　佐々布を過ぎると伊志見で、『風土記』の時代は出雲郡に属したが、近世には意宇郡となっている。中世の伊志見郷は承久の乱の直後の出雲大社仮殿造営の際、鎌倉幕府によって出雲大社に寄進されている。近世には、出雲郡との境の100m手前に伊志見一里塚(国史跡)が設置された。現在も旧山陰道を挟む形で北塚と南塚が残る。往時は塚上にマツの木が植えられていたが、昭和30年代に失われたという。現在は案内板が設置されていて、以前の状況を知ることができる。

意宇郡と出雲郡の境

伊志見一里塚

松江城下から宍道湖畔南部へ

③ 島根半島から松江城下へ

有史以来の国引き神話の舞台を実感し、戦国時代後に生まれた水の都の実像とその地域・文化の発展の姿を知る。

美保神社 ㉒
0852-73-0506
〈M ▶ P. 35, 60〉 松江市美保関町美保関608 P
JR山陰本線松江駅🚗50分

美保神社本殿

美保関は島根半島の東端に位置する。『出雲国風土記』には「美保郷」がみえ、国引き神話では八束水臣津野命が出雲のクニを広くしようと、「狭田国」「闇見国」に続いて「三穂の埼」を引いている。古代には半島北側（日本海側）の雲津などが港機能の中心地であったが、中世になると、日本海水運が発展するなか、伯耆国との関係や風待ちの関係で、南側（美保湾側）の美保神社周辺に中心が移った。13世紀半ばには蔵人所が諸国の関所の狼藉停止を求めたなかに「三尾」とみえ、同世紀末には若狭国（現、福井県）の住人が「三尾浦」に米を持ち込み、塩と交換する活動を行っている。

美保関町の史跡

承久の乱（1221年）後、出雲国守護佐々木氏が当地の地頭に補任されたのも、美保関の重要性を物語っている。隠岐国への交通拠点ということもあり、後鳥羽上皇・後

醍醐天皇の配流の記事にも登場する。戦国時代には中国・朝鮮側の史料にもみえ、尼子氏の直轄領となり、尼子・毛利両氏の合戦の舞台ともなった。江戸時代には庄屋ではなく目代がおかれるとともに、松江藩が派遣した番士が常駐していた。

松江駅から島根半島南岸沿いに約30km北上すると、美保神社に至る。石段をのぼると、大社造の社殿2棟を並列につなぐ美保造の本殿（附棟札、国重文）がみえる。『風土記』には「御穂須々美命が坐すので美保郷という」と記されたが、近世には左殿に三穂津姫命（第一神）、右殿に事代主命（第二神）をまつる社殿となっている。中世後期以降、事代主命は海上安全・豊漁守護の恵比寿神と結びつき、信仰を集めた。そして、近世末期以降は事代主命が第一神と理解されることが多くなった。御穂須々美命は、神社境外末社の地主社の祭神となっており、地主社東隣の客人社には、事代主命の父大国主命がまつられている。

神社の裏手には1872（明治5）年までは神宮寺があったが、神仏分離もあり退転し、外中原町の宝照院内にある。神社が戦国時代に合戦で焼かれ、残っている古文書は近世以降のものであるが、紙本墨書手鑑（県文化）も伝存する。

旧暦3月3日の青柴垣神事、11月中午日の諸手船神事はともに事代主命の国譲り神話にかかわるもので、美保神社と客人社がそのおもな舞台となる。現在は、それぞれ4月7日と12月3日に行われる。そのほかに、5月5日には神迎神事、8月7日には虫探神事が行われる。

収蔵庫（宝物殿）と船庫には、諸手船2隻・美保神社奉納鳴物846点とともに、中海で使われ、舳先が反っていることからこの名がついたそりこ（いずれも国民俗）、沖縄県糸満の漁船サバニー（附櫂17本・アンバ20本）、隠岐のトモド（いずれも県民俗）が保管されている。鳴物（楽器）のうち、太鼓は鳥取城内にあった御用太鼓が廃藩置県後に奉納されたものである。

江戸時代中期の出雲大社と佐陀神社の論争で、島根郡の神社は佐陀神社の支配下におかれたが、美保神社は京都の白川神道家と結んで独立した扱いを受け、松江藩主もしばしば参詣した。

美保神社から西方へ700mほどの丘の上に五本松公園がある。旧美保関街道の途中にあたり、松江藩主が眺望の妨げになるとして5本のマツの1本を伐ってしまったという。当地の民謡「関の五本松」は、それに対する住人の不満を謡っている。現在、3代目の五本松が植えられていて、初代の切株が美保神社前の休憩所に展示されている。

　島根半島の東端、美保関灯台のある地蔵崎から七類までの約8kmが美保の北浦（国名勝）である。現在は遊覧船からみることができるが、とりわけ雲津の出雲赤壁と雲津湾は絶景の地とされてきた。

　美保神社の大鳥居から青石畳通りを北東へ進み、案内板に従って左へ折れると奥に仏谷寺（浄土宗）がある。左手に本堂、右手に大日堂があり、大日堂に木造薬師如来坐像を真ん中に木造聖観音立像3体と菩薩形立像の5体（いずれも国重文）が安置されている。これらの仏像はもと中浦浜にあった真言宗三明院に伝えられたもので、いずれも平安時代初期の一木造である。後鳥羽上皇・後醍醐天皇の行在所となったのも三明院で、天正年間（1573～91）に京都知恩院から順慶が派遣され、浄土宗に改宗した。宝永年間（1704～11）に神宮寺との紛争がおき、仏谷寺内に退転したという。

権現山洞窟住居跡とサルガ鼻洞窟住居跡 ㉓㉔

〈M▶P.35〉松江市美保関町森山　P

JR山陰本線松江駅🚌30分／🚌30分森山郵便局前🚶15分

　美保神社から西へ6kmほど行くと、森山地区に至る。弓ヶ浜半島が目の前にあり、伯耆大山を一望できる。南北朝動乱期に室町幕府方と足利直冬に呼応する勢力の間で合戦があり、戦国時代末期には神魂神社（大庭町）の神主一族の秋上綱平が尼子方として森山城にいたが、説得に応じて毛利方に寝返ったことも知られる。

　森山郵便局前から東に行くと、道の左手に権現山洞窟住居跡（国史跡）の表示があり、そこから民家の裏手にまわると崖に掘り込まれた小さな洞窟がある。出土した土器は権現山式土器と命名され、縄文時代後期末の山陰地方を代表する土器型式といわれた。ここから500m美保関寄りの小浜遺跡、1.5km松江寄りのサルガ鼻洞窟住

縄文時代の海辺の暮らし

居跡と，境水道に面して縄文時代後期中頃を中心とする遺跡が分布する。

　縄文時代，気温の上昇による海進で沿岸部の谷間に海水が入り込んだが，そのピークは前期初め頃で，後半には気候が冷涼化して小規模な海退が始まった。サルガ鼻洞窟住居跡(国史跡)は中海に面した崖に開口した4つの洞窟からなるが，船でないと行くのは難しい。縄文時代前期末から使用されており，崎ヶ鼻式土器と命名された縄文土器と，黒曜石とサヌカイトを加工した多彩な石器が確認された。とりわけ，イノシシ・シカの骨とともに出土した大量の石錘とタイ・フグなどの魚の骨が注目された。小浜遺跡では弥生時代中期の14体の人骨が出土した層の下から，縄文時代後期の大型鹿角製釣針が確認されており，網漁業や外海での漁業を行っていたことが確認できる。

華蔵寺 ㉕
0852-34-1241

〈M▶P.34〉松江市枕木町205　P
JR山陰本線松江駅🚌30分

山岳信仰と木造薬師如来坐像

　美保関町森山から松江方面へ約8km行くと，本庄町に入る。ここは中海と美保関街道の結節点であり，近世には町場となった。中心部は南北200mの通りと，町場中ほどから西へ80mほど延びる横町からなり，その西側高台には，町を見下ろす形で熊野神社がある。出雲国の町場には恵比須社や熊野権現がある例が多いが，ここは紀州(現，和歌山県)熊野から勧請されたという伝承をもち，熊野三所権現ともよばれていた。

　平安時代末期には長海荘(庄)が院領として成立し，鎌倉時代中期には本庄とそれを取り巻く形で存在した新庄に分かれた。戦国時代には隠岐国の実質的支配者であった隠岐氏がこの地を支配し，毛利氏の時代には天野隆重(本庄)や野村士悦(新庄)といった重臣が支配した。新庄町には，国引き神話の闇見国の名を冠した久良弥神社

木造薬師如来坐像(華蔵寺)

島根半島から松江城下へ

(祭神豊受媛神)がある。

　本庄町の中心部から県道252号枕木山線を北へ2.5kmほど行った枕木山中に、華蔵寺(臨済宗)がある。枕木山(456m)は島根半島北山山系でもっとも高い山で、現在はテレビ塔が設置されているが、古くから山岳信仰の場であった。華蔵寺は、初め天台宗に属したが、鎌倉時代末期に京都東福寺から僧を招いて臨済宗に改宗した。この地は中世には枕木保とよばれ、戦国時代には尼子・毛利両氏の合戦の地となり、華蔵寺は一時荒廃した。しかし、松江城の鬼門にあたることもあり、堀尾・京極・松平氏と歴代藩主からの信仰を得、寺院としては破格の20石の所領を認められた。明暦年間(1655〜58)には松平直政により造営がなされるとともに、南禅寺派に属することとなった。

　寺の伽藍は山の地形を生かして設けられている。テレビ塔近くから長い階段をのぼると仁王門があるが、そこから本堂までにはさらに長い階段をのぼらなければならない。途中の薬師堂には、平安時代後期の木造薬師如来坐像(国重文)が安置されているが、秘仏のため拝観することはできない。境内には、山王神社・蔵王権現の小祠もある。この地から晴れた日は隠岐島・大山・三瓶山を見渡せ、まさに絶景である。

大根島熔岩隧道 ❷⑥

〈M▶P.35〉松江市八束町遅江・寺津 P
JR山陰本線松江駅🚌八束町行八束町中央🚶10分(幽鬼洞)

熔岩隧道と朝鮮人参・ボタン栽培の島

大根島第二熔岩隧道(竜渓洞)入口

　本庄町の東、中海のほぼ中央に大根島がある。1968(昭和43)年に開始された中海干拓事業により、北東の江島とともに陸続きとなったが、それ以前は松江と美保関・米子を結ぶ船がおもな交通手段であった。『出雲国風土

64　松江とその周辺

記』には島根郡に属し,「蜈蜙島」とみえるが,戦国時代には大根島または焼島とよばれ,近世には意宇郡,近代には八束郡に属し,2005(平成17)年の合併で松江市となった。

東西2.8km・南北2km,最高地点標高42mの大根島は大山火山系に属する島で,多孔質・堅硬で建築資材に適した玄武岩からなる。南東部の遅江には溶岩流によってできた大根島の熔岩隧道(幽鬼洞,国特別天然)があり,中部の寺津にも大根島第二熔岩隧道(竜渓洞,国天然)がある。2003(平成15)～04年,NPO法人日本火山洞窟学会が調査を行い,前者の全長は約100m,後者は約81mであることが確認されている。現在,遅江は立入禁止である。寺津は施錠がしてあり,事前に八束公民館(0852-76-3663)まで連絡する必要がある。

この地の畑作の肥料は,海草と旧島根郡大海崎村と宇部尾村に確保した入会薪山に依存していたため,周辺の村々との間に紛争が絶えなかったことが知られている。また,約300年前に波入の全隆寺の住職が遠江国(現,静岡県西部)から薬用として持ち帰ったのが当地におけるボタン栽培の始まりで,半世紀前からは全国への行商や海外への輸出が始まった。一方,朝鮮人参の栽培も18世紀末に松江藩の財源確保の一環として始まった。ともに大根島の地質に向いた作物であった。

佐太神社 ㉗
0852-82-0668
〈M▶P.34,66〉松江市鹿島町佐陀宮内73 P
JR山陰本線松江駅🚌恵曇方面行佐太神社前🚶3分

神在祭と佐陀神能

『出雲国風土記』の国引き神話の舞台となったのは,狭田国と闇見国,三穂の埼であった。佐太(陀)神社のある場所は,この狭田国の神名火(朝日山)の麓である。朝日山の北側登り口にあたり,北西1.5kmほどの地点には銅鐸2個と銅剣6本(国保有,島根県立古代出雲歴史博物館展示)が埋められていた志谷奥遺跡がある。この付近には,出雲神戸

佐太神社社殿

島根半島から松江城下へ

佐太神社周辺の史跡

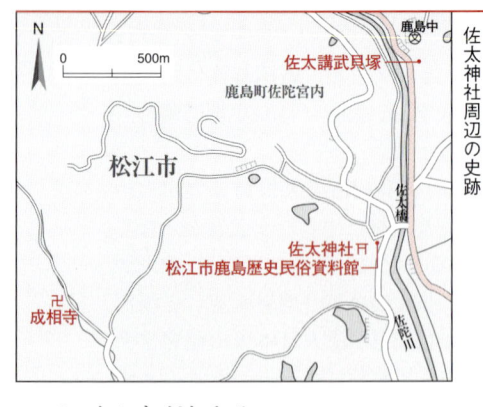

里も設定されていた。

佐太神社前バス停から西へ約150m行くと、佐太神社に至る。社殿は、大社造の3棟が並立するという独特な形をとる。鎌倉時代の記録から平安時代末期にはすでにこの形をとっていたことがわかる。

近世には、正中殿(附棟札3枚・指図板1枚、国重文)に伊弉諾命・伊弉冉命・事解男命・速玉男命の4神、北殿(国重文)が天照大神など2神、南殿(国重文)が素盞嗚命など4神をまつっているが、本来は佐太大神(佐太御子)をまつる神社であった。近代に、正中殿の祭神に佐太大神が加わっている。

古代に当社の祭祀をになったのは、出雲臣とともに『風土記』作成の中心となった神宅臣だった。佐太大神は闇見国に属する加賀(現、松江市島根町)で生まれたとされ、かつての狭田・闇見2国が当社の影響下にあった。

12世紀前半に成立した佐陀荘(社)は単独のものとしては出雲国最大の荘園で、荘域は佐太神社の所在した秋鹿郡と東隣の島根郡におよんでいた。同時期の佐太神社の神主は、出雲国衙でもっとも勢力のあった朝山氏にかわっている。

朝山氏一族で、毛利氏や織田信長と結んで戦国時代を終わらせようとしたのが朝山日乗である。日乗は信長と朝廷の仲介役として内裏再興を実現し、歴史学者三浦周行は織田政権前半の最大の立役者と評価した。キリスト教禁止を実現するため、フロイスら宣教師と信長の前で論争を行い敗れたものの、彼らをして紀元前4世紀のギリシアの雄弁家デモステネスのようだといわしめた人物であった。

毛利氏の支配下で佐太神社の社領は削減され、千家・北島両国造家だけで2000石の出雲大社に対して10分の1である200石となり、松江藩でも引き続き200石であった。元禄年間(1688〜1704)には、

出雲国10郡の神社はすべてみずからの支配下であると主張する出雲大社と争ったが，佐太神社の勝訴となり，島根・秋鹿・楯縫郡と意宇郡の玉湯以西の神社に対する支配を認められた。

佐太神社の重要な神事としては，旧暦8月24日(現在は9月24日)に行われる御座替(替)神事と10月(現在は11月20〜25日)の神在祭(お忌み祭)がある。とくに前者は3社殿の神座を敷き替えるという独自の祭礼で，佐陀神能(国民俗・ユネスコ無形文化遺産)が奉納される。佐陀神能は神話を題材とした能の一種で，神官宮川氏が1608(慶長13)年に京都から習得して帰った猿楽能の舞が基となっており，佐太神社の支配下とされた3郡半の社家が奉仕した。出雲国では10月が神在月とよばれており，中央にも知られていた。14世紀後半の『詞林采葉抄』には，諸国の神々が佐太神社に集まると記されている。

戦国時代以前の古文書は戦乱のなかで失われたが，以下のように平安時代以降のさまざまな宝物が残されている。

〈国重文〉 色々威胴丸(兜・大袖付)附鎧唐櫃1合[室町]，色々威五十八間筋兜[室町]，色々威腹巻(兜・大袖付)[室町]，彩絵檜扇・龍胆瑞花鳥蝶文扇箱[平安]。

〈県文化〉 蛭巻薙刀拵[室町]，鏡像(方鏡著彩阿弥陀如来来迎図，円鏡線刻十一面観音坐像)[南北朝]，大野太刀2口[南北朝と室町]，応安二(1369)年在銘黒漆御供台3基[南北朝]，嘉吉二(1442)年在銘鰐口[室町]，紙本墨書新古今和歌集零本。

なお，当社でも17世紀後半には神仏分離の動きがあったようで，薬師如来像，日光・月光菩薩など5体が名分村(現，松江市鹿島町名分)の薬師堂へ安置された。また，佐太神社のすぐ北側(旧秋鹿郡)には「市場」，佐陀川の対岸名分には「七日市」という地名が残る。

神社に隣接して松江市鹿島歴史民俗資料館があり，日本最古(弥生時代前期)の木棺と配石墓が発見された堀部第Ⅰ遺跡(県史跡)など周辺地域の遺跡の出土遺物とともに，中国の作家魯迅と交流のあった鹿島町出身の中国文学研究者増田渉関係資料を所蔵・展示している。

佐太講武貝塚 ㉘

〈M ▶ P. 34, 66〉松江市鹿島町佐陀宮内・名分
JR山陰本線松江駅🚌恵曇方面行鹿島中学校前🚶1分

佐太神社から県道37号松江鹿島美保関線を北に1kmほど行くと，右手に鹿島中学校がみえる。その手前の佐陀川の両岸が佐太講武貝塚(国史跡)である。縄文海進がピークに達した縄文時代早期末〜前期初め頃，この付近は湖となっており，貝塚はその近くにあった。遺物包含層からは，ヤマトシジミ・サザエ・アワビなどの貝類とともに，淡水魚・海水魚の骨，クルミなどが大量にみつかった。県内でも早い時期の縄文遺跡で，包含層からは前期末〜中期にかけての土器なども検出されているが，量的には少ない。遺跡の名称は所在地名によるが，17世紀半ば過ぎに，それまでの圓福寺という寺にちなむ地名が，松江藩主が狩りをする場所としてふさわしくないとして講武に改められたという。

佐太講武貝塚

縄文時代の水辺の暮らし

加賀の潜戸 ㉙

0852-85-9111

〈M ▶ P. 34〉松江市島根町加賀 🅿
JR山陰本線松江駅🚌マリンゲート行終点乗換え沖泊行マリンプラザしまね前🚏20分

佐太大神誕生の地として，『出雲国風土記』には「加賀の神埼。即ち窟あり。一十丈許なり。周り五百二歩許なり。」と記されている。これが加賀の潜戸(国名勝・天然)で，この地は闇見国に属していた。4〜10月，天気がよく波が穏やかな日には，マリンプラザしまね前から遊覧船に乗ってみることができるが，陸づたいに行くことはできない。

潜戸鼻とよばれる岬の先端にあるのが新潜戸，その途中に旧潜戸がある。新潜戸は貫通した巨大な海食洞窟で，船で通り抜けることができる。その途中には神の空間であることを示す鳥居があり，中

神と仏の信仰と多様な海岸地形の連続

松江とその周辺

加賀の潜戸(新潜戸)

央にある沖に向かって開いた穴からは、波が入ってくる。一方、旧潜戸は仏の空間であるとされる。船を降りてトンネルを通ったその先には、無数の石が積み上げられ、あたかも賽の河原を思わせる空間が広がっている。入口部分は光が入り明るいが、奥に入るにしたがって暗く神秘的な風景に変化する。

加賀へはバスなら、国道431号線から県道21号松江島根線を抜けて行くことになるが、加賀が隠岐航路の発着地でなくなったため、便は減っている。車でなら、佐太神社から県道37号線を北上して恵曇へ出て、そこから海岸沿いに景色を楽しみながら1時間ほどかけて行くのもよい。

潜戸から東へ海岸沿いに野波、小波を抜けて島根半島最北端の多古に出る。そこに北面して海食洞穴群多古の七ツ穴(国天然)がある。海からは7つの穴があるようにみえるのでこの名があるが、実際は9つ以上とされる。岬の先端部には、マリンパーク多古鼻という体験型の宿泊施設も整備されている。

野波まで戻り、県道37号線を東へ行くと野井に出る。その海上にある築島の崖には陸から凝灰岩の岩脈が複雑な形でみられ、築島の岩脈(国天然)とよばれている。

丹花庵古墳と古墳の丘古曽志公園 ㉚㉛
0852-36-6483(古曽志公園)

〈M▶P.34〉松江市古曽志町372 ／ 562-1(公園管理センター) P
JR山陰本線松江駅🚌免許センター方面行授産センター前🚶8分

狭田国の古墳群

佐太神社から西側に山一つ隔てた谷の奥、荘成町に成相寺(真言宗)がある。17世紀後半まで佐太神社の祭礼に深くかかわっていた。また、明治時代以前は背後の丘に熊野権現があった。平安時代から鎌倉時代頃の作とされる木造神像群23躯(県文化、県立古代出雲歴史博物館寄託)を所蔵する。

成相寺から南へ2kmほど行き宍道湖に面する古曽志町に入ると、

丹花庵古墳

左手前方に『出雲国風土記』にも記される許曾志神社(祭神猿田毘古命)がみえる。その手前で右に曲がると、正面の畑地の中に丹花庵古墳(国史跡)がある。耕作により墳丘は改変されているが、一辺約47m・高さ3.5mの方墳とされている。長持形の組合せ式石棺の蓋石が露出しており、そこに刻線で鋸歯文が描かれている。この型式の石棺は出雲では少なく、古墳時代前期末から中期前半にかけての畿内を中心とする各地の大型古墳にみられるもので、被葬者の地位の高さを示している。盗掘を受け副葬品の全体像は不明だが、土器と金属器の一部が確認され、5世紀前半の築造と考えられている。

古曽志大谷1号墳(復元)

丹花庵古墳から南西へ500mほど進むと、前方に古墳の丘古曽志公園がある。ここには、公園北西の丘陵から住宅地造成工事中に発見された古曽志大谷1号墳が、実物大に復元されている。全長46m、5世紀後半の前方後方墳で葺石と円筒埴輪もみられる。そのほか園内には、この地域にあった古墳が現状保存されている。5世紀の3基の方墳からなる姥ヶ谷古墳群、径45mの円墳の古曽志大塚1号墳を中心とする古墳群、2基の方墳からなる古曽志廻田古墳群などである。公園から6kmほど西には、大小8基の円墳と方墳からなる大垣大塚古墳群がある。1号墳は径54mと県内最大の円墳で、4世紀末〜5世紀初めの築造、2号墳は一辺35mの方墳で、1号墳よりやや新しいとされる。これらの古墳は『風土記』にいう狭田国に所

松江藩の人口増加

コラム

近世後期にも人口は増加

　江戸時代中期以降の日本では，耕地の増加と農業技術の発達が1つのピークを迎え，人口は約3000万人で停滞したとされてきた。それが近年の研究によって，飢饉で大きな打撃を受けた東日本では人口が減少したのに対し，西日本では人口が増加したことが明らかとなった。また，近世初期の人口について，従来の1800万人程度との推定が，近年では1000万人程度とされた。近世前半の人口増は従来の想定より多く，江戸時代のイメージはかわりつつある。

　出雲国では，松平氏が入部した1638（寛永15）年頃の人口13万人が，17世紀末までには22万人程度（武士をのぞく）となった。松江藩の収納高は17世紀半ば過ぎに40万俵（4斗俵）を超え最高値を記録したが，その後は低落傾向が続いた。18世紀前半の平均収納高は30万俵をやや上回る程度で，藩財政は悪化し，人口も停滞していた。

　18世紀後半の改革では，藩主交替により藩内の富農に対する債務の帳消しがなされた。その一方で増税が行われ，収納高は40万俵に近づいた。幕末に至るまで，収納高はこの水準を上限としているが，これは米による収入が限界に達したことを示し，以後は商品作物の栽培や特産品の専売制により収入増が図られた。そして藩は，19世紀半ばまでには京・大坂・江戸の豪商への負債を返済した。

　出雲国では，1838（天保9）年は前年比約5％の人口減であった。天保の大飢饉（1833〜39年）によるものだが，10％以上減の伯耆国，石見国と比べて少ない。伯耆国と出雲国は，平均気温が高いため気温低下の影響が小さく，人口が流出する大都市が近くにないという環境が共通する。そのため，大飢饉までの人口増減状況はほぼ一致していたが，これ以降，差がみられる。一方，これ以後，出雲国を含め，山陰地方の人口増加率は日本全体より低くなっている。その原因がどこにあったかは，今後の研究課題となっている。

在するが，6世紀前半を境にこの地域で大型古墳はみられなくなる。

　古曽志公園の1.5kmほど西に一畑電車長江駅がある。駅から東長江川沿いに約1.5km北上し，長い石段をのぼると金剛寺（臨済宗）の境内に至る。当寺には秘仏である平安時代の木造馬頭観世音菩薩坐像（県文化，7月第2日曜〈胡瓜・紫陽花供養〉に開帳）がある。

　長江駅の4.5kmほど西には高ノ宮駅がある。駅名は，1.5km北の本宮山南麓にある内神社が高野宮とよばれたことによる。内神社は『風土記』『延喜式』にもみえ，中世には大野荘の地頭大野氏の氏神

島根半島から松江城下へ

松江城周辺の史跡

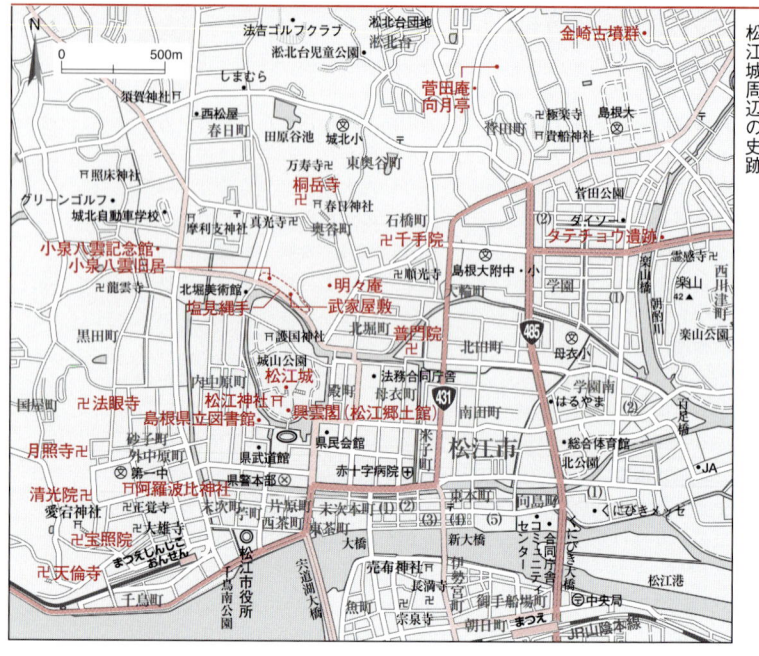

とされた。大野氏は、本宮山に城を築き当地を支配したが、毛利氏の時代に滅亡した。江戸時代には松江藩主の尊崇を受け、佐太神社から独立した存在であった。本殿(附棟札13枚、県文化)は1855(安政2)年につくられた大社造で、大野氏関係文書の写しと南北朝時代以降の文書が残されている。

菅田庵 ㉜
0852-21-4288 〈M▶P.34,72〉 松江市菅田町106 P
JR山陰本線松江駅🚌法吉ループ左回り菅田町入口🚶10分

茶人松平不昧と茶室

松江駅から国道485号線を北に2kmほど進むと、菅田変電所に至る。菅田は鎌倉時代末期の史料に長田西郷内の菅田村としてみえ、戦国時代には、長田の地名は川津にかわった。当時は大橋川が近くまで入り込み、隣接して市庭村があったように付近には市が立ち、水運と陸上交通の結節点として栄えた。

変電所から春日町へ向かう大通りを約200m進み、右に折れて500mほど行くと、菅田庵(国史跡・名勝)に至る。個人所有であるため、見学には事前連絡を要する。駐車場から階段と山道をのぼると有沢山荘の入口であるが、現在はこの前を左折して進むと、石段を経て

菅田庵入口に着く。

　この地は、松江藩家老有沢氏の山荘であった。18世紀末に有沢氏6代弌善(宗意)が、茶人・文化人としても知られた藩主松平治郷(不昧)の意見を容れて整備し、2畳台目の茶室菅田庵と御風呂屋が設けられた。同時に建てられた4畳半台目の向月亭(いずれも国重文)と庭は治郷の弟衍親(雪川)が設計したものであり、菅田庵には治郷筆の、向月亭には衍親の手になる額が掲げられている。茶室に蒸し風呂が付属するのが独特で、治郷が鷹狩りの帰路に立ち寄ることが多かったためとされる。この地は南東に眺望が開け、大橋川から大山まで見渡すことができる。

金崎古墳群 ㉝

〈M▶P. 34, 72〉松江市西川津町3365
JR山陰本線松江駅🚌大学・川津行または北循環線内回り
川津🚶10分

　菅田庵の東方約700m、島根大学北側の夢ヶ丘住宅団地の中に金崎古墳群(国史跡)がある。南東に朝酌川と平野を望む小丘陵上に前方後方墳2基と方墳9基が確認されていたが、団地建設で方墳6基が失われた。金崎1号墳は全長32mの前方後方墳で、発掘調査により鏡・玉・剣・刀・U字形鍬先・須恵器など豊富な副葬品が出土し、5世紀後半の築造と推定されている。

　朝酌川沿いの低湿地遺跡としては、学園通りの朝酌川を挟んで反対側(西岸)に、北から西川津遺跡、原ノ前遺跡、タテチョウ遺跡と続いている。3遺跡とも河川改修にともなう調査で、河川敷から川底にかけての遺物包含層から、石器・獣骨・土笛、銅鐸片などとともに、木器が良好な保存状態で大量に発見された。縄文時代のものは前期初頭と晩期に集中している。弥生時代のものも多いが、タテチョウ遺跡からは木製の櫛が発見され、注目された。

　国道431号線で朝酌川をさらに上流へ行くと、下東川津町を経て坂本町に入る。県道21号線と合流して200m地点の左手の民家の裏山に全長50mの前方後方墳、薄井原古墳(県史跡)がある。後方部には、東西に2つの横穴式石室が開口している。6世紀中頃の築造で、出雲地方の横穴式石室としてはもっとも古いものの1つである。

島根半島から松江城下へ

明々庵と小泉八雲旧居 ㉞㉟

0852-21-9863／23-0714

〈M ▶ P. 34, 72〉松江市北堀町278 Ｐ／北堀町315
JR山陰本線松江駅🚌法吉ループ右回り
小泉八雲記念館前🚶15分／5分

近世から近代初期にかけての記憶　武家屋敷跡と小泉八雲

明々庵

　菅田町西方の奥谷町は、松江城の北側にあたり、狭い道が網の目状に延びている。菅田庵から950mほど南西、奥谷町の東隣の石橋町には、千手院（真言宗）がある。松江城築城時に現在の安来市広瀬町富田から移転して、城の鬼門におかれ、代々の藩主の祈願所とされた。境内には樹齢200年以上とされるシダレザクラがあり、名所となっている。奥谷町北西部にある桐岳寺（曹洞宗）も、堀尾忠氏の夭逝した2男の菩提寺として富田荘内桜崎に建立されたのが移ってきたもので、洞光寺（新町）・清光院（外中原町）と並んで出雲国内の曹洞宗寺院の中心であった。

　千手院から西へ進み、ついで南進すると松江城天守閣がみえるようになる。その前に案内板に従い右折して200mほど進むと、左手の丘の上に明々庵（本席・水屋・鎖の間、県史跡）がある。松平治郷（不昧）が家老の有沢弌善のために設計した茶室で、もとは殿町の有沢邸内にあった。明治時代初期に一旦東京へ移築されたが、1929（昭和3）年に菅田町の有沢山荘内に戻され、さらに1966年の不昧150年祭を契機に現在地に移築された。入母屋造・茅葺きの建物正面に掲げられた「明々庵」の額は、不昧の手になるものである。

　明々庵から南へ行った堀端が、塩見縄手である。松江城のある亀田山は北側の奥谷の丘陵南端に位置したが、築城にあたり、切通しと堀により切り離された。堀の北側の地域は塩見縄手とよばれ、江戸時代に形成された武家屋敷の景観をよくとどめている。この通り

74　松江とその周辺

近世城下町としての松江

コラム

川と郡により分断された地域が城下町へ

　松江城下は、武家居住部分とその南側に展開する末次・白潟の2地区からなる。基本的な形は堀尾氏の時代に完成したが、しだいに周辺地域に拡大していった。

　武家は殿町・内中原町・母衣町といった内堀と外堀に挟まれた地区が中心であるが、四方の守りをかためる形で周辺の田町・奥谷町・外中原町にも配置され居住していた。さらに、これを補完する形で、従来からあった寺院だけでなく、旧富田城下から移転してきた多くの寺院が配置されていた。また、南・北・西方から城へのルートには丁字路・鉤型路や袋小路がめぐらされ、守りをかためていた。

　町人は田町・奥谷町・外中原町にも居住していたが、中心は大橋川北側の末次と南側の白潟であった。末次は東西に広がり、芋町・紙屋町・鍛冶町・魚町といった十数の業種名を付した町があったが、南北に展開した白潟では業種を付したものは魚町・大工町・糀屋灘のみと対照的で、そのほかに和多見町・灘町・八軒屋町・寺町・堅町・横濱町があった。末次が築城の際に計画的に建設されたのに対し、白潟はそれ以前の町割を再編成したのであろう。末次

と白潟の範囲もしだいに拡大していく。

　白潟の東側は寺町として寺院が集中していたが、これも城の守りを意識したものであった。南側には松江分(城下町建設時には沼沢地であったが、その後の開発で生まれた居住地)と足軽・町人が居住した雑賀町があったが、ここは城下には含まれず意宇郡に属していた。

　松江城下では洪水がたびたびあり、火災とともに治水対策が重要であった。武家居住地の人口は、1763(宝暦13)年の1万6541人をピークに幕末にかけて減少した。一方、末次・白潟の町方は、1745(延享2)年と、1759(宝暦9)年に松江城下で洪水があったこともあり、18世紀半ばには人口が1万4000人前後で停滞していたが、以後増加し、1805(文化2)年には1万7948人、1838(天保9)年には2万人を超えている。在方の経済発展と人口増を背景に、町方の人口が増加した可能性が高い。

　城下町建設時に周辺の町から商人が移住したことが予想されるが、その保護のため、戦国時代に存在した松江周辺の定期市は、競合を避けるため認められなくなった。

の中ほどには、縄手の名称の由来となった松江藩中老1400石取の塩見家の邸宅が、武家屋敷として公開されている。塩見邸の裏庭には、明治時代にこの邸に居住し、『史記会註考証』の著者として知

島根半島から松江城下へ

武家屋敷(塩見家)

小泉八雲旧居

られる滝川亀太郎東北帝国大学教授の顕彰碑がある。

1891(明治24)年の5〜11月，この武家屋敷町の一角に居住したのが，松江尋常中学校と師範学校の英語教師として赴任していたアイルランド人のラフカディオ・ハーン(小泉八雲)であった。ハーンの松江滞在は1年3カ月と短かったが，この間，妻となる小泉セツと出会い帰化し，出雲国の枕詞から「八雲」と名乗った。『知られざる日本の面影』など日本文化に関する原稿を執筆し，日本と西欧社会の橋渡しを行った。彼の著書により，その当時に残されていた松江の言い伝えや人びとの記憶をうかがい知ることができる。

小泉八雲旧居(国史跡)はもと上級武士の屋敷で，当時は簸川郡長をつとめた根岸干夫の所有となっており，八雲はこの留守宅を借りていた。旧居西側には小泉八雲記念館があり，著書や文机などの遺品，参考資料が展示されている。

松江城 ㊱　〈M▶P.34,72〉松江市殿町 城山 P
0852-21-4030　　JR山陰本線松江駅🚌大学・川津行県庁前🚶10分

先人の努力で保存された黒塗りの天守閣

松江城(国史跡)天守閣への入口は幾つかあるが，小泉八雲記念館から南へ進み新橋を渡ると，城山稲荷神社前をへて北惣門橋へ抜ける道が左手にみえる。この神社は，松平直政が旧領信州松本(現，長野県松本市)から勧請したものである。新橋からさらに南進すると左手に椿谷に入る亀田橋があり，ここから本丸へ行くこともで

松江とその周辺

松江城天守

きる。このほかに県庁北側から千鳥橋を渡る南入口と、大手前駐車場から入る東入口もある。

　尼子氏の城下町富田は東に偏しており、かつ砂の堆積により飯梨川の川底が上昇し、以前のような水運の利用も困難となるなか、吉川氏は米子（鳥取県）への移転を計画した。しかし、吉川氏は関ヶ原の戦い（1600年）で岩国（山口県）へ転封され、かわって入部した堀尾氏は、大橋川北側の末次郷の亀田山に城を移転した。城地選定にあたっては、堀尾吉晴・忠氏父子が元山（床几山）から北を見渡して、荒隈山と亀田山の得失を検討し、最終的に亀田山に決定したという。松江城の南西方にある荒隈山は毛利氏が尼子氏を攻撃した際の拠点となったが、丘陵の規模が大きく経済的負担になるとして退けられた。

　亀田山は中世の末次城跡で、山麓を含む周辺地域に寺社・祠などもあり、これらの移転から工事は始まった。城の設計者は、『太閤記』の作者として名高い小瀬甫庵といわれる。工事は1607（慶長12）年から始まり、まず富田からの移転や建築材の運搬に必要な道路整備と城下町の区画が行われた。亀田山と赤山をつなぐ丘陵を切り削し、その際に出た土砂で田町や内中原町の沼沢地を埋め立てた。工事は1611年にようやく完成したが、松江城の北面と西面には石垣が築かれなかった。

　本丸に築かれた松江城天守（国宝）は、1611（慶長16）年築造の4重5階（地下1階付）の独立天守である。白鷺城とよばれる姫路城（兵庫県）の白壁に対して、簡素な木造黒塗りの外観で、千鳥城の別称がある。また、戦国時代の遺風を残した実戦的な造りが随所にみられる。例えば、白壁が少なく板張りで、壁面には鉄砲・弓矢用の隠狭間と石落しが多数設けられている点などである。

　松江城は、1871（明治4）年に松平家から島根県に譲渡され、1875年には売却・解体されるはずであったが、出雲郡出東村の豪農勝

島根半島から松江城下へ

部本右衛門と旧藩士高城権八らの尽力により，天守閣のみは解体を免れた。1894(明治27)年には県知事篭手田安定の首唱により募金が行われ，荒れるに任せていた天守閣の大規模な修理がなされ，1935(昭和10)年に国宝，1950(昭和25)年には法律改正により重要文化財となったが，完成年代を示す松江城天守祈禱札の再発見により，2015(平成27)年には国宝に指定された。1950～55年に天守閣の解体修理が行われ，その後も復元に必要な情報を得るための発掘調査を行い，1996(平成8)年以降，石垣修復，二の丸の太鼓櫓・中櫓・南櫓と板塀の復元が行われた。

松江神社と興雲閣 ㊲
0852-22-2324 / 22-3958
〈M ▶ P. 34, 72〉松江市殿町1-59 **P**
JR山陰本線松江駅🚌大学・川津行県庁前🚶4分

城主をまつる神社と明治時代の洋風建築

松江城本丸跡南側が二の丸跡で，東西の2つの段からなっている。西側は高くなっており，松江神社とその南隣に興雲閣がある。松江神社は，徳川家康と松平直政をまつっている。家康は，1628(寛永5)年建立の西尾町圓流寺(天台宗)の山上に東照宮としてまつられていた。一方，直政は西茶町の須衛都久神社に合祀されていたが，1877(明治10)年に西川津町へ遷され，独立して楽山神社となった。この両社を，1899年に現在地に合祀して創建されたのが松江神社である。この後，1931(昭和6)年に堀尾吉晴と

松江神社

興雲閣(松江郷土館)

松平治郷を祭神に加え，今日に至っている。

　淡い緑塗りの洋風建築である興雲閣(県文化)は，1903(明治36)年に工芸陳列館として1万3489円を投じて建てられたが，本来の目的は明治天皇の行幸を実現するためだった。行幸は実現しなかったが，4年後に皇太子(のちの大正天皇)と乃木希典学習院院長一行が宿泊した。

　興雲閣の前には，1886(明治19)年に県知事篭手田安定が中心となって募金を行い建立した西南戦争にかかわる石碑がある。

　2011年3月19日には，松江城東側の北殿町の松江藩家老屋敷跡に松江歴史館が開館した。また2007年度から2011年度まで松江開府400年祭が開催された。

島根県立図書館 ㊳
0852-22-5725

〈M▶P. 34, 72〉松江市内中原町52　P
JR山陰本線松江駅🚌大学・川津行県庁前🚶5分

資料保存とデジタル化の試み

　松江城を南口から出ると県庁がある。ここは松江城三の丸跡で，その西隣にはお花畑(藩の薬草園)があったが，現在では県立武道館・県立図書館などの施設がある。

　公文書保管と公開は島根県公文書センターが担っているが，島根県立図書館は古文書の保管，公開の役割も担っている。『松江藩郡奉行所文書』は17世紀後半から明治時代初期までの訴訟関係文書で，近世の松江藩の社会史研究には必要不可欠なもので，詳細な目録が整備されている。『島根県史』編纂時に作成された中・近世の古文書の写しも保管されているが，なかには原本が失われたものもあり貴重である。また，松江藩から引き継いだ洋書269冊を所蔵しており，1781(天明元)年にオランダのハーグで刊行されたフランソワ・ハルマ編『蘭仏辞書』は，稲村三伯が『ハルマ和解』作成のテキストに用いたものではないかとされている。なお，近代行政文書の一部も県総務課から図書館へ移管されている。近年では，館が所蔵する絵図関係資料のデジタル化が行われ，インターネットのホームページ上で閲覧が可能となった。

　松江城東口から東へ500mほどの所に堀に囲まれた三角形の土地があるが，その南端に普門院(天台宗)がある。小泉八雲の『怪談』に収められた，「小豆磨ぎ橋で謡曲かきつばたを歌うと怪異が起こ

る」という話の舞台として知られている。もとは願応寺と称し，東側の西川津村市成に豊国神社が設けられた際に併設されていたが，豊臣氏滅亡後，豊国神社が荒廃したため，堀尾忠晴が寺町に移して普門院と改め，祈願所とした。これがのちに焼失し，1689(元禄2)年に藩主松平綱近が松江城の鬼門にあたる現在地に移した。境内には，城山稲荷を勧請した稲荷社や茶室観月庵，芭蕉堂もある。

月照寺 ㊴
0852-21-6056
〈M▶P.34,72〉松江市外中原町179 P
JR山陰本線松江駅🚌北循環線外回り月照寺入口🚶10分

松江城の西側は中原とよばれ，外堀を境に内中原と外中原とに分けられている。外中原の西端は丘陵となっており，その麓には多くの寺社がある。もっとも北側にある法眼寺(曹洞宗)は，戦国時代，法吉町にあった白鹿城の城主との関わりから，以前は亀田山にあったとされる。境内には，松江藩家老大橋家歴代の墓や，松平宗衍・治郷の下で藩政改革を行った家老朝日丹波(茂保)の墓がある。また，松江出身の日本法制史研究の先駆者三浦周行の墓もある。三浦は官学アカデミズムのなかにあって，『堺市史』など地方史編纂にも積極的にかかわり，被差別民の問題にも言及した。代表的著書には，『法制史の研究』『日本史の研究』『歴史と人物』がある。

天隆公寿蔵碑(月照寺)

法眼寺の300mほど南には月照寺(浄土宗)がある。寛文年間(1661～73)，洞雲寺という禅寺の跡地に，松平直政が母月照院の位牌所として開き，その後，子の綱隆が亡父高真院(直政)の墓所を設けて松平家の菩提寺とした。3000坪におよぶという広大な寺地には，代々の藩主とその妻子の墓が立ち並び，松江藩主松平家墓所として国の史跡に指定されている。初代直政と7代治郷の廟門(高真院廟門・大円庵廟門)は県の文化財指定も受けている。6代宗衍の墓所には，治郷が来待石の巨大な亀

を台石として父の事績を記した天隆公寿蔵碑が建てられている。この碑にまつわる伝説は，小泉八雲の『日本瞥見記』に紹介されている。

月照寺総門前には，松江藩お抱え力士雷電為右衛門の碑がある。彼は信州(現，長野県)の出身で，18世紀末に活躍し，当時，最強の名をほしいままにしたが，四股名は治郷の命名により，石碑には彼の手形も彫られている。碑の北側には宝物殿があり，寺宝が公開されている。絹本著色騎獅子文殊像は平安時代末期の作で，2代綱隆の持仏といわれ，その没後に夫人が寄進した旨を記した養法院寄進状とともに県指定文化財となっている。

月照寺の東南側，松江市立第一中学校の南隣には阿羅波比神社(祭神天照大御神ほか5神)がある。『出雲国風土記』にもみえる神社で，もとは洗合(荒隈)山にあったが，毛利氏が尼子氏攻めで洗合(荒隈)城を築いたため，当地に移されたという。近世には照床(牀)神社と称していたが，明治時代の神社制度の改編のなか，古名に変更した。ここから西へ行くと，清光院(曹洞宗)に至る。もとは杵築(現，出雲市大社町)にあったが，毛利氏の時代に富田に移され，松江築城時にこの地に開かれた。

清光院南側の愛宕神社，阿羅波比神社南側にある大雄寺(法華宗)も松江築城時に富田から移されたものである。愛宕神社の立つ丘の南には，同社を本社とした宝照院(天台宗)があり，「嘉元二(1304)年」銘の銅鐘(県文化)が伝わる。この鐘は，かつては美保神社の神宮寺にあったが，明治時代初期に神宮寺がこの地(寺)に退転したためである。

天倫寺 ㊵ 〈M▶P.34,72〉松江市堂形町589 Ⓟ
0852-21-6488　JR山陰本線松江駅🚌松江しんじ湖温泉行終点🚶15分

宝照院の南西200mほどの所に，天倫寺(臨済宗)がある。荒隈には毛利(吉川)氏の転封後，堀尾吉晴により，旧領遠州浜松(現，静岡県)から春龍和尚を招いて臨済宗瑞応寺が開かれた。堀尾氏が3代で絶えると，瑞応寺は円成寺と改められ乃木に移転し，この地には京極氏が泰雲寺を開き菩提寺とした。その後，松平直政が入部時に信州松本(現，長野県)より東愚和尚を招いて天倫寺と改称し

朝鮮製銅鐘のある眺望の地

天倫寺銅鐘

たが,東愚が寺から退去すると,直政は京都南禅寺から新しい住職闇西堂を招いて本城寺と改めた。1688(元禄元)年に松平綱近が本城寺の法嗣が絶えたのを機に,東愚の法孫唯山和尚を楯縫郡東禅寺から招き,天倫寺を再興した。

階段をのぼって境内に入ると左手の鐘楼に,高麗国鋳造で,応永年間(1394〜1428)に日本に持ち帰ったとされる銅鐘(国重文)がある。初め出雲市多伎町口田儀の本願寺にあったが,のちに堀尾吉晴の陣鐘とされ,松平直政が当寺に寄進したという。なお本願寺には,同時に伝わったとされる朝鮮製の聖観音菩薩坐像が残されている。

江戸時代中期の僧で臨済宗中興の祖とされる人物に白隠がいるが,彼に学んだ円桂が天倫寺住職となった関係で,白隠筆の紙本墨画出山釈迦図1幅と頂相である紙本墨画関山国師図・大応国師図・大燈国師図(いずれも県文化)が所蔵されている。日本の文人画の大成者である池大雅も白隠と知り合い,白隠没後,その弟子を訪ねて出雲地方を旅し,4点の作品を残している。

天倫寺は宍道湖を望む高台にあり,境内からの眺望は宍道湖十景・松江八景に数えられる絶景である。

松江城の北東700mに南側を半切妻とした木造二階建てのモダンな建物,島根大学旧奥谷宿舎があり,見学できる。

Izumo seibu 出雲西部

出雲大社

紅葉の鰐淵寺

①大寺薬師
②鳶が巣城跡
③康国寺
④出雲市立木綿街道
　交流館
⑤鰐淵寺
⑥一畑薬師
⑦猪目洞窟遺跡
⑧出雲大社
⑨出雲市立吉兆館
⑩出雲阿国の墓
⑪日御碕神社
⑫今市大念寺古墳
⑬西谷墳墓群（出雲
　弥生の森博物館）
⑭出雲民芸館
⑮須佐神社
⑯本願寺
⑰立虫神社
⑱荒神谷遺跡

◎出雲西部散歩モデルコース

平田周辺をめぐるコース　　一畑電車出雲市駅 12 大寺駅 2 青木遺跡 8 大寺薬師 15 一畑電車大寺駅 7 雲州平田駅 10 木綿街道(出雲市立木綿街道交流館) 10 一畑電車雲州平田駅 24 鰐淵寺駐車場バス停 10 鰐淵寺 10 鰐淵寺駐車場バス停 24 一畑電車雲州平田駅 10 一畑口駅 11 一畑薬師 11 一畑電車一畑口駅 29 出雲市駅

出雲大社周辺をめぐるコース　　一畑電車出雲市駅 9 川跡駅 20 鳶が巣城跡 20 一畑電車川跡駅 11 出雲大社前駅 7 島根県立古代出雲歴史博物館 5 出雲大社 25 日御碕(日御碕神社) 25 出雲大社バス停 3 出雲阿国の墓 10 門前町の町並み(藤間家住宅) 12 出雲市立吉兆館 5 旧大社駅本屋 9 一畑電車出雲大社前駅

出雲の王墓・古墳をめぐるコース　　JR出雲市駅 8 今市大念寺古墳 8 一畑電車出雲市駅 16 西谷墳墓群(出雲弥生の森博物館) 16 JR出雲市駅 9 三本松バス停 8 上塩冶築山古墳 3 塩冶判官碑 4 三本松バス停 19 立久恵峡 12 須佐神社 36 JR出雲市駅

荒神谷遺跡コース　　JR出雲市駅 10 立虫神社・万九千神社 5 富村の屋敷構え 3 出西・伊波野一里塚 10 斐川中央公民館 3 神庭岩船山古墳 5 荒神谷遺跡 25 JR出雲市駅

① 木綿街道と平田の町

雲州木綿の集散地として、舟運で栄えた平田。一畑電車が郷愁を誘う。

大寺薬師 ❶ 〈M ▶ P.84〉出雲市東林木町416
一畑電車北松江線大寺駅🚶10分、または🚌大寺線大寺🚶3分

行基ゆかりの薬師如来

　大寺駅から北へ100mほど行くと、国道413号東林木バイパス沿いに青木遺跡がある。2001（平成13）年から調査され、奈良時代後半〜平安時代前半の作と推定される木造神像（像高13.5cm、島根県立古代出雲歴史博物館蔵）や、四隅突出型墳丘墓のルーツを再考させる契機となった弥生時代中期後葉の発生期にあたる四隅突出墓が発見されて話題をよんだ。

　さらに北へ行くと、山の麓に大寺薬師がある。道路沿いに案内板が出ているのでわかりやすい。大寺薬師は通称で、正式には万福寺という。594年、鰐淵寺の創建者でもある智春上人が創建した。741（天平13）年、行基が大寺に逗留したときに薬師如来をはじめ多くの仏像を刻み、金堂・阿弥陀堂・釈迦堂・観音堂・七重大塔を建て、諸仏を安置して、護国の道場にしたと伝えられる。中世を通じて荒廃していたが、16世紀半ばに浄土宗の寺として再興された。その後、洪水により堂宇を失い、300m南の現在地に薬師堂などが再建された。

　境内の収蔵庫には、中国地方でも数少ない雄大な木造仏像彫刻9体が収められている。クス材一木造の木造薬師如来坐像（134.2cm、10世紀頃）とヒノキ材一木造の両脇士像（日光・月光菩薩像、161.5cm・160cm、11世紀頃）、ヒノキ材一木造の木造観世音菩薩立像2躯（147.8cm・160.6cm、11世紀頃）、木造四天王立像（181.8〜192.1cm、9世紀

木造四天王立像（持国天、大寺薬師）

一畑電車と十六島海苔

コラム

宍道湖の夕日とレトロ電車
地名の由来のノリ

　旧平田市には，市制下の町としては珍しくJRの路線がなかった。明治時代末期，山陰本線は，当初宍道湖の北側を通り平田を経由する計画であったが，当時，平田は養蚕業が盛んであったこともあり，蒸気機関車の煙害を理由にこの計画に反対したため，一畑電車が走ることになった。

　一畑電車は，1914（大正3）年4月に一畑軽便鉄道として出雲今市―雲州平田間，翌年に一畑薬師下まで開通した。1927（昭和2）年には電化され，その後，路線が松江市や大社町へ延長された。「鉄道敷設はもってのほか，大切な田地をつぶすのは反対という空気強く，人力車営業の人たちもその職を奪われることになるので不穏な情勢だった」と『平田市誌』は伝える。

　現在，体験運転もできるレトロ電車に，1930年の大社線開通に備えて製造された小荷物室のある50型（デハニ50）車両があるが，古きよき時代を思い出させてくれる。しかし，乗客の減少によって，鉄道存廃の議論が絶えない。

　平田の名産には平田饂飩・生姜糖・十六島海苔などがある。平田饂飩や生姜糖は一畑軽便鉄道唱歌にも唄われている。生姜糖は，18世紀初頭に平田の來間屋文左衛門が考案したとされる。生姜の絞り汁に砂糖を溶かして煮詰めてかためた板状の菓子である。

　十六島は，まず読めない地名であろう。地名伝承の1つに，少名彦名命が杵築へ行く途中，この地で香り高いノリが一面に生えているのをみつけ，岩から剥ぎ取って海水に浸し，何回も打ち振って，大国主命への土産に持参したが，そのときの「打ち振り」が転訛したものと伝えている（『ひらたのむかし話』）。また，朝鮮語のウルピロイ（巨大な岩の意）という語が変化したともいわれる。冬場の日本海の荒波をかぶりながらの，危険な海藻摘み作業で有名である。8世紀には朝廷への貢納品の1つにみえる。江戸時代中期の『雲陽大数録』にも，平田の特産として「蕪」などとともに「十六島海苔」がみえる。かつて出雲の修験者は，十六島海苔を紙包みにして，「これを食してすべての病や災いを打ち振るべし」と効能を述べて全国に売り歩いたといわれ，出雲大社の御師も土産として各地の信者に持参した。出雲大社にほど近い，出雲そばの老舗荒木そば屋（浜村家）に伝わる版木にも「出雲名産十六島海苔」とある。十六島海苔は，正月の雑煮には欠かせない食材でもある。

　なお，出雲の名物としては，出雲そば（割子そば），板わかめ，あご野焼（あごはトビウオのこと）などがある。

頃)は，いずれも国の重要文化財である。なかでも，薄い鎧を着け，両方の脛を大きくみせ，岩座を踏み締めて立つ四天王像には，奈良時代の神将像の伝統がみられる。表情や体躯の動き，着衣の装飾などの抑制された表現は，地方に残る四天王像のうちでもすぐれたものと評価されている。また，鎌倉時代作の木造十二神将が安置されているが，このうち1体は大正時代の作である。なお，寺は無住であるため，これらの仏像を拝観する場合は，事前に大寺薬師奉賛会(0853-24-1549)か，鳶巣コミュニティセンター (0853-21-0174)に問い合わせるとよい。見学料は大人500円である。

収蔵庫裏手の墓地を通り抜け，北東方向に小高い山を5分ほどのぼると，4世紀後半に築造された大寺古墳がある。出雲平野最古級の前方後円墳で全長52m，竪穴式石室をもつ後円部は径28m・高さ4m，前方部は幅12m・高さ3mほどである。前方部が低く狭い柄鏡形の墳形で，後円部の墳丘に葺石がある。たびたび盗掘に遭い，1952(昭和27)年の調査では，鉄斧などのわずかな副葬品しか発見されなかった。出土品は，島根大学が保管している。

鳶が巣城跡 ❷

〈M▶P.84〉出雲市西林木町 P
一畑電車北松江線・大社線川跡駅🚶20分，または🚌大寺線鳶が巣口🚶1分

戦国の足跡が残る山城

大寺薬師から東へ約500m，美談町の興源寺(臨済宗)近くに小早川正平の墓と伝えられる宝篋印塔が残る。1543(天文12)年，大内氏が尼子氏を討つため富田城へ遠征したが，敗走する結果となり，大内方の小早川正平がこの付近で自刃したという。

大寺薬師の西方約1.5kmの所には，毛利元就が築いた放射状連郭式の山城鳶が巣城跡がある。鳶が巣口バス停の近くに大きな看板があるので，登山口は

鳶が巣城跡より宍道湖を望む

わかりやすい。主郭までは1kmほどの山道をのぼることになる。中腹からは出雲平野と日本海，頂上からは旧平田市街や宍道湖，斐伊川の流れが一望でき，1562（永禄5）年に尼子氏を攻めた毛利氏が，当城を物資流通の面から重要視した理由がよくわかる。一帯は県立自然公園として整備されている。

　なお，この辺りは北山とよばれる標高400〜500mの山並みが続く。ホンシュウジカが生息しており，遊歩道には防護柵が張られている。

康国寺 ❸
0853-62-2213

〈M▶P.84,90〉出雲市国富町1301　P
一畑電車北松江線旅伏駅 🚶20分

臨済宗の古刹
鈴鏡・鈴釧と多数の武具

　旅伏駅西側に聳える旅伏山（458m）は，古代の「多夫志烽」跡とされている。山頂まで遊歩道をのぼって行くと，道はさらに西へと続き，別所町の鰐淵寺付近に出られる。この遊歩道は中国自然歩道の1コースとして整備されたもので，約7.5kmにおよぶ。このコースの起点となるのが，旅伏駅の北1.3kmほどの所にある康国寺（臨済宗）である。当寺の庭園は，松江藩主松平治郷（不昧）が江戸より連れ帰った庭師の沢玄丹により，3年かけつくりあげたものである。寺宝には，京都建仁寺などの住持をつとめた泉州大雄寺（廃寺，大阪府高石市）の聖徒明麟が，応安年間（1368〜75）に康国寺を開いた孤峰覚明（三光国師）以降の法灯継承の次第を記した，1420（応永27）年の紙本墨書聖徒明麟置文（県文化）がある。なお，庭園の観覧料は300円である。

　旅伏駅から康国寺へ向かう途中，国富小学校下の手前の交差点を左折して300mほど行くと，6世紀に築造された上島古墳（国史跡）が山腹にみえる。比高約35mの旅伏山東麓の急斜面につくられた径約15m・高さ約2mの円墳であるが，かなり変形している。直接土中に埋められた家形石棺の内部からは，山陰では出土がまれな鈴鏡・鈴釧などを身につけた成人男子のものと推定される人骨が発見された。石棺と並行して，小型の副葬品専用の竪穴式石室が設けられている。石室内には馬具2組と多数の武具などが納められていたため，死者のための武器庫とする説もある。

木綿街道と平田の町

出雲市立木綿街道交流館 ❹
0853-62-2631

〈M ▶ P.84, 90〉 出雲市平田町841　P
一畑電車北松江線雲州平田駅🚶10分
（木綿街道まで）

土蔵造りの商家の町並み

　雲州平田駅は，木綿・舟運の町として知られた旧平田市の中心であった平田町の玄関口である。旧平田市一帯は，古代には楯縫郡とよばれていたが，この名称は『出雲国風土記』によれば，出雲大社の儀仗用の楯をつくったことに由来するという。駅前の通りをまっすぐ北に進み，平田船川に架かる幸橋・新大橋を渡ると，妻入り土蔵造りの商家の町並みを残す「木綿街道」（片原町・新町地区）に出る。平田の古きよき時代を後世に伝えようと保存運動が進められ，平成16年度，夢街道ルネサンスに認定された。

　新町地区にある出雲市立木綿街道交流館は，江戸時代中期に建てられた本石橋邸と交流館（長崎邸）からなる。本石橋邸は妻入り土蔵造りで，明治時代には郷校としても利用された。松江藩主の御成座敷であった書院造の奥座敷があり，美しい庭園を備えている。交流館は，近世以来，代々医業をなした長崎邸（外科御免屋敷）を復元した展示・休憩施設である。2階が調合の間になっていたのか，大きい明かり窓の横に換気用と考えられる小窓がある。

　雲州平田駅から北へ約100mの平田郵便局のある場所は，「赤楽舎」の跡地である。赤楽舎は，平田商人に招かれた松江出身の漢学者雨森精翁が1878（明治11）年に開いた私塾であった。

雲州平田駅周辺の史跡

　雲州平田駅から北西に車で約10分の所に，1735（享保20）年に建てられた松江藩の本陣木佐邸を移築した出雲市立平田本陣記念館がある。本館のうち，上ノ間・次ノ間・御成門・門庭，玄丹流庭園とよばれる枯山水

舟運の町平田

コラム

内海水運の拠点　雲州木綿の集散地

　東南に宍道湖を望む平田は、古平田湾（現在の出雲市灘分町付近）に面して形成された町場の様子が近世初期の絵図にみえる。中世には中海・大橋川・宍道湖の内海水運が成立した。なかでも平田は、1560年代の毛利氏による出雲侵攻の際に輸送拠点として重要視された。1570年代に本格化した尼子家再興をめぐる戦乱時には、毛利氏の兵糧米が平田から舟で松江方面へ積み出された。戦国時代末期に島津家久や細川幽斎（藤孝）が山陰を通ったときの記録によると、彼らは内海水運を利用して平田に上陸し、杵築大社（出雲大社）へ参詣している。

　江戸時代末期になると、平田は雲州木綿の最大の集散地となり、諸国に販売する木綿を集荷して木綿市が開かれるようになった。販路は上方が主で、天明年間（1781〜89）からは江戸の三井家などの豪商も買い付けにきたことが知られている。運河の役割をはたした平田船川が、物資流通のうえで重要な役割を担っていた。出雲木綿は明治時代中期には衰退したが、明治・大正時代には平田船川を経由して松江に至る貨客の輸送が盛んになり、米・塩・肥料・石灰などを主要な貨物として、河港に多くの貨客船が入港していた。しかし、明治時代末期に山陰本線が開通したのに加え、一畑電車の開通も舟運の衰退に大きく影響し、平田船川はその役割を終えていった。

平田船川

の本庭は旧地の本町から移築、そのほかは江戸時代の図面をもとに復元されたものである。

　平田本陣記念館の駐車場の奥には、出雲市立一式飾展示館がある。平田一式飾は、毎年7月20〜22日に催される天満宮祭に町内各所で飾られる。1793（寛政5）年に平田で疫病が流行した際、寺町の桔

一式飾

木綿街道と平田の町　　91

梗屋十兵衛が茶器一式で大黒天像をつくり、天満宮の神幸式に奉納したのが始まりという。陶器のほか、金物や仏具・文房具などの日用品の一種類を材料に、歴史上の人物などの飾り物をつくりあげるものである。

鰐淵寺 ❺
0853-66-0250

〈M▶P.84〉出雲市別所町148　P
一畑電車雲州平田駅🚌生活バス鰐淵寺線鰐淵寺駐車場🚶10分
（大慈橋まで）

紅葉の美しい修験道の聖地

　天台宗の古刹鰐淵寺は、『出雲国浮浪山鰐淵寺略縁起』によると、推古天皇の勅願で、智春上人が594年に天皇の眼病平癒を祈って創建したという。智春が滝壺に仏器を落とした際、鰐（ワニザメ）がこれをくわえて浮かび上がったことから、浮浪山鰐淵寺と称するようになったという。平安時代末期には、修験道の霊地として全国的に知られるようになっていた。

　鰐淵寺駐車場バス停から清流に沿って進み、仁王門を抜けてしばらく歩くと、本坊前に大慈橋がある。大慈橋を渡り石段をのぼって行くと根本堂へ至る。13世紀には「国中第一之伽藍」とよばれ、1717（享保2）年の『雲陽誌』にも僧坊12を掲げるが、発掘調査により寺院建物などの様子が明らかになっている。

　修験者の守護神である蔵王権現の聖地とされた浮浪滝は、いったん石段下までおりて、谷川沿いの狭く滑りやすい小道を西へ8分ほど行った所にある。滝の裏は蔵王宝窟とよばれる岩窟になっていて、蔵王堂が嵌め込まれたように建てられている。

　平安時代、成立期の鰐淵寺は、この蔵王権現と薬師如来を信仰の中心とする南院と、千手観音を信仰の中心とする北院の2つの寺院からなっていた。鎌倉時代、北院は守護に接近して発展した。一方、南北朝時代には、南院の僧頼源が僧兵を率いて

浮浪滝

弁慶伝説

コラム

一夜で運んだ銅鐘

　源義経の忠臣として国民的な人気の高い弁慶は，鰐淵寺に多くの伝説を残している。根本堂には，弁慶が100km以上離れた鳥取県大山中腹の大山寺から一夜にして運んだとする銅鐘（国重文，県立古代出雲歴史博物館寄託）がある。信憑性は疑われるが，鐘銘に「伯耆州櫻山大日寺上院之鐘寿永二（1183）年」とみえ，鐘面には磨り減った痕が残る。櫻山大日寺は，鳥取県倉吉市西郊にある古刹であり，伝説だと一蹴できないところもある。

　鰐淵寺には，このほかに「弁慶の袂石」（般若橋下の川中にある縦5m・横2m・高さ3mの石）や「弁慶の負い櫃」などか残されている。

　県内には約30カ所に弁慶伝説が残っている。ただ，その1つである鰐淵寺に伝わる弁慶自画像の制作年代が近世以降とされているように，弁慶伝説は，戦国時代から近世にかけて寺領の9割が削減された鰐淵寺の威信回復と信者の確保のためにつくり出されたものと考えられる。

　なお，毎年10月には鰐淵寺で弁慶まつりが開催されている。

　ちなみに不釣り合いを意味する諺「提灯に釣鐘」は，弁慶が肩に担いだ棒の後ろに釣鐘を，前に提灯をかけたことから生まれたという。この銅鐘の伝説に基づき，近年まで鰐淵寺から大山寺まで約101kmを踏破する「弁慶うぉーく」が毎年9月に行われていた。

後醍醐天皇に味方した。

　寺宝はきわめて多い。仏像では，銅造観世音菩薩立像2躯（国重文）がある。1躯（総高94.6cm）の台座には，「壬辰年（692年か）五月出雲国若倭部臣徳太理，父母の為に菩薩を作り奉る」という銘文が刻まれている。長身・細身で抑揚をつけない体躯や，両顎の張った額の狭い容貌などは，新羅の仏像との共通点も指摘されている。もう1躯は，像高42.3cmと小さく，天平時代の作である。ほかに，同じく天平時代の金銅造如来形立像（県文化）もある。

　絵画には室町時代初期の絹本著色山王本地仏像（国重文，行方不明）がある。これは山王曼荼羅で，延暦寺の守護神とされ山王権現とよばれる日吉神社の本地仏などを描いている。絵画のなかでもっとも古いのが，鎌倉時代作の絹本著色一字金輪曼荼羅図（国重文，行方不明）である。また，絹本著色毛利元就像（国重文）は，毛利元就が，尼子攻めで功のあった北院和多坊の栄藝に贈ったものとされ

木綿街道と平田の町

銅造観世音菩薩立像(「壬辰年」銘, 鰐淵寺)

る。このほか, 絹本著色両界曼荼羅2幅, 絹本著色天台大師像, 絹本著色釈迦三尊十六善神像(行方不明), 絹本著色不動明王像, 絹本著色文殊菩薩像, 絹本著色種子両界曼荼羅図2幅(いずれも県文化)などがある。

　工芸品に, 浮浪滝の蔵王宝窟から出土したといわれる石製経筒附湖州鏡1面(国重文)がある。

　古文書には, 頼源が隠岐へ渡り, 元弘の変(1331年)で捕らわれ, 配流中の後醍醐天皇から倒幕後の根本薬師堂造営を約束された紙本墨書後醍醐天皇御願文(国重文, 行方不明), 隠岐を脱出した後醍醐天皇を船上山に迎えた名和長年が, 鰐淵寺への加勢の指示と褒賞について触れた紙本墨書名和長年執達状(国重文), さらに紙本墨書頼源文書(国重文, 行方不明)や紙本墨書後村上天皇宸筆願文(県文化)も含め, 南北朝動乱期の史料としても貴重なものが多い。ほかに, 紺紙金泥妙法蓮華経8巻(行方不明), 紙本墨書鰐淵寺文書446通10冊, 伝来経緯は不明であるが1588(天正16)年に徳川家康が北条氏に書き送った紙本墨書徳川家康起請文(いずれも県文化)などがある。なお現在, 国の重要文化財4件, 県の指定文化財2件などが盗難に遭い行方不明となっている。そのほかの文化財のほとんどは県立古代出雲歴史博物館に寄託されている。

一畑薬師 ❻
0853-67-0111

〈M▶P.84〉出雲市小境町803 P
一畑電車北松江線一畑口駅🚌生活バス一畑薬師線一畑薬師大駐車場🚶10分

目の薬師さま　1300段余の石段のある

　一畑電車雲州平田駅から松江方面へ向かうと, 約10分で一畑口駅に到着する。電車はこの駅で進行方向がかわる。珍しいスイッチバック方式を採用しており, 松江方面が後から延長されたことを物語る。

　一畑口駅からバスで一畑寺へ向かい1kmほど行った所に佐香神社(通称松尾神社, 祭神久斯之神ほか)がある。『出雲国風土記』に

宇竜と塩津

コラム

北前船で賑わった良港
映画「白い船」の舞台

　島根半島西端の日御碕の宇竜港には，16世紀中頃には因州船・但州船・北国舟・唐船など，各地の船が鉄を求めて来航していた。杵築商人の杉谷氏が唐船宿を経営していたとの伝承もある。北国舟については，問丸が介在していたことがわかっている。天正年間(1573～92)以前の山陰沿岸において，明確に問丸の存在が確認できるのは宇竜のみで，江戸時代には松江藩の外港として鷺浦とともに北前船で賑わった。

　宇竜は，萩の乱(1876年)で敗れた前原一誠が捕らえられた地でもある。彼が飲み水を汲みに寄港したように，宇竜にはきれいな水があると船乗りたちに知られていた。日御碕を航行の目印にしやすく，また天然の良港という条件も重なったことが，後背地をもたなくとも宇竜が栄えた要因といえよう。宇竜港の西方約10kmの十六島湾には，18世紀初めの異国船来航を契機につくられた河下台場跡がある。

　小学校の校舎の窓から日本海を眺めていた1人の児童が，沖合を当時，毎日同じ時刻に通っていた白いフェリーをみつけ，乗船を願ったことから生まれた，児童たちと船の乗組員との交流を描いた映画「白い船」(2002年)がある。

　この映画は実話に基づいて制作されたもので，舞台となった塩津小学校からは，映画そのままの青く雄大な日本海が眺められる。また，映画の冒頭の遭難シーンは，1912(大正元)年12月27日に塩津より出漁した26隻の漁船が，地元で「潮巻き」とよぶ大嵐に遭い，救助に向かった唯浦の青年らが途中で遭難した哀話に基づいている。美保の浜辺には唯浦義勇碑がある。

　映画では，塩津に伝わる出雲神楽を舞うシーンもあるので，ぜひ観てから訪れたい。

宇竜港(左は権現島)

「百八十神等集い坐して，御厨を立て給いて，酒を醸させ給いき。……故，佐香といふ」とみえ，酒造り発祥の地とされる。八岐大蛇を酒で酔わせて退治した出雲国らしい伝承である。

　医王山一畑寺は小境町の北部，一畑山の山頂にある。通称一畑薬師とよばれ，894(寛平6)年に，漁師与市が一畑山近くの赤浦の海中から引き上げた薬師如来像を本尊としてまつったのが始まりとい

一畑寺本堂

う。当初は天台宗であったが、鎌倉時代に臨済宗の寺院になったという。また、全国に50の分霊寺院をもつ一畑薬師教団の総本山でもある。眼病を患う与市の母親の目が開いたことなどから、「目の薬師さま」「子どもの無事成長の仏さま」として全国的に知られている。小泉八雲は『日本瞥見記』に、「目を病む者は誰でも、この大きな寺に向かい心を込めて祈願すれば、必ず全快すると信じられている」と記している。なお、本能寺の変(1582年)後、明智光秀の子が難を逃れて当寺に入り出家したという口碑もある。

一畑薬師大駐車場バス停から門前の商店街を通り、108基の灯籠が並ぶ参道を抜けると、麓からは1300段を数える石段の途中に出る。これをのぼり仁王門をくぐると、毛利輝元の陣鐘を改鋳したと伝える釣鐘を収めた鐘楼堂がみえる。石段をのぼりきると右手奥に薬師本堂があり、石段をのぼらずまっすぐ進むと書院造の本坊に至る。書院の紙本墨画著色書院障壁画22面(県文化)は19世紀初めの障壁画の傑作で、寺宝には高麗絵画の絹本著色阿弥陀三尊像1幅(県文化)などがある。宍道湖などを借景とする書院庭園も見事だが、事前に10人以上での予約が必要である。春と秋には特別拝観がある。

一畑電車布崎駅の北方約3kmの所に大船山(327m)がある。この山は大船大明神の神体であり、『風土記』の楯縫郡の神名樋山に比定される。同書には「峰の西に石神(通称烏帽子岩のことか)がある。……旱のときに雨乞いをすれば必ず雨が降る」という伝承が載せられている。

大船山入口から農道沿いに西へ向かうと、野石谷町の見椋山山頂に高野寺(真言宗)がある。寺宝の大般若経599帖(国重文)は、1288(正応元)年から1292年にかけて宋の僧浄蓮が1人で書写したものである。

猪目洞窟遺跡 ❼   〈M▶P.84〉出雲市猪目町
一畑電車北松江線雲州平田駅🚌生活バス猪目線猪目本町🚶5分

> 『出雲国風土記』の「黄泉之穴」

　平田町から北上して海岸沿いに鵜峠・鷺浦を経由し，日御碕や出雲大社に抜ける途中，猪目町の海岸の西寄りに，船溜まりに利用されている洞窟がある。ここが猪目洞窟遺物包含層（国史跡）である。1948（昭和23）年の猪目漁港修築工事の際に，人骨数十体・土器・木器など，弥生〜古墳時代の多数の遺物が出土した（猪目洞窟遺跡出土遺物65点，県文化）。九州南海産のゴホウラガイ製の腕輪や，舟材を利用した木棺も出土しており，これらの出土遺物は大社町の猪目洞窟遺物収蔵庫に保管されている。見学には，出雲市役所大社支所に事前の申し込みが必要である。この洞窟は，『出雲国風土記』にみえる宇賀郷の「黄泉之穴」と推定されている。なお，『古事記』に「千引き岩をその黄泉比良坂に引き塞き，その岩を中において」とある黄泉比良坂は，松江市東出雲町揖屋町に比定されている。

木綿街道と平田の町

❷ 出雲大社と日御碕

古来、出雲国では10月を神在月とよぶ。この月、全国から出雲大社に神々が集まるからだという。出雲は神話の国である。

出雲大社 ❽
0853-53-3100

〈M ▶ P.84, 98〉出雲市大社町杵築東195 P
JR山陰本線出雲市駅🚌出雲大社・日御碕方面行正門前🚶すぐ、または一畑電車大社線出雲大社前駅🚶7分

JR出雲市駅からバスで出雲大社へ向かうと、堀川に架かる宇迦橋を渡った所に高さ23mのコンクリート造りの大鳥居が立っている。鳥居を抜け、一畑電車出雲大社前駅舎(国登録)を右手にみながら北へ進むと、正門前バス停に至る。目の前に勢溜の木製の鳥居があり、それをくぐり出雲大社の参道に入る。

縁結びの神・福の神として名高く、60年ぶりの「平成の大遷宮」を迎えた出雲大社は、明治時代初期まで杵築大社とよばれていた。『古事記』の国譲り神話には、大国主命が高天原の天照大神に、「自分の住処として、天の御子がお住まいになるような壮大な御殿

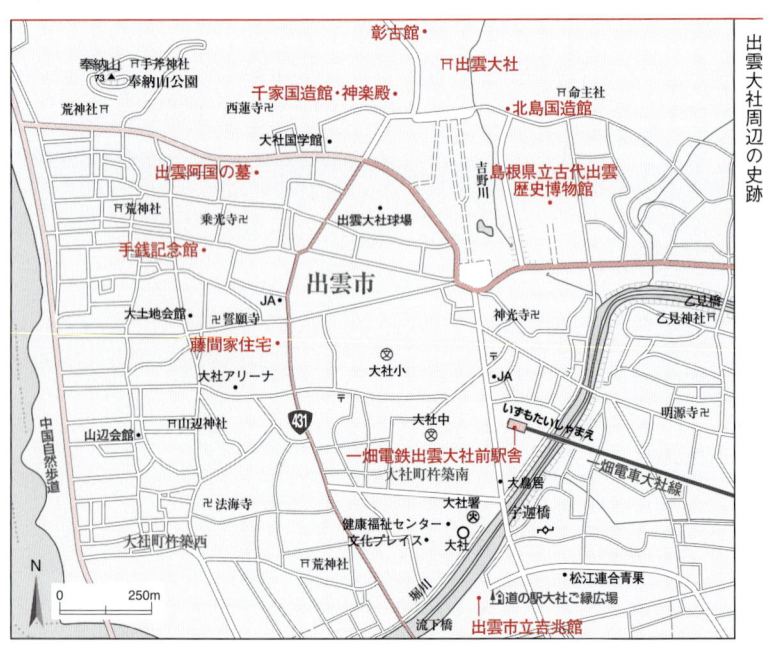

をつくってくださるなら，自分は国を譲って世の片隅で暮らしましょう」といったとあり，このときに造営された天日隅宮が，出雲大社の始まりとされる。

「松の馬場」とよばれる松並木の参道を行くと，やがて背後に八雲山，東方に亀山，西方に鶴山が聳える中，おごそかにたたずむ社殿がみえてくる。荒垣に囲まれた境内への入口となるのが，1666(寛文6)年に長州藩3代藩主毛利綱広が寄進した銅鳥居(国重文)である。この鳥居を抜けると，1963(昭和38)年に新築された，第二次世界大戦後，最大の木造神社建築である拝殿がある。出雲大社独特の拝礼「2礼4拍手1礼」をして，拝殿の後ろにまわると八足門(国重文)があり，瑞垣・観祭楼及び廻廊・西廻廊(いずれも国重文)に囲まれた中に本殿がみえる。初詣など特定の時期には，八足門をくぐり本殿正面の楼門(国重文)近くまで入ることができる。

瑞垣内には，東西にそれぞれ摂社門神社本殿が配され，ほかに東側に御向社(摂社大神大后神社本殿)・天前社(摂社神魂伊能知比売神社本殿)，西側には筑紫社(摂社神魂御子神社本殿)が立っている(いずれも国重文)。そして，中央の楼門とその左右に配された神饌所(ともに国重文)を挟んでめぐらされている玉垣(国重文)の内側に，本殿が聳え立っている。

大国主命がまつられている本殿(附内殿・棟札，国宝)は大社造で，天照大神をまつる伊勢神宮の神明造とともに神社建築の代表的な様式である。切妻造・妻入りで厚い檜皮葺きの屋根の棟の上には，長さ7.9mの千木2組と長さ5.45mの勝男木3本が載っている。「平成の大遷宮」では本殿大屋根に新しい檜皮が葺かれた。神社建築のなかでは日本一を誇る24.2mの高さ(桁行・梁間ともに10.9m)があるが，10世紀末に源為憲が著した『口遊』には，諸国の大きな建物の順として「雲太(出雲大社)，和二(東大寺大仏殿)，京三(平安京大内裏の大極殿)」と記され，本殿の高さは16丈(約48m)とあり，現在の本殿よりはるかに高かったという。『新古今和歌集』の撰者の寂蓮法師は平安時代後期にこの地を訪ね，千木の高さに驚嘆して「和らぐる 光や空に みちぬらん 雲に分け入る 千木のかたそぎ」と詠んでいる。2000(平成12)年に本殿八

出雲大社

足門前の出雲大社境内遺跡から，心の御柱・側柱・宇豆柱が発見された。3本のスギの巨木の丸太を束ねており，宇豆柱は1本の柱材が直径1.35mもあり，束ねた直径は3mにもなる。

　なお，現在の宇豆柱の直径は1mにも満たない。柱の配置や構造は，鎌倉時代の「金輪御造営指図」のものと類似しており，かつての本殿の巨大さを証明するものとして注目される。なお，古代の本殿の10分の1模型や宇豆柱が，松並木の参道東方にある島根県立古代出雲歴史博物館に展示されている。

　「出雲大社年表」で造営遷宮の記録をみると，659(斉明天皇5)年が初例で，以降1744(延享元)年の社殿造営まで20回余り行われている。出雲大社では高さ8丈(24m)以上の社殿を「正殿式」，8丈未満を「仮殿式」と称しているが，造営遷宮も「正殿式遷宮」と「仮殿式遷宮」に大別される。1248(宝治2)年の正殿式遷宮で高さ8丈の本殿がつくられ，その後，幾多の争乱で衰微していたが，1667(寛文7)年に江戸幕府4代将軍徳川家綱が願主となり，造営費用の全額(白銀2000貫目)が幕府から拠出され，約420年ぶりに正殿式遷宮が行われた。この際に14世紀末から出雲大社の本寺であった鰐淵寺(別所町)との関係が絶たれ，仏教施設はすべて境内から取り除かれた。現在の本殿は，この1667年の造営規模を踏襲して，1744年に松江藩主松平宗衍により建てられたものである。なお，1609(慶長14)年の仮殿式遷宮時の建物は，寛文の造営のときに大半が取り壊されたが，1527(大永7)年に尼子経久が建立した朱塗り三重塔(名草神社三重塔，国重文)は，新しい本殿の9本の柱と交換に，但馬の妙見山(兵庫県養父市八鹿町)に移築されている。

　仮に本殿に入れたとすれば，殿内へは，15段の木階をのぼり，中央の宇豆柱の右側に偏在する扉から入ることになる。そこが第1の

縁結びの神

コラム

大国主命と大黒天

　七福神でよく知られる大黒天は，室町時代以降，音が通じていたからなのか大国主命と習合された。「大きな袋を肩にかけ，大黒様が来なさると……」の歌で有名な因幡の白兎の話で思い出す。片手に打出の小槌をもち，俵の上にニコニコ顔で座っている在福の神大黒様は，出雲大社の御師たちの積極的な宣伝活動により，近世以降，良縁を結ぶ幸せの神としても意識されるようになった。御師が，出雲大社参詣の斡旋のため全国各地を訪ねているうちに，各家の縁談を取りもつ媒酌人としての役割も担うようになったのが一因と思われる。1686（貞享3）年に井原西鶴が著した『好色五人女』巻1の「姿姫路清十郎物語」では，室の明神の夢告のなかで，1人の下女が「私にもよい夫をもたせてください」と祈ったところ，明神は「それは出雲の大社に頼め，こちは知らぬこと」と答えており，17世紀には大坂でも出雲大社が縁結びの神として知られていたことがわかる。

区画で，左が第2の区画，その奥が第3の区画，右の第4の区画に神座をみることになる。したがって本殿は南向きだが，中の神座は西向きである。

　境内の諸社・諸殿は数多い。瑞垣の外側，本殿の東西に位置し，左右対称に並ぶ細長い末社十九社本殿（東西ともすべて国重文）は，旧暦10月の神在月に諸国から参集する神々の宿舎といわれている。

　出雲大社の現在の祭神は大国主命であるが，11〜12世紀頃から17世紀頃までは素戔嗚尊（須佐之男命）であった。このことは，拝殿前の銅鳥居の刻字にも「素戔嗚尊者雲陽大社神也」と記されていることからもわかる。中世の古文書でも，しばしば素戔嗚尊が祭神であるという主張がなされている。素戔嗚尊は，高天原から出雲に降下し，八岐大蛇を退治したと『古事記』『日本書紀』に記されていることでよく知られている。現在の出雲大社の本殿の背後，瑞垣の外側には，この素戔嗚尊をまつる摂社素鵞社本殿（国重文）がひっそりと立っている。このほか，荒垣内には摂社氏社本殿2棟，末社釜社本殿（いずれも国重文）もある。

　銅鳥居をくぐってすぐ東側には神祜殿がある。2階の宝物殿には，高倉天皇の寄進の品と伝えられる，ヒノキの地に約300個の螺鈿を

出雲大社と日御碕

使用してシカの遊ぶ山野の情景を描いた秋野鹿蒔絵手箱(国宝)がある。そのほか，豊臣秀吉の佩刀を子の秀頼と妻の淀君が寄進したものという太刀銘光忠(附絲巻太刀拵)，室町幕府6代将軍足利義教の着用したものを8代将軍義政が寄進したという赤絲威肩白鎧(兜大袖付)を始め，後醍醐天皇が出雲大社宝剣のうち1振を差し出すように命じた紙本墨書後醍醐天皇宸翰宝剣勅望綸旨や同王道再興綸旨，紙本墨書宝治二年遷宮儀式注進状，銅戈・硬玉勾玉(いずれも国重文)，紙本墨書出雲大社文書，絵本金地著色舞楽図(ともに県文化)などがある。珍しいものに願開船がある。土佐国(現，高知県)の志利九郎左衛門が出雲大社への病気平癒の礼として，1781(天明元)年，寛永銭15文を納め，自宅前の小川に流したところ，18カ月後に出雲大社に近い稲佐の浜に漂着したという，幅10cmほどの丸木船である。近世における御師の布教による信仰圏の広まりを伝えるものといえよう。

荒垣の西隣には，神楽殿と千家国造館がある。また，銅鳥居前から東へ向かい，吉野川を渡ると，右側には出雲大社の神職の住まいである社家の築地塀が続いており，社家通りとよばれている。この道の左側にある大きな屋敷が北島国造館である。もとは出雲大社本殿後方にあったが，1665(寛文5)年に現在地に移転した。北島国造家四脚門(県文化)は，このときに移築されたものと伝える。その先に境外摂社である命主社や真名井の清水がある。

もともと出雲大社が鎮座する杵築の地は，古来，農耕祭祀を行うための特別に重要な聖地とみなされていた。命主社背後にある弥生時代の真名井遺跡からは，前述の祭祀用の銅戈・硬玉勾玉が出土しており，また周辺には古墳が築造されていないことも，ここが聖地であったことをうかがわせる。さらに杵築は，島根半島の西端にあり，流通の拠点として重要視されてきた。日御碕などが目印とされただけでなく，南方の薗の長浜で囲まれた斐伊川や神戸川が注ぐ周囲35里余の神門水海(現在の神西湖はこの名残り)が，水上交通の要地として機能していた。

古来，国府のある出雲東部の意宇地方を本貫地としてきた意宇氏が出雲国造に任じられたのにともない，国造出雲氏(意宇氏)が熊野

島根県立古代出雲歴史博物館

コラム

島根の歴史と文化の拠点

2007（平成19）年3月，出雲大社の東隣に島根県立古代出雲歴史博物館がオープンした。単なる観光スポットとしてでなく，未来を生きる島根の人びとの力となることが期待され，島根の歴史と文化の拠点となることを目指している。

博物館は3階建てで，3階展望テラスからは出雲大社や北山山系を望むことができる。体験工房や体験水田を始め，情報交流室や講義室なども併設されている。正面入口へ続く「桂の並木道」は，古代の出雲大社の引橋（階段）と同じ約110m（1町）である。また，敷地の西に広がる「風土記の庭」と称される庭園の西側園路には，『出雲国風土記』の「国引き」の一節が彫り込まれている。古代の息吹きに思いを馳せながらゆっくり散策してみるのもよい。

展示は企画展と常設展から構成され，常設展は大きく4つの展示に分かれている。展示室に入ると，まず中央ロビー展示として，2000（平成12）年に出雲大社境内遺跡から出土した「宇豆柱」が迎えてくれる。この柱は1248（宝治2）年に造営された本殿を支えていた柱と推定されている。

中央ロビーから向かって左手のテーマ別展示室は，古代の出雲大社本殿の10分の1の模型が圧巻の「出雲大社と神々の国のまつり」，古代のムラや人びとの生活を模型展示する「『出雲国風土記』の世界」，加茂岩倉遺跡出土の銅鐸や荒神谷遺跡出土の358本の銅剣・神原神社古墳出土の景初三年銘三角縁神獣鏡などを展示する「青銅器と金色の大刀」の3つのコーナーからなっている。

右手の神話展示室では，「出雲神話回廊」と称して，『記紀』や『出雲国風土記』が伝える出雲神話などを映像シアターなどで紹介している。

向かって中央は総合展示室で，「四隅突出型墳丘墓」「出雲の玉作」「石見銀山」「たたら製鉄」が重点展示となっている。また，一畑電車と北松江駅の復元模型は，地元の人びとの郷愁を誘う展示の1つである。

休館日は毎月第3火曜日となっており，開館時間は9～18時（11月～2月は17時まで）である。企画展やその他イベントもあるので，出かける前にホームページ（http://www.izm.ed.jp/）などで確認したい。

島根県立古代出雲歴史博物館

出雲大社と日御碕

大社(松江市八雲町)とあわせて杵築大社(出雲大社)をまつるようになった。こうした体制は，遅くとも8世紀末までには成立したようである。733(天平5)年，『出雲国風土記』編纂時の国造は「出雲臣廣嶋」という人物で，このとき意宇郡の大領(郡司の長官)を兼ねていた。この兼帯が禁止されたのちの10世紀頃には出雲国造氏が本拠地を意宇から杵築に移したと推定され，杵築大社の新しい歴史が始まることとなり，11世紀中頃には中世出雲国一宮への転換を遂げた。出雲大社本殿の神座が，正面(南)ではなく西向きなのは，西の日本海を意識したものとみられ，古代からの海上交通の発展にかかわると考えられる。鎌倉時代のものとされる絹本著色出雲大社幷神郷図(国重文，千家家蔵)には，杵築の沖合に帆船2隻，宇竜の沖合に帆船7隻が描かれており，日本海水運がこの時期に活況を呈したことが想像される。

出雲国造家は承久の乱(1221年)で後鳥羽上皇方についたと推測されるが，1248(宝治2)年の正殿式遷宮の翌年には，鎌倉幕府の御家人になった。その後，家督相続をめぐる内紛などから，南北朝時代に千家家と北島家に分立した。

両家とも宝物・古文書類を多数所蔵する。北島家関係では出雲国造北島家文書306通(国重文)のほか，能面2面，鎌倉時代の天目形金銀盌2口，梨子地輪宝蒔絵合口拵，紙本著色杵築大社近郷絵図(いずれも県文化)などがある。千家家には，絹本著色杵築大社境内絵図(県文化)などがある。このほか，出雲大社には，鉄砲清堯作附銃箱，六曲一双の屛風で初期狩野派の絵本金地著色舞楽図，江戸時代の杵築大社舞楽用具101点，徳川家綱寄進の二重亀甲剣花菱紋蒔絵文台・硯箱(いずれも県文化)などがある。

出雲市立吉兆館 ❾
0853-53-5858

〈M▶P.84, 98〉出雲市大社町修理免735-5　P
JR山陰本線出雲市駅🚌出雲大社・日御碕方面行吉兆館前🚶すぐ，または一畑電車大社線出雲大社前駅🚶5分

大社町の正月の風物詩「吉兆さん」

出雲大社大駐車場前の交差点から御宮通り(国道431号線)を南へ進み，山陰合同銀行大社支店前の変形十字路を右に折れ，しばらく歩くと手錢記念館がある。江戸時代末期の酒蔵を利用した展示室に，

旧大社駅本屋

漆器などの出雲地方における美術工芸品が展示されている。先ほどの十字路をそのまま南へ進む道が旧石州街道となる。街道沿いには，江戸時代中期頃の民家建築である藤間家住宅(県文化)などの旧家が点在している。藤間家は，松江藩・浜田藩の本陣宿をつとめた。勅使門は，西園寺公望が勅使として出雲大社に参詣し，本陣宿としたとき，新造されたものである。

街道を南進し，四本松南公会堂前の丁字路で東に折れ，しばらく歩くとコンクリート造りの大鳥居に出合う。宇迦橋を渡ってすぐ南西にある道の駅大社ご縁広場には，出雲市立吉兆館が併設されており，大社町の吉兆神事(県民俗)に用いられる吉兆と称する幡(県民俗)が展示されている。吉兆神事は，親しみを込めて「吉兆さん」ともよばれるが，もともとは1731(享保16)年の文書に「通り物」として出ているのが初見である。吉兆とは，「歳徳神」と地名を縫い取りした幅約1mの金襴の幡(旗・のぼり)で，幡に大扇と鉾を載せて飾り台に立てた山車は，高さ約10mにもなる。新年にまつる神，歳徳神(歳神)の依代といわれている。毎年1月3日，町内各地区の一行が，纛を載せた台車に続き，小太鼓・笛の囃子方が賑やかに奏しながら，幡をかついで進む。まず地区の氏神様に参拝し，さらに出雲大社八足門の前で吉兆を立て，新年の祈りを捧げる。一行の先祓役である「番内」は厄年の男がつとめ，金襴の神楽衣装を着て，鬼の面をつけてシャグマをかぶり，邪気を祓う神が宿るとされる青いモウソウチクの先を裂いたササラ竹を引きずりながら，出雲大社に参拝後，「あくまんばらい(悪魔払い)」と叫び家々をまわる。今では，大社町の正月の風物詩の1つとなっている。

なお，大社町に伝承されている神楽として，大土地荒神社の例祭(10月25日に近い金・土曜日)に奉納される大土地神楽(国民俗)も有名である。

大鳥居から南へ500mほど行くと，出雲大社参拝の表玄関として

出雲大社と日御碕

賑わい，1990（平成2）年にJR大社線の廃止とともにその役目を終えた旧大社駅本屋（国重文）が，1924（大正13）年の建造当初の姿のまま良好に保存されている。神殿風の木造和風鉄道駅舎として，日本を代表する建築である。

出雲阿国の墓 ❿ 〈M▶P.84,98〉 出雲市大社町杵築北 P
JR山陰本線出雲市駅🚌出雲大社・日御碕方面行出雲大社🚶5分

「出雲阿国の道」を歩く

出雲大社バスターミナル前から稲佐の浜へ向かう道は，「出雲阿国の道」と名づけられている。この道を西へ約5分行くと，歌舞伎の創始者出雲阿国の墓が太鼓原墓地の中にある。阿国は，出雲大社の鍛冶職中村三右衛門の娘で，巫女となり，文禄年間（1592〜96），出雲大社修理費勧進興行のため，踊り子をしながら諸国をめぐっていたといわれている。「ヤヤコ踊り」の踊り子をしていたという説もある。その阿国が，京都賀茂の河原に「カブキ踊り」で登場したのは1603（慶長8）年のことであった。

晩年に出雲に帰った阿国が，智月と号する尼となって余生を過ごしたといわれている連歌庵（1936年再建）は，墓から北へ100mほどの所にある。また，西へ約500mの所には阿国終焉の地の碑が立っている。碑から南へ行くと阿国愛用の手鏡や数珠を所蔵する安養寺（浄土宗），北の石段をのぼると阿国を顕彰するために歌舞伎役者らによって建てられた於国塔もある。また，1989（平成元）年から，出雲阿国歌舞伎が大社町で開催されている。

なお，於国塔近くの奉納山展望台（国引きの浜展望台）からの眺めは素晴らしく，眼下には稲佐の浜，その南西には薗の長浜や三瓶山を望むことができる。

出雲阿国の墓

稲佐の浜と出雲神話

コラム 伝

国譲り神話の舞台 神々を迎える浜

稲佐の浜は、『古事記』『日本書紀』にみえる「国譲り神話」の交渉の場所であった。海岸沿いの小道を北に進むと高さ3m以上もある大きく平らな石があるが、この屏風岩がその舞台とされる。

天照大神は天孫降臨に際して、高天原の使者を3度にわたり地上界(葦原中国)を統治する大国主神のもとに遣わしたが失敗に終わったため、4番目に建御雷神を天鳥船神とともに遣わした。建御雷神は稲佐の浜に降り立つや波間に剣を逆さに立て、その上にあぐらをかいて大国主神を威圧し、天孫への国譲りを要求した。大国主神はこの要求に自分からは答えないで、子の事代主神に聞いてほしいという。事代主神は承知するが、同じく子である建御名方神は承知せず、建御雷神と力くらべとなる。しかし、建御名方神は敗れ、建御雷神に追われ信濃(現、長野県)の諏訪湖まで逃げ降参する。こうして2人の子が承諾したので、大国主神は国譲りを決意し、葦原中国を献上することになった。大国主神は隠棲する代償として天つ神の子孫と同じような壮大な建物を望み、これに応じて天照大神が稲佐の浜の近くに建てた立派な神殿が出雲大社の起源であるという。

しかし、『出雲国風土記』には国譲りの話はみえず、かわりに「国引き神話」が記載されている。これによれば、八束水臣津野命が、出雲をより広いクニとして完成させるために、朝鮮半島・隠岐・能登半島の余った土地を引くのに用いた綱が稲佐の浜から西に続く薗の長浜と弓ヶ浜半島、綱を結びつけた「加志(杭)」が三瓶山と伯耆大山、「国来国来と、引き来」てできた土地が島根半島であるとする。

出雲大社では、年間70回以上の祭事が催される。そのなかに神迎祭というのがある。旧暦の10月10日の夜、稲佐の浜で篝火を焚き、全国各地より神議りのために参集する神々を迎えるのである。神々を先導する龍神は「龍蛇様」とよばれる、龍蛇様を先頭として、2本の神籬に神々が乗り、多くの信者が付き従う。神楽殿で神迎祭が行われた後、神々は東西の十九社に入る。旧暦10月17日と26日、神々が帰る際には神等去出祭が行われる。

稲佐の浜

出雲大社と日御碕

日御碕神社 ⓫
0853-54-5261

〈M ▶ P.84〉 出雲市大社町日御碕455　P
JR山陰本線出雲市駅🚌出雲大社・日御碕方面行日御碕神社前🚶5分

航海の守護神

　日御碕神社前バス停から海岸へ向かうと約5分で日御碕神社に着く。『出雲国風土記』に「美佐伎社」とある古社である。朱塗りの社殿は、桃山時代の面影を残す権現造で、上の宮(本殿・幣殿・拝殿・玉垣・宝庫・鳥居2基)と下の宮(本殿・幣殿・拝殿・玉垣・祓所・廻廊・楼門・客人社2棟)からなり、すべてが国の重要文化財である。江戸幕府3代将軍徳川家光の命で1634(寛永11)年に造営が着手され、松江藩主松平直政が1644年に完成させた。赤い楼門をくぐると、正面に下の宮(日沈宮、祭神天照大神ほか)、右手の小高い所に上の宮(神ノ宮、祭神素戔嗚尊ほか)がある。両本殿内陣の内壁や天井には、狩野派や土佐派の絵師による絵が描かれている。

　社宝の白絲威鎧(兜・大袖付、国宝、東京国立博物館寄託)は、源頼朝奉納とも伝えられるが鎌倉時代後期の作で、南北朝時代に活躍した塩冶高貞の寄進という言い伝えに信憑性がある。傷みが激しく、19世紀初めに松江藩主松平治郷が修理させている。復元したレプリカが出雲文化伝承館に展示(不定期)されている。また、名和長年の寄進とされる南北朝時代の藍韋威腹巻(国重文)も有名。そのほか、工芸品では2代将軍徳川秀忠が奉納した鉄砲(清堯作、附銃箱及び関係文書)、縹糸威肩白四十八間筋兜、薫韋威喉輪、白糸威肩紅喉輪、越前康継作大小刀・梨地大小太刀拵(附「出雲國日御碕太神官正殿御遷宮次第事」)、古文書では、紙本墨書日御碕神社勧化簿、尾張藩主徳川義直が寛永年間(1624～44)の造営の際に寄進した出雲風土記〈日御碕本〉(いずれも県文化)など多くの文化財があるが、非公開である。

日御碕神社

日御碕灯台

　日御碕神社は，11世紀末〜12世紀の間に杵築大社（出雲大社）の末社になったが，南北朝時代から自立化傾向がみられるようになり，15世紀になって本格化していく。1420（応永27）年の紙本墨書耕雲明魏日御碕社造営勧進記（県文化）では，応永の外寇（1419年）の余韻から蒙古襲来（1274・81年）を引き合いに出し，航海守護神としての神威を誇示しているのが特徴的である。大永年間（1521〜28）頃になると，尼子氏が水運への取り組みを強化したことで，両者の関係が深いものとなっていった。日御碕神社近くの宇竜には，永禄年間になると，北国舟・因州船・但州船・唐船などが来航するようになる。宇竜は毛利氏の統治下では水運拠点としての機能は多少低下したが，江戸時代以降は北前船の出入りで賑わい，日御碕神社も社領を削減されたが，地位や勢力はその後も基本的にはかわらなかった。

　日御碕神社が航海守護神としての役割を象徴する神事に，ワカメの豊漁と海上安全を祈願する和布刈神事がある。宇竜港内の権現島にある末社の熊野神社で行われる。旧暦1月5日に，浜辺から50m離れた権現島まで12隻の船を並べて橋をつくり，神官がこの橋を渡って新ワカメを採る神事である。

　日御碕神社の西の海に浮かぶ経島にはウミネコの繁殖地（国天然）がある。ウミネコは日本海近海で繁殖する唯一のカモメ科の鳥で，12月頃飛来し，7月に北の海へ移動する。なお，経島は日御碕神社の神域であり，立ち入りは禁止されている。

　日御碕地区の福性寺境内には，根回約4.2m・高さ約6mで樹齢500年前後とされる日御碕の大ソテツ（国天然）があり，宇竜地区の山林には，日本で唯一の黄金孟宗竹群落（県天然）がある。

　日御碕神社西側の海岸から坂道を約600mほどのぼると，1903（明治36）年に完成した日御碕灯台に着く。地上から灯塔の頭部までの高さ43.65mで，日本一を誇る。世界の灯台100選の1つに選ばれており，34万カンデラの光は，夜間は約39km沖合まで達する。

③ 出雲平野

出雲平野に数多く残る四隅突出型墳丘墓や大型古墳は、出雲で活躍した王や有力地方豪族の往時の何を語ってくれるだろうか。

今市大念寺古墳 ⑫

〈M ▶ P. 84, 111〉出雲市今市町鷹の沢1696
JR山陰本線出雲市駅🚶8分、または一畑電車北松江線出雲科学館パークタウン前駅🚶5分

全国最大級の家形石棺 高度な土木技術

　出雲科学館パークタウン前駅の北西約150m、大念寺（浄土宗）の裏山に6世紀中頃に築造された今市大念寺古墳（国史跡）がある。石室内部の見学には、事前に出雲市文化財課に連絡する必要がある。

　本堂の裏手にまわると、西向きに開口する横穴式石室の入口がみえる。玄武岩の自然石や割石を多く用いて構築されており、石室の奥行は12.8mにもおよぶ。両袖式の複室構造で、石室内部は羨道・前室・奥室の3区画に分かれている。前室は組み合わせ式石棺の基底部が残るのみだが、奥室にはもう1基の石棺がある。これは全国最大級の家形石棺である。墳丘は北側の大部分が寺域拡張のために破壊され、南側も墓地によりかなり削られているため、築造時の規模を確認することはできないが、全長約100mの県内最大規模の前方後円墳である。後円部の高さ6m、前方部の高さは6～7mもある。石室の羨道部付近は版築状互層とよばれる高度な土木技術が施され、墳丘が崩れないようかたく叩き締めるなどの工夫がされている。開口したのは1826（文政9）年で、1833年に描かれた副葬品の絵図によれば金環・金銅製履・大刀などが出土したとあるが、副葬品の多くは散逸しており、鉄斧・鏡板・直刀残欠・須恵器など、一部が大念寺庫裏内に保管されている。6世紀中頃には、この古墳と松江市の山代二子塚の2つの大規模古墳が築造されており、出雲が大きく2つの勢力に

今市大念寺古墳石室

出雲西部

出雲市駅周辺の史跡

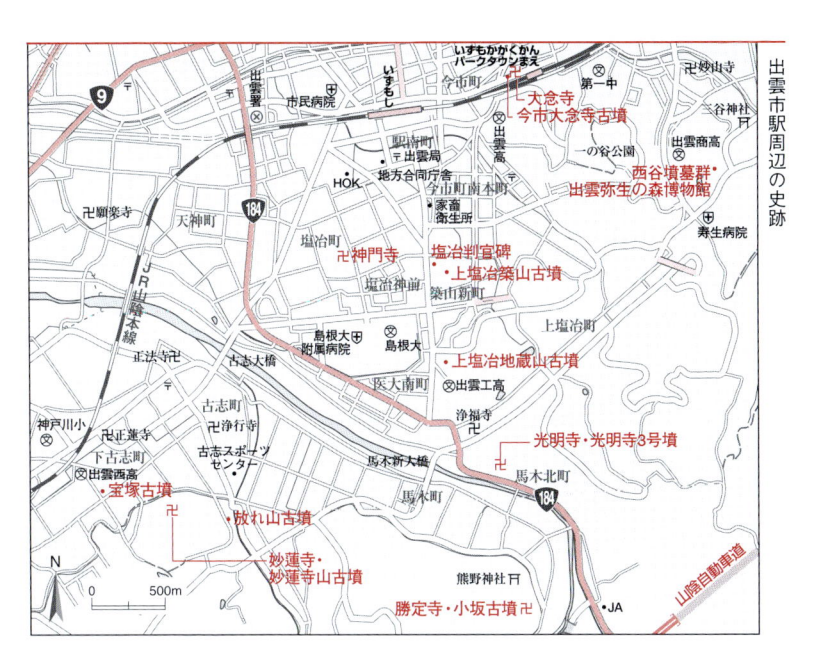

まとまったと考えられる。

　なお，石室のレプリカと版築状互層を剝ぎ取ったものが，JR出雲市駅から車で北へ15分ほど行った浜町の出雲文化伝承館に展示されている。同館には，斐川町の大地主江角氏の母屋と長屋門を移築した出雲屋敷と出雲流の庭園などもあり，常設展示室では出雲平野の歴史・民俗が紹介されている。

　JR出雲市駅から車でくにびき南通りを南へ約3分行くと，三本松バス停から東南の方向に上塩冶築山古墳（国史跡）がある。バス停手前の塩冶神社参道から案内板を目印に500mほど住宅街を歩き，民家への入口から入った所である。内部見学は出雲市文化財課に事前連絡を要する。今市大念寺古墳と並ぶ西出雲地方を代表する古墳時代後期の円墳で，径は約42mある。長さ約14.6mにもおよぶ横穴式石室から金銅製冠・銀環・玉類・円頭大刀・槍・馬具などが出土し，塩冶築山古墳出土品として県の文化財に指定されている。県立古代出雲歴史博物館で出土品をもとに復元された「馬上の大首長像」が展示されている。

　上塩冶築山古墳の南約600m，出雲工業高校の北側には上塩冶地

出雲平野

馬上の大首長像(上塩冶築山古墳出土品による復元)

蔵山古墳(国史跡)がある。道沿いに大きな案内板があるのでわかりやすい。7世紀頃に築造された径15mの方墳で，横穴式石室も開口している。

また三本松バス停から100mほど南の路地を左折すると，塩冶氏館跡伝承地に塩冶判官碑が立つ。塩冶判官とは，14世紀前半に出雲守護であった塩冶判官高貞のことで，『太平記』でも有名な人物である。判官碑の西方約400mの神門寺(浄土宗)には，高貞の墓と伝えられる五輪塔や紙本墨書神門寺文書(県文化)がある。当寺周辺は，神門寺境内廃寺と称する奈良時代の寺院跡で，礎石が残る。出土した水切り瓦は山陰地方ではまれなもので，広島県北部の寺院瓦の影響を受けていると考えられる。

上塩冶地蔵山古墳から南へ1.2kmほど行くと，日本三大不動明王の光明寺(馬木不動尊，日蓮宗)の裏山に，石製骨蔵器が出土した7～8世紀頃の火葬墳墓である光明寺3号墳(県史跡)がある。光明寺の南約900m，神戸川左岸にツツジの庭園で有名な勝定寺(臨済宗)がある。この裏山には6世紀末に築造された小坂古墳(刈山古墳群28号墳，県史跡)があり，横穴式石室内に石櫃が残る。

西谷墳墓群 ⓭

〈M▶P. 84, 111〉出雲市大津町2658 P
JR山陰本線出雲市駅🚌三刀屋雲南線西谷公園前🚶すぐ，または🚌10分

JR出雲市駅から車でくにびき南通りを南へ向かい，出雲工業高校手前の信号で左折して，荒神谷遺跡へ通じる出雲ロマン街道に入り東へ行くと，10分ほどで小高い丘の上にある史跡公園「出雲弥生の森」として整備された西谷墳墓群(国史跡)に着く。2010(平成22)年，ここに出雲弥生の森博物館が開館した。

西谷墳墓群には，とくに出雲地方で多くみられる四隅突出型墳丘墓が集中して分布する。この墳丘墓は，弥生時代後期に出雲地方

弥生時代の王墓の里

見々久神楽

コラム

島根を代表する民俗芸能

　神楽は、島根県を代表する民俗芸能であり、なかでもスサノオノミコトがヤマタノオロチ退治をする演目が有名である。県内の神楽は、大きく「出雲神楽」「石見神楽」「隠岐神楽」に分けられる。このうち出雲神楽は、場を清め神を招きおろす「七座」、能楽の式三番を取り入れた舞である「式三番」、面をつけ神話を演劇仕立てで舞う「神能」の3部構成でつくられる。

　この出雲神楽の代表的なものが、出雲市見々久町に伝承されている見々久神楽（県民俗）である。毎年10月25日、見々久の氏神御崎神社の例祭で舞われる。寛政年間（1789～1801）に出雲大社末社の神官から習い受けたのに始まるといわれ、明治時代中期の台本には、塩清め・湯立から始まり、八頭・大蛇・日御碕・弓引・天神記・蛭子舞まで26曲を記している。現在では曲目を整理して演じている。出雲神楽の3部構成の様式をよく受け継いでおり、式三番に「翁」が残っていること、能に狂言「節分」を伝えていることは、出雲神楽のなかでも珍しい。

を支配した歴代の王の墓と考えられており、弥生時代中期の方形貼石墓を起源とし、貼り石を墳丘の斜面にめぐらせ、四隅のコーナー部から石列が突出したものである。北陸地方にも分布がみられ、のちの古墳に匹敵するほど巨大化し、前方後円墳の出現とともに築造されなくなった。西谷墳墓群では、これまでに弥生時代から古墳時代までの墳墓と横穴計32基が確認されているが、2・3・9号墳など四隅突出型墳丘墓は6基ある。

　西谷3号墓は、突出部を含めると約55×40mもある。8基以上の埋葬施設が確認されているが、うち第4埋葬墓と第1埋葬墓には王とその妃を埋葬したとも考えられる水銀朱が敷き詰められた2重構造の木棺が埋めてあり、墓上には土器300個余りがおかれていた。このなかには地元産土

西谷墳墓群2号墓

出雲平野

器のほかに，吉備地方(岡山県・広島県東部)の首長墓にみられる特殊壺・器台や北陸系の土器も含まれていた。第4埋葬墓上には4本柱の施設を建てて葬送儀礼を行ったとみられる柱穴が確認され，死者を悼んで吉備や北陸などからも人びとが訪れたと推測されている。

　西谷2号墓は，突出部を含めると約50×35mあり，ガラス釧(腕輪)2点や管玉が発見された。釧のような大きなものは，当時の日本ではガラスを用いてはつくれず，中国大陸から輸入したと考えられる。こうしたことから，『魏志』倭人伝の時代，出雲地方を支配した王は，国内外の広範囲な交流を背景に勢力を誇示していたと考えられる。

　唯一，別の丘陵に築かれ，墳丘上に三谷神社がまつられている西谷9号墓は，突出部を含めると一辺約60m・高さ5mを超えると推測される。ほかに類をみない墳裾を3列の石で囲っている構造が特徴である。時期的に出雲最後の王墓と考えられている。

　なお，三谷神社で11月3日に行われる三谷神社投獅子舞(県民俗)は，出雲古来の投獅子の型を伝えるものといわれ，県内でも希少な獅子舞である。獅子に鼻高と番内がからみ舞う。また，旧平田市地域では園町の埼田神社青獅子舞(10月15日)，多久町の多久神社のささら舞(11月3日)，口宇賀町の宇賀神社の獅子舞(10月19日)があり，いずれも県の無形民俗文化財に指定されている。

出雲民芸館 ⓮　〈M▶P.84〉出雲市知井宮町628　Ｐ
0853-22-6397　JR山陰本線西出雲駅🚶8分

出雲の民芸品を展示する豪農の蔵

　JR出雲市駅から県道277号多伎江南出雲線で，神西湖へ向かう。途中，県道と山陰本線の線路が交差する地点の南方，出雲西高校のテニスコートと道路を挟み東隣に宝塚古墳(国史跡)がある。6世紀終わり頃の円墳で，一保塚ともよばれており，盛土はほとんど失われているが，一部露出した石室内には横口式家形石棺が残る。宝塚古墳から南東へ600mほど行くと6世紀後半の横穴式石室をもつ全長約50mの前方後円墳である妙蓮寺山古墳が，さらに東へ約800m行くと古墳時代後期の円墳である放れ山古墳(ともに県史跡)がある。出雲西高校の北西約1kmの所にある芦渡町の大歳山極楽寺(浄土宗)は，平安時代の木造阿弥陀如来坐像(県文化)で有名である。

妙蓮寺山古墳石室入口　　　　　　　　　　　　　　　　　　出雲藍板締め

　宝塚古墳から県道に戻り西へ行くと、JR西出雲駅に至る。駅から北へ徒歩8分ほどの所に、この地の豪農山本家の蔵をそのまま民芸資料展示室とした出雲民芸館がある。染め物類や什器類を収集している。約400年前から出雲地方に伝わる筒描藍染(筒描手法、県無形)は、筒に入れた糊を絞り出しながら家紋などを描いた後に藍で染め、図柄を白く残す手法で、独特の深い藍色と白のコントラストが絶妙である。魔除けに飾られた張子虎と並ぶ、出雲の代表的な伝統工芸品である。このほか出雲地方では藍染めの方法として、江戸時代後期から明治時代初期まで出雲市大津町の板倉家で出雲藍板締めによる染色が行われていた。藍板締めは、無地の布地を文様を彫った2枚の板で挟んで強く締めつけ、藍甕に浸けて染める幻の染色技法である。現在、この版木は全国でも島根県の1例しか残っていない。
　さらに県道を西に行くと、『出雲国風土記』にみえる「神門水海」の名残りである神西湖に着く。水上交通の要衝として栄えた昔に思いを馳せながら、風光明媚な湖をしばし眺めたい。

須佐神社 ⓯　〈M▶P.84〉出雲市佐田町須佐730 P
0853-84-0650　JR山陰本線出雲市駅🚌須佐線終点🚶すぐ

須佐之男命の終焉地

　JR出雲市駅から国道184号線に出て南へ10kmほど行くと、県立自然公園となっている立久恵(国名勝・天然)に至る。「山陰の耶馬渓」とよばれる立久恵峡は、奇岩柱石が神戸川上流に沿って約2kmにわたってそそり立つ集塊岩の渓谷である。
　さらに5kmほど南下すると、佐田町に至る。『出雲国風土記』で

須佐神社本殿

須佐之男命が「この国は小さい国だが、最適の国だ。わが名を石や木にはつけまい」といって御霊をここに鎮めて自分の名を地名にしたと記す須佐郷は、佐田町須佐に比定される。油絵「老女」(県文化、県立美術館蔵)を描いた石橋和訓の生まれ故郷でもある。出雲市役所佐田支所から県道39号湖陵掛合線を須佐川沿いに南東へ3kmほどに、須佐神社(祭神須佐之男命)がある。須佐神社は、『風土記』や『延喜式』でも確認できる古社で、1861(文久元)年建築の大社造の本殿(県文化)は、緑に囲まれ荘厳な雰囲気の中に立っている。社宝には鎌倉時代の作と推定される兵庫鎖太刀(国重文)のほか、室町時代の舞楽面納曾利(県文化)がある。なお、野石谷町の高野寺(真言宗)が所蔵する大般若経598巻(2巻欠失)は、17世紀後半に須佐神社から高野寺に施入されたもので、8月15日には須佐神社の念仏踊(切明神事、県民俗)が行われる。踊りは全体で5段構成をとり、華やかな神事花を立て、6人の舞人が「なあまみどう」(南無阿弥陀仏の転訛)と唱和しながら比較的単調な踊りを繰り返す。776(宝亀7)年を起源と伝えるが、遊行する念仏聖の影響があったらしい。近くのスサノオ館では、ビデオで神事の様子がみられる。

佐田支所から国道184号線を飯石郡飯南町へ向かい、車で20分ほどで下福波トンネルの手前を左折すると、朝日たたら跡がある。17世紀末〜18世紀初頭のたたら製鉄場の跡で、製鉄の際に湿気を取りのぞくための地下施設の複雑な石積み構造が残る。多伎町奥田

須佐神社の念仏踊(切明神事)

出雲平野の築地松と人びとの生活

コラム

郷愁を誘う風物詩　暮らしを守る知恵の結晶

　出雲平野では，独特の情緒豊かな農村散居景観を形づくる築地松をみることができる。時代は明らかではないが，たび重なる斐伊川の氾濫から敷地を守るために周囲に築地をつくり，それをかためるために樹木を植えたのが始まりといわれる。また，日本海から吹きつける強い北西の季節風を防ぐ防風林の役割もはたしてきた。古くは家の周囲を覆う形の屋敷森であったようだが，明治時代末頃から，現在みられるような生垣状につくられるようになった。築地松は100年以上の歴史を誇る文化的景観であり，これを維持するためにマツクイムシの防除や松剪定作業技術者の育成などが図られている。

　出雲市斐川町の富村の屋敷構え（県民俗）は，出雲平野における代表的な農家の屋敷構えで，北西だけでなく東側も雑木で囲まれている。また，この屋敷には西・北・東の三方に，高さ1m・幅数mの築地が残っており，その点でもきわめて貴重である。

　斐川中央公民館の郷土資料室には，出雲平野の衣食住および生産用具（県民俗）とよばれる1000点以上の民具が展示されている。農具・養蚕用具・運搬具・染織具・衣服装身具・飲食用具・家具調度などから，祖先の生活や生活の移りかわりを知ることができる。

儀の宮本鍛冶山内遺跡とあわせ，田義櫻井家たたら製鉄遺跡として国の史跡に指定されている。

　JR出雲市駅から国道184号線を経て県道51号出雲奥出雲線を南下すると，野尻町の東端に天台宗の古刹法王寺がある。この寺は，かつては牛蔵寺と称したようである。金銅観音菩薩像御正体1面・金銅蔵王権現像御正体2面（国重文，県立古代出雲歴史博物館寄託）で知られる。いずれも平安時代後期の懸仏で，盤径37cmの鏡に模した円形の銅板に，半立体に鋳造した観音菩薩と蔵王権現が貼りつけられている。今も所々に鍍金が残り，金色であったことを偲ばせる。また，白鳳時代の作とされる金銅聖観音菩薩立像（県文化，県立古代出雲歴史博物館寄託）がある。胸一杯に瓔珞を垂らすほかは飾りがなく，簡素である。

本願寺 ⓰
0853-86-2284
〈M▶P.84〉出雲市多伎町口田儀874-1
JR山陰本線田儀駅 🚶15分

　田儀（現，多伎町口田儀・奥田儀）は石見国との国境に位置する水

出雲平野

陸交通の要衝で、隣接する島津屋(現、大田市)には関所が設けられていた。1575(天正3)年に薩摩(現、鹿児島県)の島津家久は、田儀で一泊して島津屋関を通過したが、名字が同じであったため関銭をとられなかったという。田儀駅のすぐ南側には、口田儀台場跡の一部が復元されて手引ケ浦台場公園となっている。

台場公園から1kmほど西へ行き、田儀川沿いに200mほど南下すると本願寺(曹洞宗)がある。応永年間(1394〜1428)に、秀関和尚が高麗から持ち帰ったとされる金銅聖観音菩薩坐像(県文化)がある。本堂に安置されているが、寺に申し出れば拝観できる。

なお、JR小田駅から近いいづも大社カントリークラブ内に、雲州久邑長沢燒窯跡(県史跡)が残されている。1827(文政10)年頃に開窯した県内最古の磁器焼成窯跡である。1836(天保7)年に東出雲に移されて廃業した。

立虫神社 ⑰
0853-72-2032

〈M▶P.84〉出雲市斐川町併川258 P
JR山陰本線出雲市駅🚕10分

斐伊川に架かる神立橋の東詰を北へ300mほど行くと、鳥居をくぐって正面に立虫神社(祭神五十猛命ほか)、右手に万九千神社がある。両社とも、『出雲国風土記』に記されている由緒ある神社である。本社は立虫神社だが、神送り神事の神等去出祭が行われる摂社の万九千神社の方が有名である。出雲では神在月とよばれる旧暦10月、八百万の神々が全国から出雲大社に集まり、松江市鹿島町の佐太神社を経て万九千神社を訪れ、26日に帰国するとされている。神立の地名もこれに由来する。

神立橋から国道9号線を1.3kmほど東進し右折すると、西野小学校の東600mほどの所に出西・伊波野一里塚(国史跡)がある。これは、1604(慶長9)年に江戸幕府の命令によ

立虫神社・万九千神社

荒神谷出土青銅器の語るもの

コラム

古代出雲の謎解明に期待

　荒神谷遺跡で出土した358本の銅剣はすべて「中細形c類」に分類され、出雲地方を中心として分布していることから「出雲型銅剣」ともよばれている。いずれも、長さ約50cm・重さ約500gで、一部には赤色顔料を塗布したものもみつかっている。また、荒神谷遺跡の銅剣の特徴の1つとして、茎（柄を差し込む部分）に「×」印が刻まれていることが挙げられる。358本のうち344本に「×」印があり、そのうち3本には両面に「×」印がある。青銅器で「×」印が確認されているのは、ほかには加茂岩倉遺跡（雲南市）の銅鐸だけで、39個のうち14個の吊り手の部分に「×」印がある。「×」印の意味は明らかではないが、直線距離にして3kmしか離れていない加茂岩倉遺跡との関連が注目される。

　16本の銅矛は、長さ69〜84cm・重さ995〜2095gとかなり差がある。2本は中細形でそれ以外はすべて中広形であり、そのうち4本には切先部から刃部にかけて北九州地方出土の銅矛と同じ研ぎ分けによる綾杉文様があり、北九州地方で製作されたものと考えられる。

　6個の銅鐸は、高さ21〜24cm・重さ605〜1120gと小型で、銅鐸にはきわめて珍しい重弧文（半円形を重ねた文様）や斜格子文（直線文を交差させた文様）が描かれている。また、鈕とよばれる吊り手の断面が菱形ではなく凸形をしている特異なものもある。

　このような1遺跡における大量の青銅器の発見は、出雲地方に強大な勢力が存在していたことを裏づける証であると考えられている。しかし、これほどの青銅器をいつ・誰が・何のために埋めたのか、明確な答えはいまだみつかっていない。

茎に刻まれた「×」印

って主要な街道に1里（約4km）ごとに設けられた塚の1つで、山陰道を挟んで南北に配されている。県内では、伊志見一里塚（松江市宍道町）と安来一里塚（安来市安来町）も国の指定史跡であるが、塚上に植えられた松はいずれも根元を残すのみである。

荒神谷遺跡 ⓲
0853-72-7693（荒神谷史跡公園管理棟）
〈M▶P.84〉出雲市斐川町神庭西谷　P
JR山陰本線 荘原駅 🚶40分

　荘原駅から西へ約1.2km行くと、荘原小学校の校庭に5世紀後半

荒神谷遺跡

大量の青銅器が出土 古代史の常識を覆す大発見

頃の神庭岩船山古墳（県史跡）がある。全長48mだが築造当初は60mあったと考えられており、出雲平野最大級の前方後円墳である。後円部の上には、舟形石棺の蓋石の破片が残っており、復元により長さ2.7m・幅1mの大きさで、6つの縄掛突起が確認された。

　神庭岩船山古墳から約1.8km南に荒神谷遺跡（国史跡）がある。1984（昭和59）年、大型広域農道（出雲ロマン街道）の建設にともなう発掘調査によって、弥生時代中期から後期につくられたと考えられる358本もの銅剣（国宝）が発見された。それまで銅剣は全国で計300本ほどしか出土していなかったため、まさに世紀の大発見として、出雲の古代文化に注目が集まった。銅剣は西側から34本、111本、120本、93本が整然と4列に並び、いずれも刃をおこして密着した状態で出土した。さらに翌年には、銅剣出土場所の東7mの地点から、銅矛16本と横帯文銅鐸1個・袈裟襷文銅鐸5個（いずれも国宝）があいついで発見された。1カ所から銅矛と銅鐸が同時に出土したのは初めてであり、北九州中心の銅矛文化圏と近畿中心の銅鐸文化圏が別々に存在するという従来の定説は見直されることとなった。青銅器の出土地点は標高28m、狭い谷奥の小さな尾根の南斜面の中ほどに位置し、発掘時の状態が青銅器の複製品を使って再現されている。

　また、2005（平成17）年10月にオープンした荒神谷博物館には、出土した青銅器に関する資料やジオラマが展示されている。遺跡の付近一帯は史跡公園として整備され、古代ハスや竪穴住居の復元など、弥生時代のムラの風景を再現する試みがなされている。また、赤米の田植え、2000年ハス茶会、月見の会、稲刈りなど四季折々のイベントも行われている。

出雲西部

Oku izumo 奥出雲

加茂岩倉遺跡銅鐸出土状況

日刀保たたら

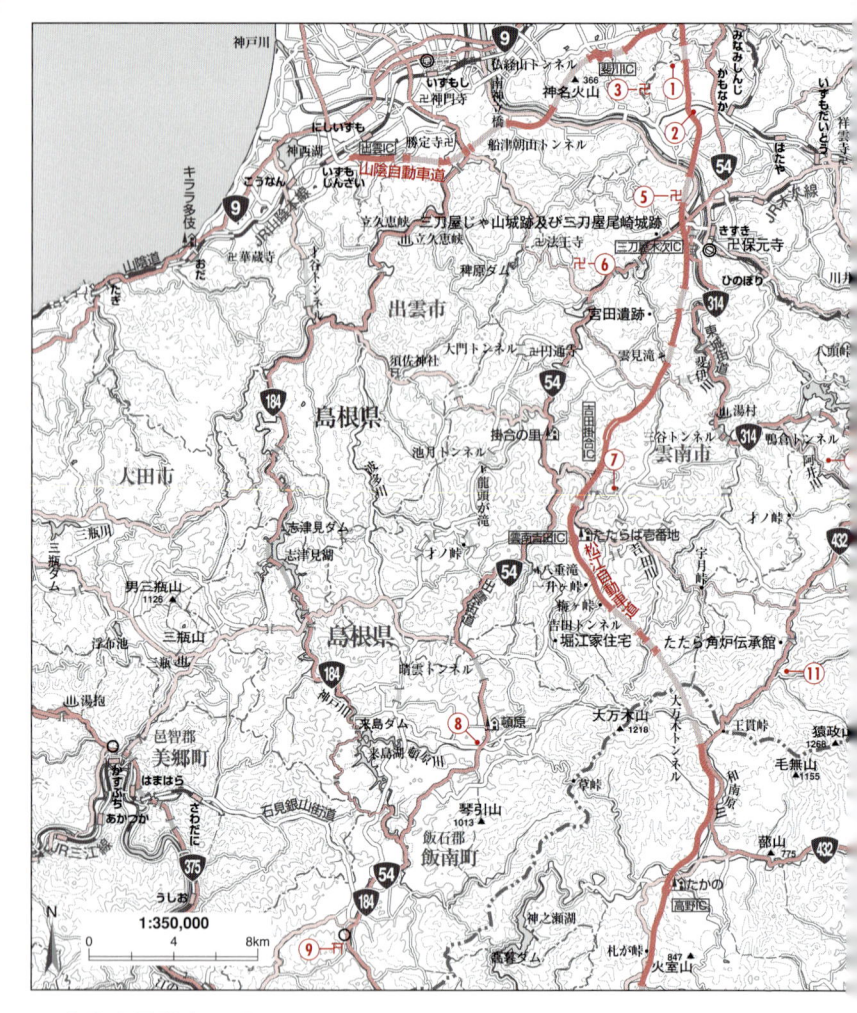

◎奥出雲散歩モデルコース

加茂岩倉遺跡コース　　JR加茂中駅 10 加茂岩倉遺跡 5 光明寺 10 神原神社古墳 10 JR加茂中駅 10 JR出雲大東駅 5 古代鉄歌謡館 3 海潮のカツラ 5 須我神社 15 JR出雲大東駅

菅谷たたら山内コース　　JR松江駅またはJR出雲市駅 60 掛合バス停 10 吉田町バス停 5 菅谷たたら山内 2 山内生活伝承館 10 鉄の歴史博物館 10 鉄の未来科学館 10 吉田町バス停 10 掛合バス停 60 JR松江駅またはJR出雲市駅

①加茂岩倉遺跡
②神原神社古墳
③光明寺
④古代鉄歌謡館
⑤峯寺
⑥禅定寺
⑦菅谷たたら山内
⑧飯南町民俗資料館
⑨赤穴八幡宮
⑩三沢城跡
⑪可部屋集成館
⑫鬼舌振
⑬絲原記念館
⑭奥出雲たたらと刀剣館
⑮伊賀多気神社
⑯横田相愛教会

鬼舌振コース　　JR出雲三成駅　15　20　三沢城跡　20　20　たたら角炉伝承館　5　可部屋集成館　30　15　鬼舌振　15　10　絲原記念館　10　JR出雲三成駅

横田コース　　JR出雲横田駅　1　雲州そろばん伝統産業会館　10　奥出雲たたらと刀剣館　15　横田相愛教会　10　伊賀多気神社　10　横田八幡宮　15　岩屋寺の切開　30　JR出雲横田駅

雲南

① 出雲神話の舞台であり、各地に伝説や神楽が残り、自然環境と文化的遺産に恵まれた日本のふるさと。

加茂岩倉遺跡 ❶
0854-49-7885(加茂岩倉遺跡ガイダンス)

〈M ▶ P. 122, 124〉雲南市加茂町岩倉837-11
P
JR木次線加茂中駅🚌10分

荒神谷遺跡に続く大発見 全国最多の39個の銅鐸

　加茂岩倉遺跡(国史跡)は、『出雲国風土記』に「神名火山」として登場する仏経山を中心に、標高200〜300mほどの山々が連なる中国山地の北端に位置する。加茂中駅から国道54号線を北へ2kmほど進むと道路標識があり、そこから西へ、谷奥に約1.5km入る。松江自動車道の高架下を過ぎると駐車場があり、さらに10分ほど歩くと現地に着く。

　1996(平成8)年、農道整備工事中に、幅20mほどの狭い谷の北側丘陵南斜面の中腹(谷底からの高さ約18m)で、銅鐸39個(国宝)が発

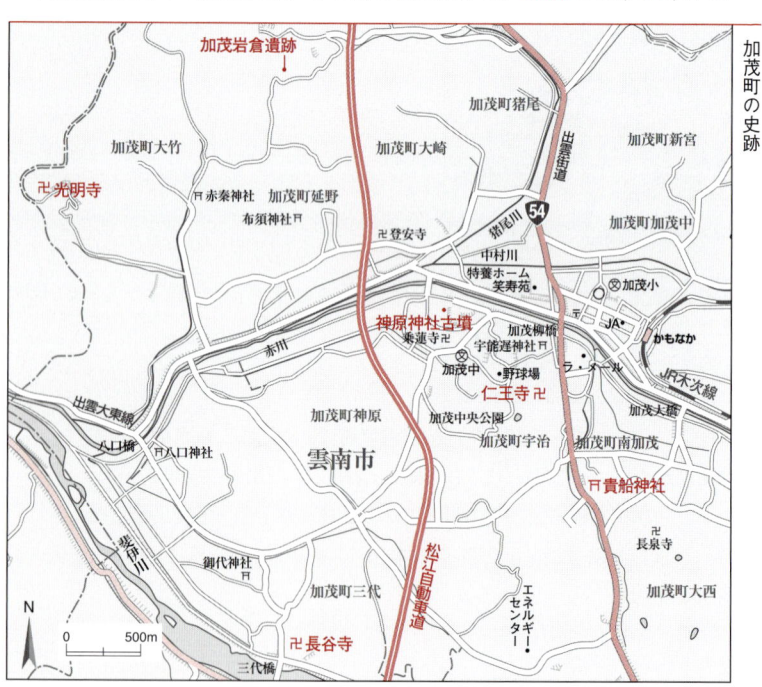

加茂町の史跡

124　奥出雲

銅鐸（加茂岩倉遺跡出土）

見された。全国の銅鐸出土総数は約500個であるが、1カ所の銅鐸出土数としては滋賀県野洲市大岩山遺跡の24個を上回り、一躍全国最多の銅鐸出土地となった。

　出土した銅鐸は、弥生時代中期の製作と考えられ、高さ45cm前後の中型が20個、30cm前後の小型が19個で、ほとんどが中型の銅鐸の中に小型の銅鐸を収める「入れ子」の状態で埋められていた。このような例はこれまでにもあるが、出土後に発見者からの聞き取りによって確認されたものであり、発掘調査で視認されたのは初めてである。また、吊り手（鈕）に荒神谷遺跡の銅剣の茎と同様の「×」印が刻まれたものが14個あり、7個の銅鐸の表面にはトンボ・シカ・イノシシ・ウミガメなどの絵が描かれている。「×」印は他地域で出土した銅鐸にはみられない特徴であり、これらが出雲でつくられた可能性を示すとともに、荒神谷遺跡と古代出雲の謎を解く鍵として注目されている。さらに、15組26個が同じ鋳型でつくられた同笵銅鐸であることが明らかになっている。もっとも多いものでは、1つの鋳型で6個以上を鋳造したとみられる。加茂岩倉遺跡と同型の同笵銅鐸は、鳥取・岡山・兵庫・徳島・大阪・奈良・和歌山・福井・岐阜でもみつかっており、広範囲の文化交流圏があったことがうかがえる。

　2003（平成15）年には、銅鐸出土地のそばに加茂岩倉遺跡ガイダンスが開館した。建物はV字状に削られた2つの丘陵をつなぐ空中回廊のように、遺跡の高さにあわせて建てられているため、復元されている現場を目の高さでみることができ、出土状況がよくわかる。また、遺跡の解説パネルや銅鐸の複製も展示されている。

神原神社古墳 ❷　　〈M ▶ P. 122, 124〉雲南市加茂町神原字松井原　P
　　　　　　　　　JR木次線加茂中駅 🚶25分

　神原神社古墳は、斐伊川支流の赤川に架かる国道54号線の加茂柳橋の下流約500mの左岸堤防にあり、墳丘上に神原神社が建てら

雲南

れていた。1964(昭和39)年，赤川の改修工事にともない移転の必要が生じ，1972年に古墳の発掘調査が行われた。箱式石棺を主体とする小規模な円墳(えんぷん)と考えられていたが，調査の結果，南北34m・東西30mの古墳時代前期の方墳(ほうふん)で，長さ5.8mの竪穴式(たてあな)石室(せきしつ)をもつことがわかった。

石室からは多くの副葬品が発見され，出雲神原神社古墳出土品として国の重要文化財に指定された。このなかでもっとも注目される遺物は，三角縁神獣鏡(さんかくぶちしんじゅうきょう)である。直径23cmのこの銅鏡は，縁の部分の断面が突出して三角形をなしており，鏡の背面に銘文と中国の神仙(しんせん)思想に基づく神像や霊獣などがデザインされている。銘文は左回りに41字が刻まれ，そのなかに「景初三年(けいしょ)」という年号がみえる。これは中国の魏王朝の年号で，西暦239年にあたる。「景初三年」銘の銅鏡は，大阪府の和泉黄金塚古墳(いずみこがねづか)についで全国で2例目である。『魏志(ぎし)』倭人伝(わじんでん)には，景初3年に魏の皇帝が倭(わ)の女王に銅鏡100枚を与えたことが記されている。この女王が邪馬台国(やまたいこく)の卑弥呼(ひみこ)で，卑弥呼またはその後継者が各地の首長に鏡を分け与えたという説があり，この三角縁神獣鏡はそのうちの1枚ではないかと考えられている。しかし，三角縁神獣鏡が中国では1面も出土していないことや，後漢(かん)・三国(さんごく)時代の中国製銅鏡よりも大きいことなどから，日本製とする見解もある。邪馬台国論争や三角縁神獣鏡の製作地論争などにも関連して，非常に注目されるこの鏡は，島根県立古代出雲歴史博物館に展示されている。

卑弥呼が手にした鏡か　神社の例祭で獅子舞を奉納

三角縁神獣鏡(神原神社古墳出土)

現在，神原神社はもとの場所から南側へ移され，古墳は石室だけが神社境内に接した堤防の畔(ほとり)へ移設・復元されており，見学することもできる。なお，毎年11月9日に行われる例祭では，天保(てんぽう)年間(1830〜44)に氏子が伊勢の大神楽(かぐら)を学んだのが起源とされる神原神社の獅子舞(ししまい)(県民俗)

126　奥出雲

が，村中安全と五穀豊穣を祈る神事として奉納されている。

神原神社古墳から南東へ1.8kmほど行った宇治には仁王寺（臨済宗）があり，仏堂には砂子原の富貴寺所蔵である木造薬師如来坐像（県文化）が安置されている。像高1.4m，ケヤキの一木造で，平安時代後半の作と考えられている。この時期の坐像は全国的に数が少なく，貴重な仏像である。

光明寺 ❸
0854-49-6565

〈M ▶ P. 122, 124〉雲南市加茂町大竹292　P
JR木次線加茂中駅 🚌 出雲方面行大竹 🚶 30分

国重文の朝鮮伝来の銅鐘　県内最大の十一面観音像

大竹バス停から光明寺橋を経て西へ約1.5km，加茂町西部の大嶽山（316m）の中腹に，出雲三十三観音霊場第7番札所の光明寺（曹洞宗）がある。平安時代初期の創建といわれ，観音堂には県内最大の十一面観音像が安置されている。また，9世紀後半に新羅で鋳造されたと考えられる銅鐘（国重文）が収蔵されている。高さは80cmほどで，14世紀後半に日本に渡り，1492（明応元）年に光明寺に伝えられたことが追刻銘されている。鐘楼には光明寺に伝えられて500年を迎えるにあたって韓国で鋳造された複製が掛けられている。

光明寺の南方約3.5km，加茂町三代にある出雲三十三観音霊場第8番札所の長谷寺（曹洞宗）には，鎌倉時代初期作の十一面観音立像（県文化）がある。像高1.77m，ヒノキ材一木造の奈良長谷寺式観音像であり，同寺の地方への勢力拡大とともに造立されたものと考えられる。

長谷寺の東方約2km，国道54号線の南加茂交差点を東に進み，つぎの狭い道を南に行くと貴船神社に着く。この神社の神域にある南加茂公園の丘陵東側に，樹高16m・胸高囲8.4m，枝張直径20mのシイ（県天然）の巨木がある。貴船神社が元暦年間（1184〜85）に京都の貴船大明神を勧請した頃からあったと伝えられており，樹齢800年以上と推定

光明寺銅鐘（複製）

雲南

される。

　貴船神社から国道54号線を南へ約5km進み，里熊大橋の手前を左折して県道45号安来木次線をさらに約4km南へ行くと，ホシザキ電機工場の向かいに保元寺がある。1157(保元2)年に建立され，仁王門のほか，多くの堂宇を構えていたと伝えられているが，現在は住職がおらず地区の人びとにより管理されている。観音堂には，銅鏡の表面に十一面観音坐像を線彫りであらわした銅板線刻十一面観音像懸仏(国重文)がある。裏面には藤原頼光が保元寺建立の際に寄進したと刻まれており，県内では安来市の宮島神社の「保元元年」銘の鏡像地蔵菩薩につぐ古い鏡像である。厨子に納められており，8月18日の開帳時のみ拝観できる。

古代鉄歌謡館 ❹
0854-43-6568
〈M▶P.123〉雲南市大東町中湯石84　P
JR木次線出雲大東駅🚌海潮方面行飛石桂荘前🚶1分

神話と鉄のテーマ館
出雲神楽の公演

　出雲大東駅の北東約2km，田中下に万福寺(曹洞宗)があり，木造大日如来坐像1体と木造如来坐像3体(いずれも県文化)が所蔵されている。制作時期は平安時代中期と推定される。

　万福寺から東へ約1.5km行くと，古代鉄歌謡館(ミューズエコー)がある。建物の外観は八岐大蛇をデザインしたものであり，「神話と鉄」をテーマに神楽や演劇などの公演を行う劇場と，神楽面の展示や多彩な映像表現を使って鉄にかかわる歌謡などを紹介する演劇博物館の2つの機能を備えている。ここでは，出雲地方に伝承されている神楽の全演目のビデオ映像をみることができる。

須我神社

　古代鉄歌謡館から赤川沿いに北東へ約2.5km行くと，『出雲国風土記』の「日原社」に比定される日原神社(祭神大日霊貴尊ほか)がある。その境内近くに，海潮のカツラ(国天然)がある。山陰地方有数の巨木で，主幹はすでに朽ちているが7

神話の世界を伝える神楽

コラム 芸

神話の舞台へと誘う優雅で格調高い神楽

　能・狂言・田楽・舞楽など，日本各地にはさまざまな民俗芸能が伝承されているが，そのなかでももっとも古い歴史をもつのが神楽である。神楽の語源は「神座」といわれている。神座とは神を招く場所のことだが，しだいに神を招くための神事そのものを神楽とよぶようになったようだ。神楽は神社での神事として広まり，その地の風土を取り入れながら発展した。とくに，『古事記』の舞台が多く残る出雲地方では，八岐大蛇退治を始め，『古事記』に題材をとった神楽が盛んに催されてきた。現在も多くの神楽が伝承され，神話の世界を臨場感豊かにあらわしている。

　雲南市木次町の槻の屋神楽(県民俗)は，旧出雲郡の神職神楽が旧仁多郡の神主の間に伝わり，この地に定着したものである。この神楽を伝承するために，雲南市木次町郷土文化保存伝習施設「でんしゅう館」が建てられ，地元の人びとによる上演や，次世代へ引き継ぐための継続的な指導が行われている。また，11月10日の加茂神社の例祭にも奉納されている。

　雲南市大東町の海潮山王寺神楽(県民俗)は，出雲神話を題材に約200年の伝統をもち，出雲地方の代表的な神楽として広く知られている。大東町の4社中によって古態のまま伝承されており，出雲大社大祭礼(5月14～16日)で奉納されるほか，県内各地で上演されている。

　大東町ではかつて，正月に民家の座敷で神楽を舞う習慣があった。神楽を長い間暮らしのなかで支えてきた貴重な民俗としてとらえ，座敷で行う神楽を保存・再現しようとつくられたのが須我神社のそばにある神楽の宿である。これは茅葺き屋根の神楽練習場であり，長く受け継がれてきた舞の型や神楽の心を後世に伝える演劇文化伝承の場としての役割を担っている。ここでは，毎年7月頃に夜神楽大会が催される。

本の支幹はいずれも大きく，地上約1mの幹回りは約14m，根回りは約20mにもおよぶ。根元には大きな岩を抱きかかえており，現在も根元からの萌芽がみられるほどの樹勢を誇っている。

　さらに北東へ約3km行くと，須我神社(祭神素戔嗚尊 ほか)がある。毎年9月28日の例祭には，海潮山王寺神楽(県民俗)が奉納される。『古事記』には，素戔嗚尊は美しい雲が立ち上がるのをみて「八雲立つ　出雲八重垣　妻籠みに　八重垣作る　その八重垣を」と詠み，奇稲田姫とここに住まいを構えたとあることから，須我神

社は日本初の宮といわれている。また、この歌は三十一文字和歌の始まりとされ、須我神社は和歌発祥の地ともいわれている。

峯寺 ❺
0854-45-2245

〈M▶P.122〉雲南市三刀屋町給下1381 P
JR木次線木次駅🚗10分

奈良時代に開かれた古刹 多数の文化財を所蔵

　木次駅の北西約2.3km、斐伊川と三刀屋川の合流点の西に聳え、『出雲国風土記』に「伊我山」と記されている弥山(300m)の中腹に、出雲三十三観音霊場第9番札所の峯寺(真言宗)がある。奈良時代に役小角が開いたとされる古刹である。この寺の絹本著色聖観音像(国重文)は、平安時代の仏画で、京都国立博物館に寄託されている。そのほかにも、絹本著色不動明王二童子像・絹本著色十二天像・絹本著色真言八祖像(いずれも県文化)など、貴重な文化財を所蔵する。庭園は、松江藩主松平治郷(不昧)お抱えの庭師によるもので、弥山を借景とする名園である。毎年4月15日には護摩供養が行われ、山伏姿の僧が護摩を焚き、火渡りをする。1000年以上続くというこの行事は、奥出雲の火祭りとして知られている。

　峯寺の山伝いの西の山中に松本第1号墳(県史跡)がある。全長約50mの前方後方墳で、4世紀頃につくられた県内でも最古級の古墳の1つである。長い木棺を粘土でくるんだ粘土槨が2基確認されており、銅鏡や鉄剣も出土している。

　さらにその西の山伝いには、三刀屋じゃ山城跡及び三刀屋尾崎城跡(県史跡)がある。城主の三刀屋氏は初め諏訪部氏を名乗り、1221(承久3)年に諏訪部扶長が地頭に補任されて以来、14代にわたりこの地を支配した。大規模な堀切や多くの郭が残され、主郭には櫓台跡がある。周囲は三刀屋城址公園として整備され、サクラの名所でもある。

絹本著色聖観音像(峯寺)

永井隆

コラム

原爆症と闘った医学者
己の如く人を愛した人

　永井隆は，1908(明治41)年，松江に生まれた。まもなく両親とともに飯石村(現，雲南市三刀屋町)に移り小学校卒業まで過ごした後，松江中学校・松江高校を経て長崎医科大学へ進学し，放射線物理療法の研究に取り組んだ。満州事変(1931年)出征の際，慰問袋の中にあったカトリックの宗教書を読んで感銘を受け，帰還後，洗礼を受けた。

　1940(昭和15)年，長崎医科大学助教授となるが，1945年6月，研究の際に浴び続けたラジウムの放射線のために白血病に冒され，余命3年と診断された。そのうえ8月9日の長崎への原爆投下によって瀕死の重傷を負いながらも救護活動に従事し，さらにみずからの肉体をも原爆症治療研究のために提供した。また，病床での執筆活動を通して，被爆者を励ますとともに，「如己愛人(己の如く人を愛せよ)」「平和を」の精神を世界に向かって訴え続けた。如己堂と称されたわずか2畳の住居から発表される作品は，世界中の人びとの胸を打ち，国内外に広く知られるようになった。なかでも『長崎の鐘』は映画化・レコード化され，戦後の名曲として今に歌い継がれている。さらに『この子を残して』も映画化され，全国の人びとに大きな感動を与えた。また，昭和天皇，ヘレン・ケラー，ローマ法王特使を始め多くの人びとが如己堂に住む永井を見舞いに訪れた。1951年5月1日，2人の子どもが看取るなか，かつての職場である長崎大学付属病院で，力強い祈りの声の後，43歳の若さでこの世を去った。

　永井隆の偉業を讃え，1970年に建てられた雲南市永井隆記念館では，その生涯が紹介され，写真や書簡，遺品などが多数展示されている。また，次代を担う小・中学生と高校生を対象に，1991(平成3)年に「永井隆平和賞」が創設された。「平和を願い，人々を愛する心」を育てるために，毎年，全国から「愛」と「平和」をテーマに作文・小論文を募集している。

禅定寺 ❻
ぜんじょうじ
0854-45-4360

⟨M ▶ P.122⟩ 雲南市三刀屋町乙如宮1874　P
JR木次線木次駅🚗20分

行基が開いた古刹
壮大な石垣

　木次駅から国道54号線を掛合方面へ6kmほど行き右折すると，鍋を伏せたような形から『出雲国風土記』に「奈倍山」と記される禅定寺山(372m)の中腹に，禅定寺(天台宗)がある。この寺は，8世紀に聖武天皇の勅願によって行基が開いたと伝えられる古刹で，出雲三十三観音霊場第10番札所にあたる。城郭を思わせる壮大な石

垣があり,最盛期には42坊を数えたといわれている。本尊は木造聖観音立像(国重文)で,平安時代初期の一木造である。そのほかにも,木造阿弥陀如来坐像,木造観音菩薩立像・木造勢至菩薩立像(いずれも県文化)など,貴重な文化財を所蔵する。

　禅定寺から国道54号線へ戻って木次方面へ進み,三刀屋トンネル手前で右折して1kmほど行くと,県道272号吉田三刀屋線に突き当たる。そこを再度右折し2kmほど行くと,右手に宮田遺跡(県史跡)がある。1979(昭和54)年に土器の甕を伏せて住居内に埋めた縄文時代後期の埋甕が県内で初めて発見された。西日本ではまれであり,かつては乳幼児を葬った棺と考えられていたが,最近では出産後の胎盤などを収納した胞衣壺とする説が有力である。ほかに土器や石器など多くの縄文時代遺物(県文化)が出土した。

　宮田遺跡から南へ1kmほど行くと,出雲三十三観音霊場第12番札所の寿福寺(曹洞宗)がある。所蔵の鰐口(県文化)は,青銅製で戦国時代につくられたものである。

　寿福寺の南100mほどの所で左折して,さらに南へ1.5kmほど行くと雲見の滝(県名勝・天然)がある。この滝は落差約30mの雄滝と,約20mの雌滝からなる。雄滝から落ちた水は直角に方向をかえ,その直下にある雌滝に流れている。規模は小さいが,水量が豊富なため,常に轟音を鳴り響かせている。滝の右側には,高さ100m・幅150mの屛風岩と称する絶壁がある。

菅谷たたら山内 ❼
0854-74-0350(山内生活伝承館)

〈M ▶ P. 122, 133〉 雲南市吉田町吉田4210-2(山内生活伝承館) P
JR山陰本線松江駅または出雲市駅🚌広島方面行掛合🚌15分

全国で唯一現存する高殿たたら製鉄の中心

　斐伊川上流の船通山一帯には良質な砂鉄の産地があり,古来,たたら製鉄が盛んであった。たたら製鉄とは,粘土で築いた炉に砂鉄と木炭を交互に入れ,鞴とよばれる送風機で風を送って木炭を燃やし,砂鉄を溶かして鉄を生産する方法である。中国地方のたたら製鉄は,江戸時代から明治時代初期までが最盛期で,明治時代中期には全国の60%以上を生産していた。鑪とは粘土でつくられた製鉄炉のことだが,広義には炉のある建物や付属する施設を含めた製

菅谷たたら山内の高殿

鉄施設全体をいう。また、たたら製鉄に従事していた人びとの職場や居住区を総称して山内という。

雲見の滝から南へ進み、県道51号出雲奥出雲線を経て県道272号線に入り、さらに6kmほど南下すると菅谷たたら山内(国民俗)に着く。ここには、日本で唯一、製鉄炉を備え付けた高殿とよばれる木造の建物が保存されている。現在の高殿は、1850(嘉永3)年の火災後に再建されたもので、高さ約9m、間口・奥行とも約18mある。炉は展示のために復元したものだが、地下には湿気抜きのための床釣りとよばれる地下構造がある。ここで1921(大正10)年5月5日の最後の操業までの間、高品質の鋼をつくり出してきた。高殿のほかにも、鉄山経営の事務所的な役割をはたした元小屋、たたら製鉄における技師長である村下の屋敷、生産された鉧とよばれる鋼のもととなる塊を粉砕する大銅場などの施設が、ほぼ当時のまま保存されている。300m北方の山内を見下ろす場所には山内生活伝承館があり、炭焼きをテーマにしたビデオ映像や、炭焼き道具、藁でつくった生活具など、さまざまな民具が展示されている。

また、山内から車で10分ほどくだると鉄の歴史博物館がある。日本一の山林王といわれた鉄山師の田部家の仮宅を展示館としたもので、製鉄の歴史や技術などについて、わかりやすく展示されている。そこから東へ車で10分ほどの所には、世界各地の製鉄炉の構造の変遷をもとに鉄文化の未来を考える鉄の未来科

菅谷たたら山内周辺の史跡

学館がある。館内には、菅谷たたらの炉と地下構造の模型、イギリスでコークスを燃料とした製鉄に初めて成功したオールドファーニスの模型、日本で初めて洋式高炉の操業に成功した橋野高炉の模型が、それぞれ原寸大で展示されている。また、館の中央に設けられた16面マルチビジョンで映像資料もみることができる。

　吉田町南部の民谷には、江戸時代の庄屋の住居であった堀江家住宅(国重文)がある。18世紀頃の建築で、寄棟造・茅葺き、出雲地方山間部の広間型三間取農家の典型例である。現在も住居として使用されている。

❷ 飯石と仁多の郡

良質の砂鉄と豊かな森林に恵まれた日本有数の鉄の生産地で、たたら製鉄の栄華を今に伝える数多くの歴史遺産が残る。

飯南町民俗資料館 ❽

〈M▶P.122〉飯石郡飯南町頓原2084-4 P
JR山陰本線松江駅または出雲市駅🚌広島方面行頓原🚶3分

雪と闘ってきた先人たちの知恵と工夫

頓原バス停から西へ200mほど行くと、飯南町民俗資料館がある。ここは、雪との厳しい闘いのなかで民衆が生み出した積雪期用具を中心に集めた、全国でも珍しい資料館である。現在では収集することが難しい雪靴や雪かき用鋤など150点が奥飯石および周辺地域の積雪期用具として国の文化財に指定されている。このほか、この地域に伝わる農業関連の民具なども多数展示されている。

飯南町民俗資料館から国道54号線を南へ400mほど行くと、国土交通省松江国道事務所頓原出張所の向かい側の丘に由来八幡宮（祭神誉田別皇命ほか）がある。出雲八所八幡の第4社で、京都石清水八幡宮の別宮と伝えられている。10月1日の注連下ろし祭から11月7・8日の姫之飯神事・頭渡し神事まで、一連の頭屋祭行事（県民俗）とよばれる例祭行事が行われる。

赤穴八幡宮 ❾
0854-76-2138

〈M▶P.122〉飯石郡飯南町上赤名1652 P
JR山陰本線松江駅または出雲市駅🚌広島方面行赤名🚶5分

鎌倉時代作の三神像 奥飯石神職神楽の奉納

赤名バス停から南西へ400mほど行くと、林の中に赤穴八幡宮（祭神別雷命・玉依姫命・健角見命・息長足姫命ほか）がある。社宝庫には、鎌倉時代の作と考えられる木造八幡神坐像・木造八幡神息長足姫坐像・木造八幡神比売神像（いずれも国重文）が保管され

木造八幡神坐像（赤穴八幡宮）

飯石と仁多の郡

ている。男神の八幡神坐像はカヤ,女神の八幡神息長足姫坐像と八幡神比売神坐像はヒノキの寄木造で,いずれも簡単な彩色が施されている。八幡神坐像の内部からは銘の入った2枚の木札が発見されており,1326(嘉暦元)年,山城国の大仏師慶覚の作であることが判明している。巧みな刀法による柔かい表現は美しく,仏像彫刻に比べて数が少ない神像彫刻のなかでも彫刻史上鎌倉時代後期の基準的作例として評価が高い。また,この神社では,毎年11月3日の夕方,奥飯石神職神楽(県民俗)が奉納される。室町時代から伝わる神楽で,神を迎えて神託を受ける神事の七座舞と,『古事記』『日本書紀』や謡曲に取材した神話劇の能舞から構成され,30以上の舞がある。

　下来島のボダイジュ(県天然)は,樹齢約200年といわれており,樹高約22m,胸高囲約5.5m,枝張約20〜25mにおよぶ。これはマンシュウボダイジュで,現在ではこの地方の山野に自生するものはほかになく,きわめて稀少である。

三沢城跡 ❿

〈M ▶ P. 122,137〉 仁多郡奥出雲町鴨倉下鴨倉 P
JR木次線出雲三成駅 🚌 三沢行四日市 🚶 30分

山陰屈指の中世の名城　尼子十旗の1つ

　三沢城跡(県史跡)は,鴨倉山(419m)にある山陰最大級の中世山城の跡である。戦国時代には,出雲国を支配した尼子氏の本城である月山富田城の防衛のための主要な支城である尼子十旗の1つとされた。清和源氏の一流を称する信濃(現,長野県)の飯島為光が,承久の乱(1221年)の恩賞として三沢郷の地頭職を得,14世紀初め,飯島為長が移り住んで三沢氏と称し,城を築いたという。三沢氏は,阿井郷・布施郷・三所郷にも支配を広げ,横田荘も地頭請所として成長し,約280年にわたりこの地を支配した。

　四日市バス停から西へ向い城跡への登山道をしばらく進むと,中世の山城としては珍しい石組の大手門がある。そこを通り,七曲りをのぼった二の郭には,大正時代に建てられた三沢氏の業績を記した城跡碑がある。また,横手には,『出雲国風土記』に大国主命の子,味耜高彦根命が障害を癒したと記される三沢の池がある。主郭には亀石がある。主郭の堀を隔てて郭である諏訪丸があり,三沢氏が信仰した諏訪神社が立っている。頂上には懐古堂とよばれる休

憩所があり，四方を見渡すことができる。

鴨倉山の東麓には，蔭涼寺(りんざい)(臨済宗)がある。1782(天明2)年までは妙厳寺(みょうごんじ)といい，三沢氏の菩提寺であった。寺宝に，白隠禅師筆という紙本墨書辺微意知語1巻(県文化)がある。

出雲三成駅の北隣の出雲八代駅から徒歩20分ほどの佐白(さじろ)に，宇宙の進化と生命の歴史をテーマにした奥出雲多根(たね)自然博物館がある。エントランスホールに展示してある大型恐竜アロサウルスの化石を始め，多数の珍しい世界の化石・鉱物が展示されている。

三沢城跡周辺の史跡

可部屋集成館(かべやしゅうせいかん) ⓫
0854-56-0800

〈M ▶ P.122〉仁多郡奥出雲町上阿井内谷(うちだに)1656-1 Ⓟ
JR木次線出雲三成駅🚗25分

出雲三成駅から国道432号線を南へ車で20分ほど行くと，右手にレンガ煙突の突き出た建物がみえる。これがたたら角炉(かくろ)伝承館である。角炉は鑪(たたら)と同様に砂鉄を木炭で還元する製鉄炉だが，炉をレンガ製にすることによって連続操業を可能にした。館内には，櫻井(さくらい)家が経営していた槇原(まきはら)たたらの角炉を修復し，展示してある。この角炉は1935(昭和10)

可部屋集成館

飯石と仁多の郡　137

年につくられ，約10年間で約4000 t の銑鉄を生産していた。

国道432号線をさらに南へ車で5分ほど行くと，可部屋集成館がある。屋号を「可部屋」と称する櫻井家は，安芸国可部郷(現，広島県広島市安佐北区)で鉄山業を営んでいたが，約350年前にこの地に移住し，「菊一印の平割鉄」が松江藩に認められて鉄師頭取をつとめた。集成館には同家に伝えられた約4500点の民俗資料や美術品が収蔵されており，なかでも，松江藩主松平治郷(不昧)直筆の掛軸や任命書・御用札など，松江藩の鉄山政策を示す文書類は貴重である。また，集成館に隣接する櫻井家住宅(国重文)は江戸時代中期〜末期の建築で，茶室や庭園も公開されており，鉄山師の暮らしを垣間みることができる。

たたら製鉄の歴史を伝える鉄山師櫻井家

鬼舌振 ⓬ 〈M ▶ P. 123, 137〉仁多郡奥出雲町三成 P
JR木次線出雲三成駅🚌馬木行鬼の舌震🚶15分

鬼舌振(国名勝・天然)は，斐伊川支流の大馬木川の中流部に約2kmにわたって広がる渓谷で，県立自然公園にもなっており，烏帽子岩・畳岩・はんど岩などと名づけられた巨岩・奇岩と断崖絶壁が続いている。巨石の間を流れる渓流は，早瀬や淵が連続し，両岸の自然林とあいまって特異な景観を呈している。川に沿って約1kmの遊歩道が整備されており，散策することができる。

『出雲国風土記』には，つぎのような地名譚がある。阿井(現，大馬木・小馬木)の里に玉日女命という美しい姫が住んでおり，この姫を慕って日本海に住む悪いワニ(サメのこと)が夜な夜な斐伊川を遡って通ってきた。姫はこのワニを嫌って大岩で大馬木川を堰とめ，姿を隠してしまった。しかし，ワニの姫に対する気持ちはかわらず，一層烈しく姫を恋い慕い，その後も幾度となく川を遡ってきた。この「ワニの慕ぶ

巨岩・奇岩が連なる渓谷『出雲国風土記』にみえる名の由来

鬼舌振

奥出雲のトロッコ列車

コラム

開放的な車両 珍しいスイッチバック

　JR木次線には、木次駅と広島県の備後落合駅間の60.8kmを、4〜11月の金・土・日曜日と祝日、ゴールデンウィーク、夏休み期間、および紅葉シーズンに1日1往復、トロッコ列車奥出雲おろち号が走っている。奥出雲地方は、数々の神話の舞台となっており、沿線には八岐大蛇神話にまつわる伝承地も多い。高天原を追放された素戔嗚尊が降り立った船通山、その中腹にある鳥上滝は八岐大蛇の棲家といわれている。また、ここを源とする斐伊川は、まるで八岐大蛇のようにうねりながら流れている。トロッコ列車は、緑深い山の中をコトコトと走り、自然の風を感じながらゆったりと開放的な気分を満喫できる。

　トロッコ列車が走る区間には、この路線ならではのものもある。松本清張の小説『砂の器』の舞台となった亀嵩駅は、駅舎が蕎麦屋になっている駅で、駅の業務も、JR西日本から委託された蕎麦屋の店主が行っている。亀嵩駅から1駅南の出雲横田駅の駅舎は、出雲大社を模した神社建築風である。さらに2駅南の出雲坂根駅の構内には、天然の湧水がこんこんと湧き出している。古来、この里の古狸が好んで飲用し、長生きしたので「延命水」とよばれるようになったといわれている。長寿の銘水として親しまれており、遠方から汲みにくる人も多い。

　また、出雲坂根駅とその1駅南の三井野原駅との間には、全国のJR線に3カ所しかない3段階式のスイッチバックが使われている。スイッチバックとは、急勾配を緩和するために進行方向をかえてのぼっていくもので、この両駅間においても、167mの標高差を克服している。

奥出雲おろち号

る」が訛って、「鬼舌振」とよばれるようになったという。

絲原記念館 ⑬　〈M ▶ P.123,137〉仁多郡奥出雲町大谷856　P
0854-52-0151　JR木次線出雲三成駅🚌10分

　出雲三成駅から南東へ約3.5km行くと県道270号下横田出雲三成停車場線沿いに絲原記念館がある。杉木立の中にある白壁土蔵造りの記念館には、江戸時代から大正時代まで奥出雲の鉄師頭取をつとめた絲原家に伝わる資料が数多く展示されている。たたら製鉄の材

飯石と仁多の郡

料・用具や生産品，鉄山師記録文書，松江藩主からの拝領品を含めた美術工芸品，家具・調度類など約4800点が収蔵され，なかには紙本墨書藤原定家筆「明月記」断簡(県文化)を始め貴重なものもあり，鉄山師の往時の生活を偲ぶことができる。記念館に隣接する絲原家住宅(国登録)は，幕末から昭和時代初期にかけての建造物からなる。庭園は，背後の山を巧みに利用した出雲流庭園で，四季折々の美しさで訪れる人びとの目を楽しませてくれる。

絲原家の東500mほどの所には，陰地たたら跡(県史跡)がある。この遺跡は時期を異にする炉床・鉄穴切場・洗い場・用水路跡，近代の窯跡などの遺構が全体的によく残っている。並列に位置するたたら炉床4つのうち，2つは高殿たたらの前段階を示し，中世の野だたらから近世の高殿たたらへ移行する炉床の発展過程がわかる貴重な遺跡である。

奥出雲鉄山師の往時を偲ぶ白壁土蔵造りの記念館

奥出雲たたらと刀剣館 ⓮
0854-52-2770

〈M▶P.123, 142〉仁多郡奥出雲町横田1380-1
P
JR木次線出雲横田駅🚗5分

出雲横田駅の南方約800m，「むらくもの丘」とよばれる台地上には，奥出雲たたらと刀剣館がある。ここでは，近世以降のたたら製鉄の歴史や玉鋼を用いてつくられる日本刀の展示などが行われている。とくに，高殿たたらの地下構造の原寸大模型は圧巻で，地表の炉の部分よりはるかに大きく，手の込んだ下地があって，初めてたたら製鉄ができることがよくわかる。また，毎月第2日曜日と第4土曜日に，刀匠による作刀鍛錬の実演が行われている。

むらくもの丘から東へ車で10分ほど行くと，大呂に日刀保たたら(非公開)がある。ここでは，2人の村下とよばれる技術者(玉鋼製造〈たたら吹き〉，国選

高殿たたらの地下構造を復元 刀匠が作刀鍛錬を実演

奥出雲たたらと刀剣館

近世企業たたら

コラム

たたら製鉄の全盛
鉄山師による技術開発

　近世半ば以降，奥出雲地方は全国一の和鉄の生産地であった。和鉄生産高が最高になった1885(明治18)年には，中国地方が全国の96.5％(島根50.7％・広島45.8％)を占め，45.7％は奥出雲の仁多・飯石両郡で生産されていた。当時，わが国唯一の洋鉄製鉄所であった岩手県釜石の洋式近代高炉(橋野高炉)のこの年の生産高は，和鉄のわずか4％に過ぎなかった。

　奥出雲地方では良質な真砂砂鉄を採取することができ，山林資源にも恵まれて燃料となる木炭の調達も容易であった。そのため，古代よりたたら製鉄が盛んであり，中世までは山腹に穴を掘って1回きりの炉をつくり，山の斜面で谷風を利用する「野だたら」とよばれる小規模な製鉄が営まれていた。

　1691(元禄4)年，差吹吹子にかわって天秤吹子が導入されると作業効率が向上し，操業回数が増えた。また，高殿が設けられたことによって，冬季にも操業が可能となった。1726(享保11)年，松江藩は「鉄方御仕方式」を定め，多数の鉄師のなかから大水田地主層の9鉄師のみに操業を許可し，藩有林を鉄山(木炭林山)として貸与するなど，種々の保護を与えるかわりに上納金を納めさせることとした。藩との密接な関係の下で，鉄師は安定して操業を行い，技術改良と経営の合理化を進めた。寛延年間(1748～51)には，それまで捨てていた鉧を割って鋼を取り出すことができるようになり，生産量は4割増となった。宝暦年間(1751～64)には洗樋による鉄穴流しが普及して砂鉄の摂取量が増加し，安永年間(1772～81)には毎月操業が行われるようになった。文化年間(1804～18)には，4昼夜かけて銑を生産する四日押操業から操業日数を1日短縮する三日押への転換が図られ，1856(安政3)年に完全に転換すると操業回数は2割増となった。

　こうして，奥出雲地方は製鉄の先進地へと成長した。しかし，明治時代末期以降，岩手県釜石・福岡県八幡の洋式近代高炉の生産が軌道に乗るとこれに対抗できず，第一次世界大戦終了を機に一斉に廃業した。

技)と数人の操業員が，現在全国で唯一，たたらによって日本刀の素材になる玉鋼を生産している。1977(昭和52)年，玉鋼の不足を解消し，美術刀剣の振興を図るため，財団法人日本美術刀剣保存協会(日刀保)が文化庁の指導により，良質な砂鉄と技術者を有するこの地にたたら炉を復元し，毎年もっとも湿気が少ない1月下旬から2月にかけて4回操業している。1回に砂鉄10t・木炭12tを投入し，

飯石と仁多の郡

出雲横田駅周辺の史跡

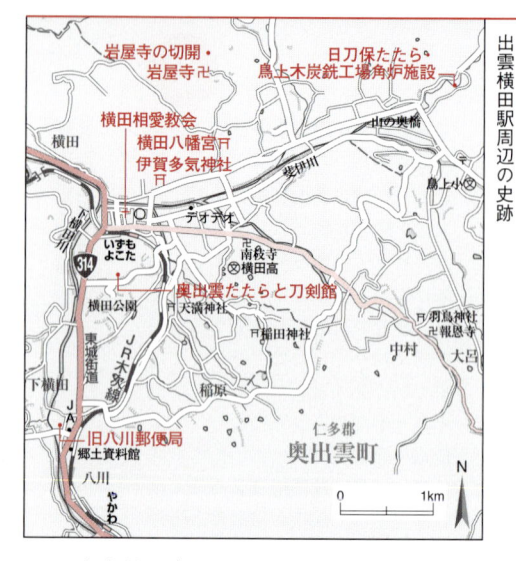

　3昼夜不眠不休で作業を続け，4日目の早朝，約2.5tの鉄ができる。このなかから約900kgの玉鋼を選別して，全国の刀匠のもとへ送り出している。

　日刀保たたらに隣接して，鳥上木炭銑工場角炉施設（国登録）がある。1918（大正7）年に砂鉄精錬の生産性を向上させるために築造されたレンガ造りと鉄造り各1基の木炭銑生産の角炉が保存され，貴重な近代産業遺産となっている。見学は，日刀保に申請し，許可を得ることが必要である。

　日刀保たたらから車で20分ほど行った鳥取県境近くの羽内谷鉱山には，砂鉄を採取した鉄穴流しの本場が修復され，公開されている。1km上流で砂鉄を含んだ山土を掘り崩して谷へ流し込み，本場にたどり着くまでに石やごみを取りのぞく。本場には出切・大池・中池・乙池・樋の5つの選鉱場（洗い場）があり，上手から流れてきた土砂を下手に順に流して砂鉄を精選する。比重の重い砂鉄は底に沈殿してしだいに純度が高くなり，最後の樋に溜まる段階では約90％になっている。鉄穴流しは，稲作に支障のない秋の彼岸から翌年春の彼岸まで行われ，水質汚濁防止法の施行により1972（昭和47）年に廃止されるまで，1日に2〜4tを採取していた。近世企業たたら以来のすべての現場が一貫して保存されているのは，この地域だけである。

　鉄穴流しの本場から南へ約300mの所にある標識から登山道へ入り，約20分歩くと竹崎のカツラ（国天然）がある。樹齢約300年といわれ，主幹は枯れているが，大小無数の支幹が取り巻いており，樹高約35m・総根周り約15mにも達する。たたら製鉄をもたらした金

横田荘

コラム

奥出雲の政治・経済の中心　中世に荘園として発展

　斐伊川最上流の横田川とこれに流入する室原川流域にある、現在の鳥上・横田・八川（大谷をのぞく）の3地区が、12世紀初めから16世紀末まで、横田荘とよばれた地域である。この辺りは古代より肥沃で、たたら製鉄も行われていたことが、733（天平5）年に撰上された『出雲国風土記』に記されている。中世の横田荘は、中央政治の動向とかかわりながら、奥出雲地方の中心地として発展した。

　横田荘は、12世紀初めに石清水八幡宮（京都府八幡市）に寄進され、当地の土豪の子孫と考えられている横田氏が荘官となった。1184（寿永3）年の一の谷の合戦で横田氏が平氏方に参陣して敗れた後、多田源氏一門の小池氏（のちの杠氏）が荘官として来住した。文永年間（1264～75）からは六波羅探題北条時輔領となり、横田八幡宮は荘内の八川から現在地に遷座され、岩屋寺とともに荘内の中心となった。

　南北朝時代には横田荘の一部が北朝の仙洞御所領となり、代官として信濃源氏である小笠原氏一門の安部氏が来住した。1391（明徳2）年には、この仙洞御所領を横領したという理由で京都を追放された出雲国守護の山名満幸とともに、六分一殿とよばれて強勢を誇っていた山名氏清が、室町幕府3代将軍足利義満に背いた。この明徳の乱は義満側の勝利に終わり、山名氏は勢力を失った。この後、さらに横田荘の一部が皇室の菩提所泉涌寺（京都市東山区）領となり、以来16世紀末まで3領家が分割して所有することになった。

　16世紀初頭には、奥出雲屈指の有力豪族に成長した三沢氏が、院宣を受けて横田荘を地頭請所とし、藤ヶ瀬城を築いて居城とした。八幡宮南方の中村では市場が開かれて各地との交流も活発になり、経済面でも奥出雲の中心地となった。三沢氏は守護代尼子氏の台頭を抑えていたが、尼子氏が守護となると、一時尼子に従った。しかし、毛利氏が出雲を支配すると、再び代官として城下町を形成し、六日市場・大市場へ中村市場の機能を移した。牛馬などの定期市は賑わいをみせ、中国地方でも著名であった。

屋子神がシラサギに乗ってカツラの木に降り立ったという伝説から、この地方ではカツラの木を神木として保護してきた。

　古代の舟が横たわるようになだらかな姿をした船通山（1143m）は横田の東方にあり、比婆帝釈国定公園の一部をなす。『出雲国風土記』には「鳥上山」と記載され、また、江戸時代に松江藩の郡奉

飯石と仁多の郡

行岸崎左久次が記した『出雲風土記抄』には「素戔嗚尊，新羅伎国より五十猛命を師いて東せし埴舟此の山に止る。故に俗に船通山という」と記されている。斐伊川の源流が発しており，中腹にある高さ16mの烏上滝は八岐大蛇の棲家と伝えられる。山頂には「天叢雲剣出顕之地」の記念碑が立っている。山麓の川岸には古くから薬効が知られた斐乃上温泉があり，深山の温泉情緒が楽しめる。

伊賀多気神社 ⑮
0854-52-0346

〈M▶P.123,142〉仁多郡奥出雲町横田1278 P
JR木次線出雲横田駅🚶15分

『出雲国風土記』にも登場する古社
鎌倉時代の木造随身立像

出雲横田駅の北東約700m，横田盆地北側の山麓に伊賀多気神社(祭神五十猛命)がある。社伝によれば，垂仁天皇の時代に神体2体を刻んでまつったのが始まりという。『出雲国風土記』に「伊我多気社」と記され，『延喜式』神名帳にも記載されている。社宝の木造随身立像2躯(県文化)は，ヒノキの一木造で鎌倉時代後期の作といわれている。

伊賀多気神社から北東へ1kmほど行くと，出雲八所八幡の第1社，横田八幡宮(祭神誉田別命ほか)がある。創建年代は不詳だが，保元3(1158)年12月3日の官宣旨(石清水文書)に記載がある。京都石清水八幡宮の別宮であり，1281(弘安4)年に八川村から現在地に遷されたという。弥生時代の銅剣，鎌倉時代の獅子頭，1281年から1861(文久元)年に至るまでの棟札42枚(いずれも県文化)を始め，多くの社宝をもつ。

横田八幡宮の北約1km，山の中腹にある岩屋寺(真言宗)は，天平年間(729〜749)に，聖武天皇の勅願により行基が創建したと伝えられている。16世紀，僧快円によって寺勢はおおいにあがり21坊100余人の僧を抱えたが，尼子氏が藤ヶ瀬城を攻めたおりに焼き払われるなど，幾多の変遷を経て現在は無住となっている。

岩屋寺を東に抜け，5分ほど歩くと岩屋寺の切開(国天然)がある。長さ80mの小峡谷で，両側に切り立つ岸壁は高さ10〜20mで，間隔は狭く，上部1.5m・下部3.5mとなっている。粗粒の黒雲母花崗岩が直立した節理面に沿って浸食されてできたもので，V字谷で上部より下部が広いのはまれである。

雲州そろばん

コラム

産

全国一の生産量　職人の知恵と努力

　奥出雲町は，日本のそろばんの約7割を生産する「そろばん日本一」の町である。1985(昭和60)年には通商産業省指定の伝統工芸品となり，多くの伝統工芸士を輩出している。また，1988年には「そろばん交流事業」が始まり，タイやラオスの学校などへのそろばんの寄贈や指導者派遣などの事業を中心とする国際協力活動が行われている。

　奥出雲の鉄山師は，鉄の取引における計算の道具として良質のそろばんを求め，地元の大工たちに模作させていた。19世紀前半，梅木原村(現，奥出雲町亀嵩)の村上吉五郎は，安芸国(現，広島県)から伝えられた「塩屋小八作」と銘のある，美しく珠運びのよいそろばんをみせられた。これに刺激を受けた吉五郎は，形の揃った美しい珠を削り出すために足踏み式の轆轤を考案した。1カ月に1丁しかできなかったが，美しさと，珠を弾くときの感触と音のよさで評判となった。現存最古の吉五郎のそろばんは，1832(天保3)年の製作である。

　樋口村(現，奥出雲町中村)の高橋常作は，吉五郎が技法を秘伝としていたため，彼の仕事場から出た木屑や珠を削る音から轆轤の使用を知り，クランクを用いて連続回転する足踏み轆轤を考案した。これにより，強い力で回転を継続させることが可能になり，珠の生産量が急増した。

　同じ頃，横田村(現，奥出雲町横田)の村上朝吉は，糸紡器の糸を紡ぐ回転部分を改良して手回し轆轤を考案した。右手で轆轤をまわし，左手で鉋の刃を固定した当て板で支えて削るもので，形の揃った小さい珠を一気に削り出すことができた。また，座って楽に作業できるため，作業効率が高まるとともに製造者が増えた結果，そろばんの生産量は大きく増加した。手回し轆轤は現在でも使用されており，雲州そろばんのシンボルとなっている。

　出雲横田駅のすぐ近くに，雲州そろばん伝統産業会館がある。雲州そろばんの歴史や生産工程がわかるとともに，銘品として名高い村上吉五郎・高橋常作・村上朝吉作のそろばんが展示されている。隣接するそろばん回廊では，伝統工芸士の製作実演を見学できる。また，下横田のそろばんと工芸の館では，そろばんや木工芸品の製造現場をガラス越しに見学できる。

横田相愛教会 ⑯
0854-52-1281

〈M ▶ P.123, 142〉 仁多郡奥出雲町横田924　P
JR木次線出雲横田駅🚶5分

　出雲横田駅から北へ5分ほど歩くと，とんがり屋根の横田相愛教

飯石と仁多の郡　　145

会(旧救世軍会館，国登録)がある。この教会の前身は，1911(明治44)年に県内2番目の幼稚園として開校された相愛幼稚園である。現在の建物は，1923(大正12)年に救世軍横田小隊会館として建てられたもので，ゴシック様式とロマネスク様式が混在したような特徴的なデザインの木造2階建てで，4階建ての塔屋が取りつく洋館である。この地域の教育文化発祥のシンボルであり，建築学的にも貴重である。現在でも，教会として使用されている。

奥出雲の教育文化のシンボル とんがり屋根の教会

　出雲横田駅南隣の八川駅から国道314号線を北へ約1km行くと，下横田に旧八川郵便局(国登録)がある。1938(昭和13)年に建築された洋風の外観をもつ建物で，2000(平成12)年10月8日に移転するまで郵便局舎として使用されていたため，保存状態はきわめて良好である。昭和時代初期のこの地域における郵便制度の歴史を考えるうえでも，貴重な建造物である。

　八川駅から県道49号上阿井八川線を南西へ約5km行くと，大馬木に湯の廻のキャラボク(県天然)がある。キャラボクは，一般的には庭園などに植えられる常緑低木である。しかし，このキャラボクは樹高8m・胸高囲3.2mの巨樹で，主幹は互いに絡み合って4枝に分かれ，その支幹からさらに20数枝が分枝して伸び，枝張は約30mにもおよぶ。1624(寛永元)年に備後(現，広島県)から移住した鉄師絲原家旧宅の庭園樹であったと伝えられている。県内随一の老大樹で，樹齢は400年を超えると推定される。

Sekitō 石東

三瓶山

龍源寺間歩の坑道

①鶴岡八幡宮	④明神古墳	⑦銀山地区	⑨鞆ヶ浦
②物部神社	⑤高野寺	⑧石見銀山街道(温泉津沖泊道)	⑩温泉津
③三瓶山	⑥大森地区		

◎石東散歩モデルコース

三瓶山コース　　JR大田市駅 5 神田橋バス停 3 鶴岡八幡宮 3 神田橋バス停 10 物部神社 40 三瓶自然館 5 姫逃池 5 三瓶自然館前バス停 60 JR大田市駅

石見銀山コース　　JR大田市駅 30 石見銀山遺跡(大森地区・銀山地区) 30 JR大田市駅

仁摩・温泉津コース　　JR大田市駅 14 JR仁万駅 10 仁摩サンドミュージアム 10 JR仁万駅 3 JR馬路駅 3 琴ヶ浜 15 鞆ヶ浦 15 JR馬路駅 7 JR温泉津駅 20 温泉津温泉口 20 沖泊 40 JR温泉津駅 26 JR大田市駅

大田とその周辺

1

大田市は県の中央部に位置し、中世から近世にかけて石見銀山の盛衰に大きな影響を受けた地域である。

鶴岡八幡宮 ❶
0854-82-0832

〈M▶P.148, 151〉 大田市大田町大田1384
JR山陰本線大田市駅🚌三瓶温泉行神田橋🚶3分

中世の鉄塔のある神社

　大田市駅から南へくだると、市役所の東方、三瓶川沿いの小高い丘に鶴岡八幡宮(祭神気長足姫命・誉田別尊・武内宿禰)がある。鶴岡八幡宮は地元では南八幡宮と称され、鎌倉時代に鎌倉の鶴岡八幡宮を勧請し、小笠原氏が社殿を造営したという。

　本殿右手の境内には、高さ2.7mの六角形の経堂(県文化)があり、その中には1.8m余りの鉄塔(県文化)が納められている。社伝によると源頼朝の寄進といわれ、尼子経久が修復したとも伝えられているが、経筒の銘文から1520(永正17)年に製作された可能性が高い。鉄塔には差し入れ口が開けられており、長さ約12cm・直径約5cmの銅製経筒168口(県文化)を始めとして、納札7枚・経石45個・泥塔1基など(いずれも県文化)が納められていた。奉納者は、各国1カ所の霊場に法華経を1部ずつ納めた六十六部廻国聖とよばれる巡礼者である。経筒に刻印された居住地をみると、北は出羽国南部(現、山形県)から南は薩摩(現、鹿児島県)までと、ほぼ日本

鶴岡八幡宮経堂

五十猛のグロ

150　石東

全国におよび、この地が全国に知られた霊場であったことを物語っている。奉納時期は1513(永正10)～71(元亀2)年で、石見(いわみ)銀山の開発が始まり、大量の銀を産出した頃とほぼ重なる。

大田市駅の南西約300mの所に喜多八幡宮(きたはちまんぐう)があり、さらにその南西に同社の神宮寺(ぐうじ)であった円応寺(えんのうじ)(真言宗(しんごん))がある。毎年10月15日の両八幡宮の例大祭には、大田両八幡宮の祭礼風流(りゅう)(県民俗)が行われる。法被(はっぴ)姿の氏子(うじこ)らが高さ2mの高野聖(こうや ひじり)と、高さ3mの負幟(おいのぼり)をそれぞれ背

大田市駅周辺の史跡

負い、大天狗(おおてんぐ)や獅子舞(ししまい)などを従えて市内を練り歩く。この祭礼の起源には諸説あるが、高野聖は円応寺の開山聖宝導師(かいさんせいほうどうし)が、笈(おい)に仏体を背負って喜多八幡宮に参拝した姿を模しているといわれ、負幟は八幡宮と書かれた幟に飾り付けをしたものである。高野聖が残るのは全国でもまれで、山岳信仰や鉱山開発との関わりが深いとされ、石見銀山の影響を色濃く感じさせる。

大田市駅から北西へ3.5kmほど行くと、鳥井(とりい)漁港近くに心光院(しんこういん)(浄土(じょうど)宗)がある。この寺の銅鐘(かんのう)(県文化)は、銘文から「観応元

大田とその周辺　　151

(1350)年」に筑前(現, 福岡県)で鋳造されたものと考えられる。もとは大田町の天満宮にあったものを, 1879(明治12)年に心光院の檀家が買い受けて当寺へ寄進したという記録が残る。

　大田市駅から西へ約7km, 五十猛町大浦地区には正月行事五十猛のグロ(国民俗)が伝承されている。グロは中心に高さ20mほどのタケの柱を立てた, モンゴルのパオに似た円錐形の仮屋のことで, 直径は10mほどである。毎年1月11日から15日早朝まで大浦の浜に設けられ, 地区の人びとは中で餅やスルメなどを焼いて食べながら1年の無病息災と豊漁を祈る。

物部神社 ❷
0854-82-0644　〈M▶P.148, 151〉　大田市川合町川合1545　P
JR山陰本線大田市駅🚌三瓶温泉行物部神社前🚶すぐ

出雲大社につぐ規模　石見国の一宮

　大田市駅から国道375号線に出て南へ約5km, 川合交差点で左折すると, すぐ左手に物部神社の鳥居がみえる。祭神は物部氏の祖神宇摩志麻遅命で, 石見一宮として, また武神として崇敬された。『延喜式』神名帳にも記載されており, 社伝によれば, 創建は513年と伝える。1550(天文19)年に吉川元春の寄進により再建されたが, 1718(享保3)年に焼失し, 1753(宝暦3)年に出雲・伯耆など近隣7ヵ国に勧進して再建された。現在の本殿(県文化)は1856(安政3)年に改修されたもので, 高さ16.3m, 県内では出雲大社本殿につぐ大規模な社殿である。本殿と向拝の屋根を一体とした隅木入り春日造, 優美な屋根の曲線が樹齢300年を超える老松・巨杉と調和して, 森厳な雰囲気を漂わせている。

　社宝は450余点を数えるが, 太刀銘了戒(国重文)はその白眉である。刃長64.5cm・反り2.3cm, 鎬造り三つ棟の刀身で, 直刃に小足入りの刃紋を浮かべる。了戒は, 永仁年間(1293～99)頃の山城国(現, 京都府)の刀匠である。1542(天文11)年に大

物部神社本殿

石東

内義隆が大軍を率いて出雲の尼子氏を攻めたとき，神馬とともに寄進したのがこの太刀とされている。また太刀銘雲生（県文化）は，鎌倉時代末期頃の作である。江戸時代初期，吉永藩（川合町）1万石藩主加藤内蔵助明友の父明成が家来の過ちに怒り，この刀で斬りつけたが，炉の自在を切っただけで事が収まった。のちに神社に奉納され，以後，この太刀は「自在丸」の異称がつけられた。

物部神社から県道288号瓜坂川合線・30号三瓶山公園線を三瓶山の方に向かい8kmほど行き，三瓶町池田の交差点で左折すると，まもなく右手に崇福寺（曹洞宗）がある。ここには「応永十四（1407）年八月」銘の青銅製雲板（県文化）が伝えられている。

大田市駅から南へ約15km，水上町の福原八幡宮（合祀されて現在は水上神社）の祭礼では，毎年10月下旬に田楽踊りのシッカク踊（県民俗）が奉納される。青・茶色の衣裳に赤襷，頭には編み笠と造花をつけた12人が，「シーッシ，シーッシ」と声を発して太鼓にあわせて12番を踊る。1111（天永2）年に始まったとされるが，確実な史料は残っていない。しかし，踊りは素朴で平安時代後期の古態をとどめており，石東地方ではもっとも古い民俗芸能である。

三瓶山 ❸
大自然のパノラマ 国引きの「杭」

0854-86-0500（三瓶自然館サヒメル）

〈M▶P.149〉大田市三瓶町・山口町　P
JR山陰本線大田市駅🚌国立青年の家行三瓶自然館前🚶すぐ

出雲国と石見国の国境に聳えるトロイデ（釣鐘）型火山が，白山火山帯に属している三瓶山である。標高1126mの男三瓶を主峰に女三瓶など6つの峰が環状に連なった山の総称で，大山隠岐国立公園の一部をなす。『出雲国風土記』で，八束水臣津野命が国引きの際に杭として綱をかけた「佐比売山」が，この三瓶山であるとされる。

男三瓶の北東斜面一帯（63ha）と旧噴火口の室の内（60ha）が，三瓶山自然林（国天然）である。標高800m以上の高所ではブナ林が広がっており，それより低い場所ではコナラ・ケヤキなどの林をみることができる。北の原の姫逃池のカキツバタ群落（県天然）は，鮮やかな青紫・白色の花を咲かせ，初夏の風物詩として訪れる人の目を楽しませる。この美しい池も，1991（平成3）年頃より水位が低下して陸地化するという危機に瀕したが，県や市民ボランティアが一体

三瓶山

となって再生事業に取り組み、再び昔の美しい姿を取り戻すことができた。

　三瓶山南麓の上山地区には本宮神社の大杉（県天然）がひっそりと、しかし堂々たる風格で聳え立っている。樹齢約800年、樹高約43m・胸高幹回り約9mの巨木で、幹の上部は近年の落雷で失われているが、その大きさには圧倒される。

　大田市には、ほかにも天然記念物が多い。久手町の北端辺りから丘陵を越えて海岸に出ると、波根西の珪化木（国天然）がある。この珪化木は、今から1500年前の木が化石になったものと考えられる。海食崖から斜めに突き出した珪化木は波に洗われていて、もう一方の端は海底に続いている。長さは岩盤の中に埋まっている部分まで含めると、10mは超えると推定される。

　静間町の近藤ヶ浜は、日本海岸におけるハマナス自生西限地（県天然）である。ハマナスは北海道から東北・北陸および山陰海岸の砂地に自生しているバラ科の寒地性植物で、6〜7月頃に淡紅色の美しい花を咲かせる。

　久利町松代に松代鉱山の霰石産地（国天然）がある。松代鉱山の霰石は三連双晶となっていることが珍しく、全体は花の塊のような球状である。大きさは直径10〜30cmぐらいが多く、色は淡緑色や淡紫色を帯びている。島根県立三瓶自然館サヒメルや大森町の石見銀山資料館で、その美しい形状をみることができる。

明神古墳 ❹　〈M ▶ P.148〉 大田市仁摩町仁万
JR山陰本線仁万駅🚶10分

　仁万駅から国道9号線を北上し、県立邇摩高校北側の道をのぼり、さらに細い路地を進んで行くと、仁摩田台を見下ろせる視界の開けた場所に明神古墳（県史跡）がある。直径20m・高さ3m以上の円墳で、全長10.1m・最大幅2.4mの石見地方最大級の横穴式石室内部

石見地方最大の横穴式石室

三瓶小豆原埋没林

コラム

縄文時代の巨木林

　美しい自然で四季を通じてわれわれを楽しませてくれる三瓶山が火山という激しい側面をもっていることを教えてくれるのが，北麓にある三瓶小豆原埋没林(国天然)である。この埋没林は，縄文時代後期(3700〜3500年前)，三瓶山最後の大規模な噴火活動によって埋没した，スギの巨木を主体とする原始林である。地形が生んだ偶然によって倒れず，長大な幹が直立状態で発見されていることが特徴で，大きなものは直径1.5m・長さ10m以上にも達する。大土石流がもたらした土砂の中には，直立する巨木に匹敵する大きさの流木群も含まれており，火山の威力をまざまざとみせつけている。

　現在，縄文時代の姿のままで林立する巨木は，三瓶小豆原埋没林公園の縄文の森発掘保存展示棟内に保存されている。そのほかに根株展示棟では，3つの木が合体したといわれる珍しい根株をみることができる。また，埋没林公園から車で10分の所に島根県立三瓶自然館サヒメルがある。その新館にも「三瓶埋没林コーナー」があり，2〜4階が吹き抜けになった展示室に，埋没した樹木の実物標本とともに，その成因や調査結果が展示されている。

三瓶小豆原埋没林

には，全国的にも珍しい家形石棺が安置されている。副葬品は須恵器・鉄器類のほか，金銅装円頭太刀・銅碗などが発見されている。出土した須恵器から，築造時期は6世紀後半頃と考えられている。

　仁万駅の西方，田尻の海岸の波打ち際から少し離れた海中に，巨大な仁万の珪化木(県天然)が横たわっている。長さ約5m・最大直径2.5mの大きさを誇る。

　田尻の海岸の南に位置する琴ヶ浜は，鳴り砂の浜として知られる。壇の浦の戦い(1185年)で敗れた平家の姫がこの地に流れ着き，助けられた礼に毎日琴を弾いていたが，姫が亡くなると，かわりに浜の砂が琴の音のように鳴くようになり，琴ヶ浜とよばれるようになったという。1996(平成8)年には「日本の音風景100選」に選ばれた。仁万駅の南，国道9号線沿いには，ひときわ目を引くガラス張りピ

大田とその周辺

ラミッド型の仁摩サンドミュージアム(砂博物館)があり,鳴り砂を用いてつくられた一年計砂時計が展示されている。

高野寺 ❺
弘法大師ゆかりの西の高野山

0855-66-0043

〈M▶P.148〉 大田市温泉津町井田ハ480 P
JR山陰本線温泉津駅🚌井田線高野寺入口🚶30分

　高野寺入口バス停から案内板に従って山道に入り約2km進むと,高野寺(真言宗)の本堂に着く。「西の高野山」といわれる古刹で,中国山地や日本海を望む絶景の地にある。また,ツツジの名所としても知られ,境内には300本近くのツツジが植えられている。

　寺伝では,814(弘仁5)年,弘法大師(空海)の開創といい,醍醐味山の地主神の加護を得てこの地に結縁し,聖観音像を刻んで本尊としたと伝えている。室町時代,周防守護大内氏の氏寺氷上山興隆寺(現,山口県山口市)の末寺となり,邇摩郡における信仰の中心,さらには石見国内における信仰の拠点として位置づけられ,勢力を拡大した。当寺の銅鐘(県文化)は,各所に朝鮮鐘の文様形態を取り入れた梵鐘として知られている。総高97.6cm・口径56.8cmで,鐘身の上帯と下帯に流麗な唐草文を施し,乳の間にも唐草文を配している。無銘であるが,朝鮮式と日本式の混交の梵鐘として工芸史上注目すべき作品である。事前に連絡すれば,拝観は可能である。

高野寺本堂

石見銀山遺跡

2

石見銀山遺跡は，県のほぼ中央の広範囲に分布しており，16世紀以来，約400年間採掘されてきた世界有数の銀山である。

石見銀山遺跡(国史跡)は，大田市大森町を中心とし，温泉津町・仁摩町を含めた広い範囲に分布している。ここでは，江戸時代に代官所がおかれ，政治・経済の中心となった地域を「大森地区」，16世紀から本格的に開発された銀鉱山を中心とした地域を「銀山地区」，石見銀山から日本海につながる街道と，その周辺の山城を「石見銀山街道」，そして積み出しに利用された港湾と，これに隣接して発達した港町・港湾集落を「鞆ヶ浦」「温泉津」として紹介する。

大森地区 ❻

0854-89-0846(石見銀山資料館)

〈M▶P.148, 160〉 大田市大森町 **P**
JR山陰本線大田市駅🚌大森・大家行大森代官所跡🚶すぐ

往時を偲ぶ近世の町並み

城上神社北側の桜橋から蔵泉寺口番所跡までを大森地区という。この地区は近世以降の町で，2代銀山奉行竹村丹後守道清が代官所を山吹城のあった要害山の麓から現在地に移転し，銀山地区と区分して政治・経済の町にしようとしたことから始まる。その結果，代官所に関連する建物をのぞいては明確な町割がなされなかったため，この地区は武家住宅と町家が混在したのが大きな特徴である。1800(寛政12)年，栄泉寺付近から出火した大火で多くの建物は焼失し，その後，代官所は茅葺き屋根を認めず，瓦葺きまたは板葺きとし，ほぼ今日の大森の姿となった。

大森代官所跡(国史跡)は大森代官所跡バス停のすぐ西側にある。銀山川の向かいにみえるどっしりとした白壁が，この地区の象徴ともいうべき，1815(文化12)年建造の代官所表門と門長屋である。格式を漂わせる太い門柱があり，門

大森代官所跡

城上神社拝殿

長屋の漆喰壁と格子の対比も美しい。門長屋には門番詰所や仮牢などが今も残っている。代官所跡の向かいには、木造平屋建て切妻造の中間長屋がある。金蔵番や御門番などをつとめる中間が住んだ長屋である。代官所表門をくぐると石見銀山資料館である。この資料館は、1902(明治35)年に建造された旧邇摩郡役所を利用しており、鉱山資料・奉行代官資料・町方資料を収集・展示し、鉱石展示室もある。

　代官所跡の北側には城上神社(祭神大物主命 ほか)がある。社伝によれば、1434(永享6)年に大内氏によって邇摩郡馬路村高山(現、仁摩町馬路)から大森の愛宕山に遷座され、さらに1577(天正5)年に毛利氏によって現在地に遷座、造営されたという。拝殿(県文化)は重層式で、入母屋造・瓦葺きの屋根は江戸の亀戸天満宮様式の建物である。拝殿の鏡天井では、極彩色の竜がこちらを睨んでいる。1818(文化15)年に三瓶山麓の絵師梶谷円麟斉守休が描いたもので、絵の真下に立って手を叩くと音が天井と床に反射して、鈴の音のようにリーンリーンと鳴ることから「鳴き竜」とよばれている。

　代官所跡に戻り、そこから南側の仁摩町に向かう道筋のすぐ左手に、代官所地役人遺宅岡家(県史跡)がある。地役人とは世襲する土着の役人のことであるが、この屋敷は享保年間(1716～36)頃、14石2人扶持を拝領した銀蔵掛りの地役人沢井氏のもので、幕末まで続いた。間取りは四間

城上神社拝殿の「鳴き竜」(梶谷円麟斉守休筆)

石見銀山

コラム

人と自然が共生する世界遺産

　石見銀山は、大田市大森町一帯にあった日本最大の銀鉱山の名称である。17世紀初頭の最盛期には、日本は世界産銀量の3分の1を占めたが、石見銀山だけでも全世界の銀の1割を産出したと考えられている。海外にも数多く輸出され、石見銀山が佐摩村にあったことから「ソーマ（Soma）銀」とよばれた。このソーマ銀は中国・朝鮮などのアジア諸国とポルトガルやスペインなどのヨーロッパ諸国を交易で結ぶ役割をはたし、世界を駆けめぐった。

　石見銀山は1527（大永7）年に発見されたといわれるが、本格的な採鉱は戦国時代になってからである。筑前博多（現、福岡県福岡市）の廻船問屋神谷（屋）寿禎が、仁摩町宅野の沖合を航行中に南方の山が輝いているのをみつけ、1526（大永6）年、開発のために入山したのが仙ノ山であるといわれる。1533（天文2）年に「灰吹法」という朝鮮半島から伝わった製錬技術が導入されると、石見銀山の産銀量は飛躍的に増加した。灰吹法は、鉱石と鉛を一緒に溶解して銀と鉛の合金（貴鉛）をつくり、これを灰を充填した灰吹床の上で炭と送風で燃焼させる。すると、鉛が酸素と結びついて酸化鉛となって灰に吸収されるため、銀だけを取り出せるというものである。灰吹法は、やがて生野銀山・佐渡金山など、各地の鉱山に伝えられ、日本に金銀の大量生産時代をもたらした。

　灰吹法の導入から約30年間は、大内・小笠原・尼子・毛利各氏の間で銀山争奪戦が繰り広げられたが、最終的に毛利氏が支配することとなった。その後、1600（慶長5）年9月、関ヶ原の戦いで勝利した徳川家康が、2カ月後には早くも石見銀山の接収に乗り出し、幕府直轄領として支配したことからもその重要性がうかがわれる。

　慶長～寛永年間（1596～1644）に隆盛期を迎えたが、その後、銀の産出量は減少していった。1869（明治2）年、明治政府の管理となった後も、休山を挟みながらも鉱山は維持されていったが、1943（昭和18）年に閉鎖となった。

　1957（昭和32）年、史跡の保護・保存活動を目的として、大森町全戸が加入して大森町文化財保存会が結成された。その活動などの結果、1969年に石見銀山遺跡は国指定史跡となり、1987年には大森地区・銀山地区の町並みが国の重要伝統的建造物群保存地区に選定された。

　2007（平成19）年に、「石見銀山遺跡とその文化的景観」は、全盛期に日本銀の相当部分を産出してアジア諸国に輸出し、ヨーロッパとの交流をもたらしたこと、環境に配慮し、人と自然が共生しながら銀生産を実現させたことなどが評価され、世界遺産（文化遺産）に登録された。

石見銀山遺跡

大森地区の史跡

取り形式に納戸と台所がつく。玄関上には女中部屋も残っており、銀山付中級役人の生活を知るうえで貴重である。

さらに県道31号仁摩邑南線を西へ向かうと、右手に勝源寺（浄土宗）の山門である四脚楼門の迫力ある姿がみえる。勝源寺は1601（慶長6）年に銀山奉行竹村丹後守が大旦那となって創建したといわれ、本堂の秘仏木造阿弥陀如来立像（県文化）は13世紀の作と伝えられる。山門の内外には竹村丹後守のほか5人の代官の墓所（県史跡）があり、また裏山の東照宮には江戸幕府初代将軍徳川家康から11代家斉までの位牌が安置されていた（現在は本堂に安置）。そのほか、隠れキリシタン地蔵も展示されている。

代官所跡に戻り、大森の町並みを銀山川に沿って南に歩くと、2006（平成18）年に修復が完了した、銀山御料町年寄遺宅熊谷家住宅（国重文）の堂々たる家構えに出合う。表通りに面して立つ、入母屋造・瓦葺きで総漆喰を施した、34部屋もある2階建ての主屋の周囲に、5つの蔵が立ち並んでいる。いずれも江戸時代後期〜末期の建築である。熊谷家は代官所御用達商人の家柄であり、両替商や酒造業を営んでいたが、この遺宅から当時の権勢がうかがわれる。

さらに道を進むと左手にみえる切妻造・瓦葺き2階建てで漆喰を施した外壁をもつ建物が、御料郷宿田儀屋遺宅青山家（県史跡）である。この郷宿は銀山領150カ村と代官所を結ぶ機関で、代官所からの通達などを村々に伝える一方、訴訟などで大森にやってきた人の指定宿泊所でもあった。文化年間（1804〜18）の建築で、大森では珍しい妻入り形式、土間上の梁組の素材は太く、幕府直轄領の郷宿の格式をよく伝えている。

井戸平左衛門正明

コラム

領民に慕われた「芋代官」

　石見路を行くと，「井戸正明公」や「泰雲院殿」と刻まれた頌徳碑を各地の道端でみかける。大田市で100基近く，県西部全域（旧石見国）では400基以上を数え，県東部（旧出雲国），隠岐，さらには鳥取県西部の各地にもある。飢饉のさなか大森に赴任し，年貢を独断で減免し，サツマイモを普及させて農民を飢饉から救った16代代官井戸平左衛門正明の功績を頌える碑である。「芋代官」とよばれ，歴代代官のなかでももっとも石見地方の人びとに慕われている。

　井戸平左衛門正明は，1731（享保16）年，60歳の高齢で大森代官に登用され赴任してきた。登用の背景には，正明の実直な性格を知る大岡越前守忠相の推薦があったという。彼が赴任する以前から石見国は凶作に苦しんでいたが，1732年には長雨や冷夏の影響によって作物の生育が悪く，イナゴやウンカなどの害虫が発生して，西日本一帯で享保の大飢饉となった。このような状況のなかで，正明は江戸幕府の許可を待たずに代官所の米蔵を開いて人びとに与え，また，年貢の減免を断行した。さらに長期的な飢饉対策として，国禁を犯して薩摩（現，鹿児島県）から年貢の対象とされない甘藷（サツマイモ）の種芋を入手して村々に配り，栽培を奨励した。蘭学者の青木昆陽が『蕃藷考』で全国に広めるより3年前のことであった。甘藷はやがて土地のやせた石見でも，確保できる貴重な食料となった。

　正明は，備中笠岡（現，岡山県笠岡市）の陣屋において62歳で死去したが，石見の人びとは彼の遺徳を偲んで井戸神社を創建して祭神としてまつった。石見では，正明の命日である11月26日を中心とし，「芋供養」「芋法事」を行って芋代官に感謝と敬慕の情を捧げ続けた。

　なお，井戸神社には刀銘清則（県文化）が奉納されている。清則は備前国吉井（現，岡山県赤磐市）の生まれで，永享年間（1429～41）に出雲国広瀬（現，安来市広瀬町）に移り住んだ刀匠である。

　青山家から南へ進み，石見銀山大森郵便局や観世音寺につながる階段の横を通り過ぎて行くと，右手に旧大森区裁判所がある。1890（明治23）年に開設されたもので，現在は町並み交流センターとなっている。町並みと民家の展示やビデオをみることができ，法廷の一部も復元されている。

　旧裁判所のすぐ先の左手には地役人旧河島家があり，実際に畳にあがって当時の武家の暮らしを実感できる。さらに通りを進むと，

石見銀山遺跡

羅漢寺の石窟と反り橋

右手に代官所同心遺宅柳原家(県史跡)がある。質素な平屋建てながら、武家としての格式が間取りや玄関の造りに示されている。同心は銀山の口番所などに勤務し、銀の不法な持ち出しを防ぎ、通行税を徴収する仕事に携わっていたが、その扶持米は大方7石2人扶持程度で、決して高くはなかった。

柳原家から約50m進むと右手に代官所地役人遺宅三宅家があり、道路を挟んで斜め前には代官所地役人遺宅阿部家(ともに県史跡)がある。三宅家は幕末の建築で町筋に面した門塀・露地門を構え、阿部家は江戸時代後期の建築で玄関から上手に塀をめぐらしており、両家とも中級武家層の面目を保っている。

さらに進むと、左手に御料郷宿泉屋遺宅金森家(県史跡)がある。1800(寛政12)年の大火を免れた江戸時代中期の建築で、町筋に面した平入り表屋造、外壁は漆喰塗籠を施しており、大森商家としては熊谷家につぐ大規模な建物である。

通りをそのまま進むと銀山川を挟んで左に石見銀山公園がみえ、その南東側に羅漢寺(真言宗)がある。石造五百羅漢坐像群(国史跡、県文化)で有名な寺である。川を挟んで寺の正面に崖を掘ってつくられた石窟が3つあり、中央窟には石造釈迦三尊像が、左窟には251体、右窟には250体の石造羅漢像が安置されている。五百羅漢の彫像は寛保年間(1741～44)頃、大森代官所同心中場定政の発願によって始められ、邇摩郡福光村(現、温泉津町福光)の石工坪内平七とその一門が約20年の歳月をかけて完成させた。寄進者は当時の代官関忠太夫を始め、出雲・石見の農民、さらには田安宗武(江戸幕府8代将軍徳川吉宗の2男)の関係者や大奥の女中にまでおよぶ。石窟の左には、田安宗武の霊を慰めるために建立された石造宝篋印塔(国史跡)がある。高さは5.57mで、県内ではほかに例をみない雄大な塔である。前を流れる川に架かる反り橋3基(国史跡)は15枚

の石を組み合わせてつくられており，当時の石造技術の高さを示している。また，石窟の隣には名水「三百水(さんびゃくすい)」が今も湧き出ている。

なお，石見銀山公園の少し先，銀山橋が架かる所に蔵泉寺口番所跡の案内板がある。

銀山地区(ぎんざんちく) ❼
0854-89-0347(龍源寺間歩)

〈M▶P.148, 165〉大田市大森町　🅿(銀山公園)
JR山陰本線大田市駅🚌大森・大家行大森🚶40分(龍源寺間歩まで)

銀山川沿いの自然と歴史的景観

銀山地区は大森地区と比較すると，町並み保存地区としては建物の新旧両極化が進んでおり，連続性にもやや欠ける。しかし，中世から近世に至る各種の史跡や近代の精錬所跡などがあり，この保存地区は各種の文化財をつなぐ重要な役割をもっている。

蔵泉寺口番所跡から奥が銀山地区である。銀山は柵で囲まれ出入口には10カ所の口番所がおかれていたが，そのうち蔵泉寺口番所は銀山の表玄関として人や物の出入りを監視していた所である。

蔵泉寺口番所跡から約500m進むと，左手に江戸時代初期の銀精錬遺跡である下河原吹屋跡(しもがわらふきや)がみえる。その向かいに西本寺(さいほんじ)(浄土真宗)があり，参道にある門は，山吹城の大手門と伝えられている。その隣にひっそりとたたずむものが豊栄神社(とよさか)である。幕末，大村益次郎(おおむらますじろう)総督下の長州軍第三大隊は大森に進駐し，石見銀山を巡視した。その際に長州藩祖毛利元就(もとなり)をまつる寺をみつけて驚き，荒廃ぶりを嘆いてこれを豊栄神社と改め，本殿・門を整えた。現在も彼らが寄進した石灯籠などが残る。

豊栄神社から約700m進むと，右手に山吹城跡(国史跡)への登山口がある。大森の町は山に挟まれ南北の細長い谷間に延びており，東には銀を産出した仙ノ山(せんのやま)(537m)，西には山吹城が築かれた要害山(ようがいさん)(412m)を主峰とする山々が聳(そび)える。山吹城は，戦国時代，「山吹城を制するものは銀山

山吹城の大手門

石見銀山遺跡

豊栄神社

を制する」といわれたほど争奪の的になった山城である。周防(現，山口県)の大内氏，出雲の尼子氏，石見の小笠原氏，安芸(現，広島県)の毛利氏らがこの城をめぐって30余年の攻防を繰り返し，最終的に毛利元就の領有するところとなった。登山口から約30分のぼって行くと，東に仙ノ山山頂付近の石銀地区を一望できる山吹城の主郭に着く。主郭の南には３段，北には４段の郭が階段状に配置されている。主郭南端斜面には，扇状に設けられた連続竪堀19本が確認されている。主郭北側の郭には石垣を積んだ虎口を設けているが，この郭のみに石垣が存在するのはここに「みせる」ための櫓台などの建物を築いたためと考えられる。戦国時代の山城でありながら，「みせる」ことを意識した築城法に山吹城の特異性がある。

再び龍源寺間歩を目指し約700m進むと，仙ノ山とは逆方向に坑口が開いている珍しい間歩である福神山間歩(国史跡)がみえる。さらに進むと右手に御料銀山町年寄山組頭遺宅高橋家(県史跡)がある。山組頭は山師のなかから２～３人任命された鉱山の取締役で，坑夫の人事や物資の購入をおもな仕事としていた。屋敷は北側に茶室を設け，街道に面した部分には格子戸を嵌め込んでいる。江戸時代の山組頭の住宅遺構としては，銀山唯一のものである。

高橋家から約200m進むと，一般公開されている坑道である龍源寺間歩(国史跡)に着く。この間歩は江戸時代中期に開発された代官所直営の御直山の１つで，石見銀山では大久保間歩に

福神山間歩

銀山地区の史跡

つぐ大坑道である。坑道の総延長は約600mで，うち160mほどが公開されている。当時，間歩の入口には四ツ留番所があり，役人詰所や鏈（銀鉱石）置き場が設けられ，坑道内は厳重に監視されていた。中に入ると，坑内の壁や天井には当時の坑夫のノミの痕も残っており，銀鉱石を探すための狭い横穴や，垂直に100mほど掘られた竪坑をみると，坑夫の労苦が生々しく伝わってくる。やがて江戸時代の坑道は行き止まりとなり，左折して，1989（平成元）年に新しく開削された栃畑谷新坑道を出口に向かう。出口付近の右壁に紙本墨画石見銀山絵巻2巻（県文化，個人蔵）のうち上巻をあらわした電照板が展示してあり，当時の坑夫たちの様子がよくわかる。

　龍源寺間歩を抜けると栃畑谷へ出る。銀山川沿いに歩いて大森地区へ戻る途中，銀山の守り神として崇敬を集めた佐毘売山神社（国史跡）が右手にみえる。祭神は精錬の神金山彦命で，1434（永享6）年に大内氏が創建したと伝える。社殿は本殿・幣殿・拝殿の3殿からなり，1819（文政2）年造営の拝殿は重層式入母屋造妻入りである。神社の西方には江戸時代中期開坑の新横相間歩（国史跡）がある。

　再びもとの道に戻り大森地区に向かって約500m進むと，右手に

石見銀山遺跡　　165

案内板がみえ、川向こうに新切間歩(国史跡)がある。御直山の1つで、1713(正徳3)年、当初は水抜き坑として掘られた。

そのまま橋を渡り、川を左にみながら進んで行くと清水寺(真言宗)がある。俗に「銀山百ヵ寺」といわれるように、最盛期には銀山七谷に多くの寺院が建立された。そのなかでも清水寺は銀山開発に携わった人びとの信仰を集めた寺院で、多くの寺宝が今に伝えられている。その白眉は辻が花染丁字文道服(国重文、京都国立博物館寄託)であろう。辻が花染は安土・桃山時代頃に流行した絵模様染め、丁字文とは丁字(クローブ)の長楕円形の核果をかたどった文、道服とは道中着のことで、これは胴服と同義で上級武士の羽織着である。この道服は徳川家康着用のもので、京都伏見城で家康が安原伝兵衛に手ずから与えたものという。

安原伝兵衛は備中早島(現、岡山県都窪郡)の生まれで、天正年間(1573～92)に銀山にやってきた山師である。「金の釜」があらわれる霊夢をみた伝兵衛が、初代銀山奉行大久保長安とともに開発した間歩が本谷の釜屋間歩である。この間歩だけで年間3600貫(14t)もの運上銀を産出した。大久保長安に伴われ伏見城で家康へ御目見得を許された伝兵衛は、1間四方の盤上に山と積み上げた銀を献上した。喜んだ家康は道服と陣扇を与え、「備中」の称号を許したといわれる。

このほかの寺宝を挙げると、まず毛利家家臣銀山付役人の熱田氏が寄進したといわれる絵馬2面(県文化)がある。狩野重信筆で、落款とともに「天正二十(1592)年」と記されている。描かれた馬が毎夜抜け出るので繋ぎ杭を描き加えたところ、以後、抜け出さなくなったという伝説をもつ。また、室町時代の作とされる絹本著色仏涅槃図、鎌倉時代と南北朝時代の作とされる絹本著色不動明王像2幅、「元和二(1616)季」銘の備前焼花瓶1対、「永禄六(1563)年」銘の鰐口、平安時代初期の紙本墨書経巻(いずれも県文化)などもある。これらの拝観には事前連絡を要する。

清水寺から約200m進み右折すると清水谷精錬所跡がある。1894(明治27)年から建設され、翌年に完成したが、1896年10月、わずか1年半余りで閉鎖された収銀湿式精錬所の遺跡である。上屋は取り

清水谷精錬所跡

払われて，整然と築かれた9段の石垣だけが残る。

再び川沿いに進むと龍昌寺跡の案内板がみえる。龍昌寺は応永年間(1394〜1428)に創建された曹洞宗寺院で，近世には銀山大盛祈願道場となったが，現在は廃寺となっている。旧境内には4人の代官墓所(県史跡)がある。寺跡から川を左にみながら遊歩道を400mほど行くと，石見銀山の最盛期をもたらした初代銀山奉行大久保長安の墓(国史跡)が杉木立の中にひっそりとたたずんでいる。長安は，死の直後，不正蓄財を疑われて財産を没収され，遺子7人は死罪となった。現在の墓は，銀の産出量が減った江戸時代後期に，大森の人びとが長安の遺徳を偲ぶとともに銀山再興を願って建てたものである。

石見銀山公園から龍源寺間歩へ向かう途中，遊歩道入口手前左手の未舗装の林道をのぼると石銀集落跡に至る。銀山の開発初期は，地表に露出した鉱脈を掘る露頭掘りが行われていたが，その中心がこの集落跡である。仙ノ山山頂に近い平地に位置しており，戦国時代から江戸時代初期にかけての露頭掘り・精錬跡が残るとともに，井戸・水路や大量の陶磁器が発見されており，多くの人びとが生活していた鉱山都市としての姿もうかがうことができる。坑道掘りの技術が進んでくると，人びとは山地から平地へと住居を移したが，かつてはこの地域こそが日本のシルバーラッシュの中心となっていた。本間歩，釜屋間歩，大久保間歩，安原備中墓，伝安原備中霊所(いずれも国史跡)は仙ノ山の東側中腹にある。仙ノ山の頂上から中腹にかけては，現在発掘調査中の箇所もあるが，遺構などは常時見学でき，最大の坑道大久保間歩は一般公開されている(要予約)。なお，2007年，県道31号線の石見銀山トンネルの南700mほどの所にあるふれあいの森公園内に，石見銀山世界遺産センターがオープンし，観光の拠点となっている。

石見銀山街道（温泉津沖泊道） ❽

〈M▶P.148〉大田市温泉津町・大森町
JR山陰本線温泉津駅🚶20分（温泉津温泉）

　温泉津の温泉街を離れて松山集落を東へ進んで行くと，松山の道標に出る。ここが旧温泉津村と旧湯里村との境である。道標の正面には，「右　銀山大森五…　いづも大や…」と刻まれている。これより石見銀山街道は，大森を目指し山中を進むことになる。

　松山の道標から東へ進んで行くと，道は急な石段にさしかかる。近世の銀山街道の風情がもっともよく残っている銀山（松山）古道である。全長約30m・幅約１ｍの石段の道は，もとは左側３分の１が石段，右側３分の２が滑らかな坂道となっていた。階段部分は人の通る道で，滑らかな坂道は物資を積んだ駄馬の道，あるいは荷物を引きずり上げるための道ともいわれた。

　石段をのぼりきると，上毛集落に入る。周囲約300mの横内池から清水集落に入り，龍光寺の下を通ると「金柄杓の水（泉）」に着く。その昔，水のおいしさに感心した大森代官が，礼として当時高価だった金属製の柄杓を奉納したため，この名がつけられたという。

　金柄杓の水を過ぎると，街道は再び山道となり道床山の中腹を通る。県道201号湯里停車場祖式線に合流し，そのまま進むと西田集落に至る。降露坂に向かい約400mの町並みが形成された宿場町であった。銀山・温泉津の中間に位置し，近世の西田には茶店・居酒屋・旅籠・駅家，そのほかの商家が軒を連ねていた。西田の風物としては，「よずくはで」がある。稲束を干すために棒を三角錐形に組んだ稲架（はで）のことで，その形が梟（よずく）に似ていることから，このようによば

銀山古道

毛利氏支配時代の銀山街道

石見銀山街道

コラム

石見銀山遺跡の大動脈

　14世紀初頭に発見されたといわれる石見銀山は，1526(大永6)年から仙ノ山の本格的開発が始まったが，1533(天文2)年に灰吹法が導入されるまでは，現在の仁摩町馬路(大田市)の鞆ヶ浦より銀鉱石のまま筑前博多(現，福岡県福岡市)へ送り，精錬していた。鞆ヶ浦までの運送路(鞆ヶ浦道，国史跡)は，仙ノ山から清水谷をくだり，要害山(山吹城山)東側から柑子谷に沿って西進したものと考えられる。

　1562(永禄5)年，毛利元就は石見銀山を支配下におくと，銀山と温泉津を一体不可分の直轄地として掌握した。温泉津湊は銀の積出港となり，同時に銀山経営を支える物資輸入港となったため，温泉津・沖泊から松山，清水，西田，降露坂，坂根口を経て銀山に至る温泉津沖泊道(国史跡)が開拓された。

　1600(慶長5)年の関ヶ原の戦い後，ただちに徳川家康は石見銀山を直轄領化し，翌年初代銀山奉行として大久保長安を派遣した。長安は大内氏以来の西国商人の影響力を排除し，江戸幕府が輸送権・流通を直接掌握するために輸送路を陸路に切り替えていった。大森から荻原(大田市水上町)，粕淵・九日市・酒谷(邑智郡美郷町)を経て赤名(飯石郡飯南町)へ通じる道で，さらに南下すると尾道(広島県尾道市)に至る尾道である。慶長末年頃から銀山街道として使われ，温泉津沖泊道は，もっぱら銀山への物資輸送の道へと機能が転換した。しかし，大量の生活物資が運ばれるため，その重要性はかわらなかった。

れている。現在でも，西田の秋を飾る風物詩となっている。また，「西田葛」は，幕末から1950年代まで西田の特産品として知られ，当地の繁盛のもととなった。

　西田を過ぎ，最大の難所降露坂へと歩を進める。道をのぼって行くと，「左　中国自然歩道　右　五老橋」の分岐標識がある。左が降露坂への道で，右が矢滝城跡への道である。右へしばらく進むと登山口があり，矢滝城跡(国史跡)にのぼることができる。矢滝城は1528(享禄元)年，大内義隆によって，銀山守備のために築城されたと伝えられる。標高634mの山頂に築かれ，南北2つの郭群から構成されており，南側の郭には竪堀の跡が認められる。峠を挟むように北に聳え立つのが矢筈城跡(国史跡)である。標高480mの山頂に，郭・堀切・竪堀などの跡が認められる。矢滝城とともに，銀山

石見銀山遺跡　　169

を防衛するうえで重要な城であった。

　先ほどの分岐点から降露坂へは約1.5kmで，最初の約1kmほどはゆるやかな山道であるが，それ以降はしだいに傾斜を増していく。急坂をのぼりきると標高490mの降露坂頂上に着く。狭い平坦地には，1940年代までは茶店があり，旅人がほっと息をつく休憩地となっていた。

　頂上からくだること約40分で平地に出る。この付近に江戸時代末期まで坂根口番所（さかねぐち）がおかれていた。蔵泉寺口番所とともに重要視されていた口番所で，同心が常駐し，銀山出入りの旅人や御蔵入物（おくらいりもの）の検査を行っていた。そのまま行くと龍源寺間歩に至り，大森代官所跡へと続く。

　温泉津・沖泊―銀山間の石見銀山街道は，温泉津沖泊道とよばれる。大森に代官所がおかれてからは，大森が石東地方の政治・経済・文化の中心となり，この街道は主要な幹線道路に位置づけられた。現在，アスファルトに舗装された部分も多いが，往時を偲ばせてくれる街道である。

鞆ヶ浦（ともがうら）❾

〈M▶P.148〉大田市仁摩町（にまちょう）馬路（まじ）
JR山陰本線馬路駅🚶10分

　馬路駅から海岸線を西に進み，トンネルを抜けると友（とも）漁港に着く。この辺り一帯が大内氏時代の積出港であった鞆ヶ浦（国史跡）である。今でこそ閑散とした漁港であるが，左右の岩場に船を係留した「鼻ぐり岩」がみられ，繁栄していた当時の様子が偲ばれる。天然の良港であった鞆ヶ浦の入江の突端部に，防波堤の役割をはたす鵜島（うのしま）がある。全島に老松が茂る景勝地で，その頂上部には，石見銀山の開発者神谷（かみや）（屋）寿禎（じゅてい）が奉納したといわれる弁財天（べんざいてん）をまつる厳島（いつくしま）神社が鎮座している。

鼻ぐり岩

大内氏時代の積出港

温泉津温泉

コラム 憩

懐かしさを感じさせる温泉街

　1918（大正7）年の山陰本線仁万・浅利間の開通により、温泉津の海運業は衰退したが、温泉町として多くの湯治客を迎え入れている姿は今も昔もかわらない。温泉津温泉は、7世紀頃、タヌキが温泉で傷を癒したのを旅の僧と里人がみて発見したと伝えられている。温泉としての本格的な開発は毛利氏の支配以降で、江戸時代に北前船の入湊が多くなると、温泉のある湊として広く知られるようになった。この地を訪れた文人大名の細川幽斎（藤孝）や全国を測量中の伊能忠敬、浜田藩主や津和野藩主なども入湯して、旅の疲れを癒したことであろう。

　温泉津の町並みは、道と切り立った山際の間に屋敷地が配されているが、現在の町割は「元禄五（1692）申年　町屋敷絵図」に描かれた町割と大きな変化はみられず、近世に成立した地割・屋敷割をよく残している。また、江戸時代末期から昭和時代初期に建てられた町家を中心として、廻船問屋の屋敷や温泉旅館、寺社などの多様な伝統的建造物が今も立ち並んでおり、2004（平成16）年、国の重要伝統的建造物群保存地区に選定された。独特の赤い石州瓦の木造家屋が連なる、落ち着いた景観である。温泉街を歩いていると、古きよき時代の匂いがし、いいようもない懐かしさを感じさせてくれる。

温泉津温泉

　仁万平野南端の竜巌山頂上部には、石見城跡（国史跡）がある。当城は、この地域の領主温泉氏によって海岸部との境界を押さえる目的で築造された山城であったが、戦国時代に大内氏により陣城として整備されたと考えられる。山頂部には土塁や堀切が認められ、丁寧な普請がなされたことがわかる。

歴史と温泉の港町

温泉津 ⑩　〈M▶P.148〉大田市温泉津町温泉津　[P]（ゆうゆう館）
JR山陰本線温泉津駅 🚶20分（温泉津温泉入口「ゆうゆう館」）

　1533（天文2）年に灰吹法が導入され、大量に銀が生産されるようになると、多くの船が出入できる温泉津湊が重要視されるようになった。毛利元就は早くから温泉津を重視しており、1562（永禄5）年に石見を制圧した後、すぐに温泉津奉行を任命して直轄支配を図り、

石見銀山遺跡

船や町場の管理などを命じた。温泉津湊のなかで、最初に毛利氏が重視したのは沖泊(国史跡)である。1570(元亀元)年、沖泊に面する断崖上に毛利水軍の基地として鵜丸城を築き、防備をかためた。現在も城跡東側の郭には、銃陣をしくために設けられた帯郭が3段の雛壇状に残っている。沖泊湾を挟んで対峙する櫛山城跡にも郭の跡が認められ、毛利氏により整備されたと考えられる。沖泊に面する海岸には船を係留した多数の「鼻ぐり岩」があり、銀の積出港として繁栄した在りし日の姿を思いおこさせてくれる。

　港の奥には恵比須神社(祭神恵比須神・事代主命)がある。沖泊集落の氏神で、社伝によると、1526(大永6)年、筑前国(現、福岡県)の住人の神託によって、創建されたという。毎年4月3日には、恵比須祭りが沖泊集落総出で行われる。本殿(県文化)の建造時期は16世紀前期～中期と推定され、室町時代までたどれる建築としても貴重である。また、本殿と接する拝殿(県文化)は、梁などに施された彫刻様式から、19世紀中頃の建築とされている。

　温泉津湊の発展は、関ヶ原の戦い(1600年)後、石見銀山が江戸幕府の直轄領となってからである。中心も沖泊から温泉津湊に移り、初代銀山奉行として大久保長安が着任すると、温泉津の地銭を免じ、銀山の外港として発展を促した。1672(寛文12)年には河村瑞賢によって北前船西廻り航路の寄港地に指定され、さらには近畿の「上方船」、石見の「地船」もつぎつぎと入湊し、温泉津は日本海有数の港町として一層発展した。

恵比須神社本殿・拝殿

　温泉津は温泉津焼でも知られており、江戸時代中期から瓦、続いて丸物(粗陶器)が生産され、とくに「はんど(水がめ)」は、北前船の温泉津入湊にともない、販路は北陸・東北におよんだ。

Sekiō 石央

江の川

浜田城跡

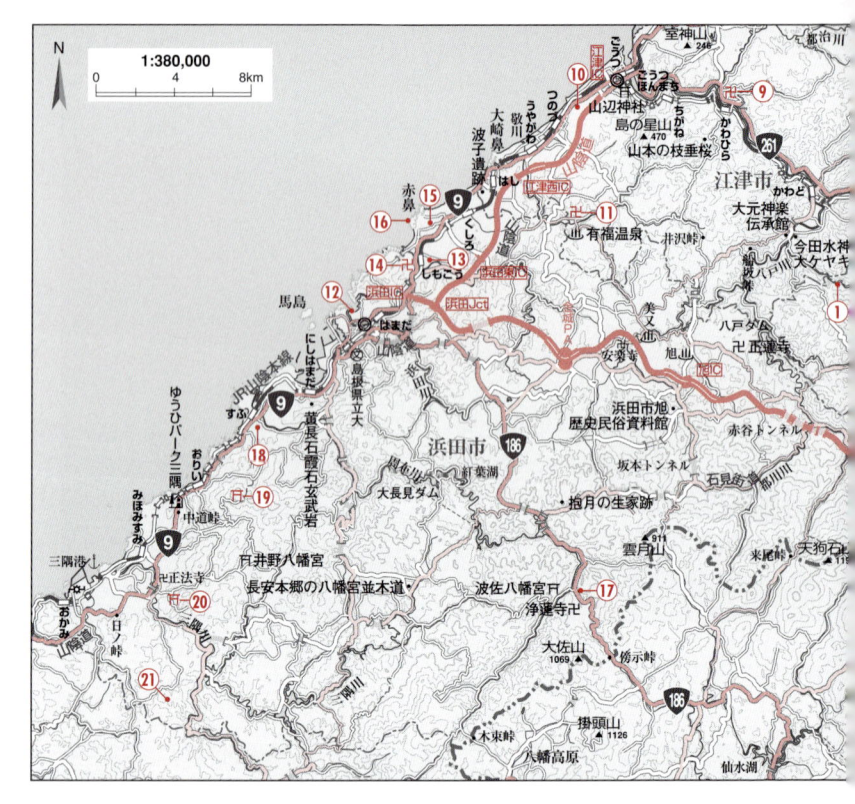

◎石央散歩モデルコース

江の川とその周辺コース　　JR江津駅 35 千丈渓 30 甘南備寺 5 木谷石塔 20 断魚渓 20 諏訪神社 20 瑞穂ハンザケ自然館・順庵原１号墳 15 志都の岩屋 80 JR江津駅

浜田市内散歩コース　　JR浜田駅 10 殿町 15 心覚院 2 会津屋八右衛門頌徳碑 20 浜田城跡 25 浜田高等学校第二体育館 5 JR浜田駅

浜田山村散歩コース　　JR浜田駅 25 周布古墳 35 大麻山神社 10 室谷の棚田 30 竜雲寺 10 浜田市三隅歴史民俗資料館・三隅神社 45 JR浜田駅

浜田海岸散歩コース　　JR浜田駅 25 国分寺停留所 10 石見国分尼寺跡 5 金蔵寺(石見国分寺跡) 20 石見畳ヶ浦 25 多陀寺 15 伊甘神社(石見国府跡) 5 下府廃寺塔跡 10 JR周布駅 5 JR浜田駅

①千丈渓
②甘南備寺
③木谷石塔
④断魚渓
⑤諏訪神社
⑥順庵原１号墳
⑦志都の岩屋
⑧賀茂神社
⑨清泰寺
⑩小川庭園
⑪福泉寺
⑫浜田城跡
⑬下府廃寺塔跡
⑭多陀寺
⑮石見国分寺跡
⑯石見畳ヶ浦
⑰浜田市金城歴史民俗資料館
⑱周布古墳
⑲大麻山神社
⑳三隅神社
㉑三隅大平ザクラ

大河江の川とその周辺

① 江の川は中国山地を貫流し日本海に注ぐ中国地方最大の大河で、古くから山陰と山陽を結ぶ交通の要路であった。

巨大な自然の彫刻

千丈渓 ❶
〈M▶P.174〉江津市桜江町江尾・邑智郡邑南町日和 [P]
JR三江線川戸駅🚌20分

今田水神の大ケヤキ

　江津市中心部から国道261号線を江の川沿いに進んで行くと、桜江町に入る。江津市役所桜江支所がおかれている川戸地区は、中世には大覚寺門跡領桜井荘に属しており、荘名の頭文字の「桜」と江の川の「江」を組み合わせて町名としている。国道を右折し桜江大橋を渡って県道41号桜江金城線に入り、川戸地区を抜けてさらに約3km進むと、八戸川の対岸に大木がみえる。これが今田水神の大ケヤキ（県天然）である。主幹は樹高21.3m・胸高幹囲8.6m・根張り26.6mにおよび、途中から枝分かれして6つの幹が生じている。樹齢は400〜500年といわれ、県内でも比類のないケヤキの巨木である。主幹の根元には水神がまつられ、1679（延宝7）年以来、今田地区における水田灌漑用水の取入口となっている。

　さらに大ケヤキから数百m進み左折し、八戸川の支流日和川を約1km遡った所に千丈渓の入口がある。ここから上流に向かって、約5kmにわたり曲折する長大な峡谷が千丈渓（国名勝）である。日和川の激流が石英粗面岩を浸食してつくりあげた自然の彫刻で、滝と淵の連続によってできている。三三滝、魚切、白藤滝など24景が名づけられている。

甘南備寺 ❷
0855-93-0358
〈M▶P.175〉江津市桜江町坂本3842-1 [P]
JR三江線石見川越駅🚶20分

　桜江大橋から国道261号線を江の川沿いに東へ8kmほど進むと、

176　石央

櫨匂威鎧残闕（甘南備寺）

左に案内板があり，左折してくだると甘南備寺（真言宗）に至る。もとは裏手にある甘南備寺山（522m）の山頂から中腹にかけて，七堂伽藍を備えていたと伝えるが，戦国時代に焼失した。その後，山頂に再建されたが，1872（明治5）年の浜田地震後，現在地に移築された。階段をのぼり山門をくぐると，右の土蔵が宝物館で，ここには小笠原氏寄進状や工芸品とともに，櫨匂威鎧残闕（国重文）が展示されている。鎌倉時代初期の武将佐々木高綱所用と伝えられるこの鎧は，保元・平治年間（1156～60）以前の平安時代末期の作である。「はじ」は植物のハゼノキの古語，「匂」はぼかすことで，黄櫨色（赤みがかった鈍い黄色）にぼかすようにつくられている。胴と草摺の前後，栴檀の板，袖・鞆の小札の一部が残っているだけであるが，完全ならば8貫目（約30kg）もある豪壮雄偉な大鎧である。当寺の縁起によれば，1589（天正17）年，この地域を領有していた小笠原氏が，戦勝祈願のために先祖伝来の大鎧を他の宝物とともに寄進・奉納したものとされている。

中世の大鎧が残存

木谷石塔 ❸

〈M▶P.175〉邑智郡川本町川下
JR三江線因原駅 🚶15分

甘南備寺から江の川沿いに国道261号線をさらに東へ6kmほど進むと，川本町の因原に至る。国道は交差点から川下橋へ向かい右に大きく曲がるが，川本町の中心部へはまっすぐに進む。直進してすぐに左手の住宅地に入って行くと，川本西小学校に至る石段の脇に木谷石塔（県文化）がある。もとは花崗岩を加工してつくられた九重塔だったが，現在は一重を欠くとともに相輪も失い，高さは2.7mである。1981（昭和56）年の調査により，石塔内の収納孔から藁で束ねた文書2束，河原石に梵字などが墨書された経石多数，寛永通宝4枚が発見された。その文書の1つ庄屋文書によると，石塔の建立は1358（延文3）年で，1858（安政5）年に修復されている。また，1777（安永6）年の文書があり，多数発見された経石のなかから

南北朝時代に建立の石塔

木谷石塔

「安永七年」の文字もみられた。これらのことから、江戸時代に何回か供養や修復が行われたことが推定されるが、誰が何のために建立したかはわかっていない。ただ、建立年とされる1358年頃には、小笠原氏がこの地域を支配しており、何らかの関連性も考えられる。

小笠原氏は室町時代に温湯城(ぬくゆ)を拠点にこの地域を領有し、戦国時代には尼子氏(あまご)に属して毛利氏(もうり)と戦った武将である。1559(永禄2)年、温湯城を開城して毛利氏に降伏し、江の川南側の所領と温湯城を没収された。一旦、甘南備寺山に退いたが、その後、江の川以北に所領を加増された。因原の交差点から県道32号温泉津川本線(ゆのつ)を北西に約5km進み、案内板に従い左折してのぼって行った所にある丸山城森林浴公園が、毛利氏に属して以後、小笠原氏が拠点とした丸山城の跡(まるやま)である。小笠原氏は、1591(天正19)年に出雲国神門郡(いずも)(かんど)(現、出雲市)に移封(いほう)となり、丸山城も廃城になったと考えられる。現在、円山(480m)(まるやま)の山上には、石塁(せきるい)を四方に壁状にめぐらせた、礎石建て建物の遺構がみられる。

断魚渓(だんぎょけい) ❹

〈M▶P.175, 180〉 邑智郡邑南町井原(いばら) P
JR三江線因原駅🚌広島方面行バイパス断魚渓🚶5分

岩と清流が織りなす景観美

川本町因原から国道261号線を南へ2kmほど進むと、邑南町井原に入る。しばらく進むと断魚トンネルがみえ、その手前を右折して旧国道に入り、のぼって行くと、断魚渓(国名勝)に至る。江の川の支流濁川(にごり)が流紋岩(りゅうもんがん)を

断魚渓

大元神楽

コラム 芸

神懸かりの古儀を伝承

　大元神楽は、旧邑智郡一帯に伝わるもので、各集落の神としてまつられている大元様を勧請し、式年祭(集落により4～13年に1度)に行われるものである。「神懸かりと託宣」の古儀が伝承されている六調子の神楽で、1979(昭和54)年、国の重要無形民俗文化財に指定された。

　歴史的背景は定かでないが、江戸時代にはすでに現在の形で行われていたという。明治時代になると、政府から神職演舞禁止令と神懸かりなどの禁止令が出されたが、山間地域の幾つかの集落では密かにこの神事を続けていた。現在、もっともよく古儀を伝承している集落が江津市桜江町の市山地区である。

　大元神楽の中心になるのは、藁でつくったヘビの形をした「託綱」である。この年の新藁でつくった長いヘビが、大元様のシンボルである。開催時期はおおむね11月頃で、まず午後に、大元神をまつる神木から斎場となる神社に大元神を迎えて神前に安置し、夕刻から祭事が始まる。30以上の演目があるといわれるが、重要演目は夜半過ぎから始まる。夜明け前に行われる「六所舞」は託太夫を囲んで舞手がまわるが、このときに託太夫が神懸かりし、託宣を受けることになる。近年は、神懸かりになることは少ないが、託宣では来年の吉凶などをうかがう。夜が明ける頃に神楽は終了し、託綱を大元神のまつってある神木まで送り、神木に託綱を巻き一束幣を差し立てて鎮め、神事が終わる。

　市山にある大元神楽伝承館では、神懸かりのときの映像や、桜江の神楽面などが鑑賞できる。

大元神楽

浸食してできた渓谷で、延長約4km、上流と下流の比高は約120mである。滝や深淵が連なり、嫁ヶ淵・神楽淵など24の景勝地がある。文人の大町桂月や巌谷小波らの紀行文などによって広く紹介された。

　再び国道261号線を進み、最初の信号を右折すると中野に入る。2kmほど行くと、左手の井原と中野の境の丘陵に中山墳墓群、その先を右手に入った丘陵には仮屋遺跡がある。中山墳墓群は、弥生時代末期の無墳丘墓や4～6世紀の古墳を含む、100基以上からなる墳墓群である。仮屋遺跡は、1914(大正3)年、流水紋と袈裟襷

大河江の川とその周辺

断魚溪周辺の史跡

紋の銅鐸各1個(東京国立博物館所蔵)が出土した地である。かつては銅鐸分布圏の西限として注目されていた。

仮谷遺跡から県道297号皆井田江津線を南へ進み、左に邑智病院をみながら約500m行くと割田古墳(県史跡)がある。案内板はないが、右手へのぼって行った民家の横にある。墳丘は耕作により大半は失われたが、直径10m余の円墳と推定される。内部には横穴式石室がほぼ完全な形で残っており、その規模は全長約7m・幅約1.3mである。出土遺物は、須恵器の平瓶1点・坏2点と土師器の坏1点のみであった。石室の構造や出土品から、7世紀初め頃に築造されたものと考えられる。

諏訪神社 ❺　〈M▶P.175, 180〉邑智郡邑南町矢上74
0855-95-1430　JR三江線因原駅🚌広島方面行井原乗換え矢上行矢上本町🚶3分

杉並木の神社

割田古墳から県道297号線に戻り、南進して邑南町役場前で左に折れ、さらに矢上小学校を左にみながら左折すると、右手に諏訪神社(祭神建御名方命・八坂刀売命)の鳥居がみえる。835(承和2)年の勧請といい、例祭は信州(現、長野県)諏訪大社にならって御射山祭と称している。参道の両側には、高さ27〜28m・幹囲2.3〜4.6mの杉並木(県天然)が約50m続く。地元では「千年杉」の愛称で親しまれており、以前は21株あったが、2004(平成16)年の台風で

諏訪神社参道の杉並木

3株が倒れてしまい，現在は18株となっている。また，当社には「寛永十六(1639)年」銘の獅子頭(県文化)が所蔵されている。

矢上の鹿子原地区では，虫送り踊り(県民俗)が伝えられている。毎年7月20日の土用入りに行われるこの踊りでは，源平合戦における悲劇の武将として知られる斎藤別当実盛の，藁でつくられた像が登場する。戦いのおり，稲株に足をとられて転び捕縛された実盛が，稲を呪って害虫になったという伝説があり，そのため，実盛を称えることで稲を害虫から守ろうという民俗行事である。稲の害虫を村境まで送る虫送り行事は全国各地でみられるが，踊りと結びついた形態のものは数少ない。

順庵原1号墳 ❻

〈M▶P.175, 182〉邑智郡邑南町上亀谷
JR三江線因原駅🚌広島方面行順庵原🚶5分

全国で初めて発見された四隅突出型墳丘墓

井原から国道261号線をさらに南に進むと，鱒渕に入る。そこから約4km進み，左折するとまもなく二ツ山城跡の案内板がみえる。二ツ山城は，標高510mの二ツ山山頂に築かれた山城である。平治の乱(1159年)で敗れ，この地に流されて土着した富永氏が，1223(貞応2)年に築いたとされている。富永氏は，石見に来住し出羽郷の地頭職を得てから出羽氏を称し，当城を拠点に邑智郡・邇摩郡・安濃郡などに勢力を広げた。南北朝時代に高橋氏に敗れて城を奪われたが，高橋氏が1530(享禄3)年に毛利氏に敗れると，再び出羽氏に返された。その後，毛利元就の6男元倶が出羽氏の養子として入城するが，雄大な規模となったのはこれ以降であろう。関ヶ原の戦い後，1604(慶長9)年に毛利氏が防長2カ国(現，山口県)に削封されて萩に移ると，出羽氏も毛利家家臣としてこれに従った。二ツ山城が廃城になったのは，この頃と伝えられている。

国道261号線に戻り，さらに約1km進むと，左手に瑞穂ハンザケ自然館がある。「ハンザケ」とはオオサンショウウオ(国特別天然)

大河江の川とその周辺

順庵原1号墳周辺の史跡

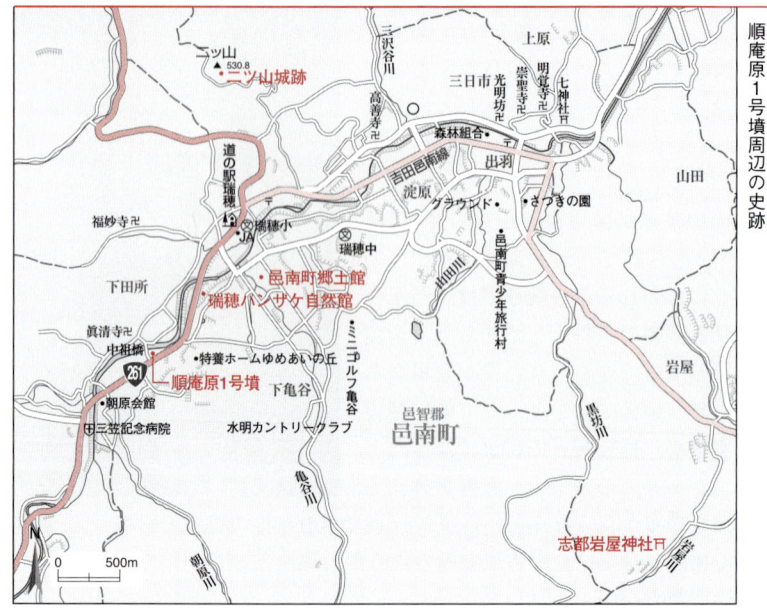

の地元での呼称で、その由来は、口が大きくて体が半分に裂けているようにみえることといわれる。この地域は古くから生息地として知られ、自然館の大型水槽でも飼育されている。また、近くには邑南町郷土館があり、考古資料やたたら関係の資料が保存・展示されている。町内では、現在約300カ所の製鉄関連遺跡の分布が確認されている。

自然館から国道をさらに南へ500mほど進むとゆるやかな丘に差しかかるが、その右手に順庵原1号墳（県史跡）がある。1968（昭和43）年に発見され、翌年の調査で長辺10.8m・短辺8.3m・高さ1mの長方形墳丘の四隅に、長さ2～3mの細長い突出部をつけた墳墓であることが確認

二ツ山城跡より井原方面を望む

された。これは全国で初めて発見された四隅突出型墳丘墓で，弥生時代後期(1～2世紀)につくられたものである。発見当時は特異な形の古い古墳と考えられ，「四隅突出型方墳」と名づけられたが，その後，出雲地方でも同様の墳墓があいついで発見され，注目されることになった。墳頂では箱式石棺2基と木棺1基が発見されており，その周辺から，土器片とともにガラス製の小玉・管玉が出土した。また，墳丘に接して棒状の石を円形に並べたストーンサークル(環状列石)状の遺構が3基発見された。

志都の岩屋 ❼ 〈M▶P.175, 182〉邑智郡邑南町岩屋 P
JR三江線石見川本駅🚌広島方面行田所乗換え志都神社口 🚶15分

万葉のロマン漂う岩屋

　順庵原1号墳から国道261号線を約3km北上し，県道6号吉田邑南線に入り東へ進む。出羽郵便局のある交差点で右折して南に約3km進むと，右手に志都の岩屋の案内標識がみえ，そこから約1km進むと志都岩屋神社に着く。志都の岩屋(県天然・名勝)とは，当社の社殿背後を中心に分布する巨岩・奇岩の連続する素晴らしい景観のことである。

　拝殿の左右に観察コースの入口があり，弥山(606m)山頂で合流する。珍しい巨岩を崇拝することから山岳信仰が始まり，やがて志都岩屋神社が創建されたと考えられる。『万葉集』巻3に「大汝　少彦名のいましけむ　志都の岩屋は　幾代経ぬらむ」と詠まれた「志都の岩屋」が，当地に比定されている。「大汝」は大国主神の別名であり，「少彦名」は大国主神と協力して国土経営にあたった神で，この2神のことは『古事記』『日本書紀』『出雲国風土記』にも伝えられている。

志都の岩屋の鏡岩

大河江の川とその周辺

賀茂神社 ❽　〈M ▶ P.175〉邑智郡邑南町阿須那1834
　　　　　　　　JR三江線口羽駅 🚶 60分

　二ツ山城跡から国道261号線に戻り北へ約4km，馬野原口から県道7号浜田作木線を東に進み高原を過ぎると，阿須那に入る。約2km進み，雪田橋を右折してさらに約2km進むと雪田長源寺の枝垂桜（県天然）がみえる。樹齢300年以上と推定され，胸高幹囲3m・樹高14mで，四方にみごとな枝を張った樹勢盛んな大木である。

　再び県道7号線に戻り，南へ約3km行くと，阿須那橋の右手前に賀茂神社がある。11世紀または12世紀の終わり頃，京都上賀茂神社より賀茂別雷神を勧請し，創建されたという。社宝には，1569（永禄12）年「大宅朝臣就光公」によって奉納された板絵著色神馬図（国重文，県立古代出雲歴史博物館寄託）がある。「大宅朝臣就光公」とは高橋就光のことで，高橋氏は阿須那を含む石見東南部と安芸高田郡北部地域（現，広島県安芸高田市）を領有していた有力国人である。高橋氏は1530（享禄3）年，毛利元就によって滅亡しているが，就光は「就」の字が示すように毛利氏の家臣となり，高橋氏の名跡を継いだ人物であろう。絵馬は「連銭栗毛馬」と「黒毛馬」を描いた2面で，ともに縦60cm・横71.5cmで黒漆塗りの縁がつく。高雄観楓図屏風（国宝，東京国立博物館蔵）を描いた狩野治部少輔（秀頼）の筆とされる。

　阿須那からさらに県道7号線を東に進み口羽地区に入ると，胸高幹囲1.7m・樹高13mの毘沙門堂の榊（県天然）がある。また，出羽川および出羽川支流長田川流域の一部が，口羽のゲンジボタルおよびその発生地として県の天然記念物に指定されている。

　口羽から国道375号線を江の川沿いに北上すると美郷町に入り，やがて浜原に着く。ここは町役場がおかれている隣の粕渕とともに，石見銀山街道における江の川舟運の中継地として栄えた所である。また，沢谷地区の酒谷は，大森・尾道間における重要な場所として口番所がおかれ，代官所から派遣された同心が常駐し，通行者の監視と役銀の徴収にあたっていた。

　浜原から粕渕に向かう丘陵上には，妙用寺（臨済宗）がある。妙用寺の桜（県天然）は樹高30m・胸高幹囲3.3m，樹齢約500年と伝え

県下最古の絵馬

斎藤茂吉と鴨山

コラム

人麻呂終焉の地を求めて

「鴨山の 磐根し枕ける 吾をかも 知らにと妹が 待ちつつあらむ」

『万葉集』巻2に収められた柿本人麻呂の辞世とされる歌である。「鴨山の岩根を枕に倒れている私なのに，妻は何も知らないで待っていることであろうか」という意であるが，その詞書に「柿本朝臣人麻呂の石見の国に在りて臨死らむとする時，自ら傷みて作れる歌」とある。これから，石見国の「鴨山」は人麻呂終焉の地と考えられ，その場所についてはさまざまな考察がなされてきた。

人麻呂終焉の地の探索に情熱をそそいだ歌人斎藤茂吉は，1930（昭和5）年より何度か石見を訪れ，一度は鴨山を邑智郡粕淵の津目山と結論づけた。しかし，のちに粕淵村役場の土地台帳に「湯抱村字鴨山」を発見し，現在の湯抱温泉の北西約1kmの鴨山を人麻呂終焉の地と断定した。

1953年，温泉にほど近い鴨山のみえる丘に，茂吉の歌碑「人麿がつひのいのちを終わりたる 鴨山をしも 此処と定めむ」を建てて，鴨山公園が整備された。1991（平成3）年には，国道375号線沿いに斎藤茂吉鴨山記念館が開館し，茂吉の遺墨や遺品を展示している。梅原猛『水底の歌』のように，現在，湯抱鴨山説には異論もあるが，茂吉の人麻呂に対する情熱，そして執念に対しては，誰もが敬服せざるをえない。

る。枝張り21mのみごとな巨木である。

② 江津とその周辺

中国地方第一の大河江の川と旧山陰道が交わる交通の要地。
赤瓦を生産する窯業の町。

清泰寺 ❾ 0855-57-0455	〈M▶P.174〉江津市松川町市村410 JR山陰本線・三江線江津駅🚌川戸行松川市村🚶5分

江の川を望む古刹

　JR三江線江津本町駅の北側，江の川左岸に開けた本町周辺には，『延喜式』式内社で川渡神事のホーランエーで知られる山辺神社（祭神布都御魂神など）を始めとする数多くの寺社や，1853（嘉永6）年建造の藤田家，明治時代前期建築の旧江津郵便局などが旧山陰道（県道112号三次江津線）沿いの狭い山腹に残っている。また，牛馬をつないだ「鼻ぐり石」，本町西側には旧山陰道の石畳が残る土床坂などがみられ，江戸時代の交通の繁栄を物語る。

　江津本町駅から国道9号線の新江川橋を経て国道261号線に入り，江の川上流に向かって車で約9km進むと松川町市村に着く。旧松平小学校から，山側に向かい5分ほど歩くと清泰寺（臨済宗）がある。

　清泰寺は，鎌倉時代末期に真言宗の寺として創建され，室町時代前期に臨済宗に改宗したといわれている。創建当時からの本尊とされる木造阿弥陀如来立像（県文化）は，蓮弁形挙身光を備え，蓮華九重座に立つ総高96.3cmの寄木造の仏像である。胎内墨書銘には，1270（文永7）年に仏師法眼院豪以下，院快・院静らによってつくられたとあ

旧江津郵便局

木造阿弥陀如来立像（清泰寺）

186　石央

る。院豪らは、定朝の後継者覚助の弟子院助から始まる院派に属した仏師と考えられ、この仏像の繊細で写実的な美しさは、院派の特徴をよく示している。院派の仏師についてはきわめて記録が少ないため、胎内に残る銘文も貴重な資料である。

市村から500mほど上流に向かい、松川橋を渡ると江津本町の2つ先のJR三江線川平駅がある。駅近くの松平駐在所横の交差点を南に300mほど進むと、ロ字型の添え木をともなったひときわ大きな木がみえる。山本の白枝垂桜(県天然)である。約300年前に中国より苗を求めて植えられたといわれるこのサクラは、古くから「林堂」とよばれている。樹高13m、幹囲2.5m、枝の垂れは3mにもなる。4月初旬が花の見頃である。

小川庭園 ❿
0855-53-1213

〈M▶P.174,188〉江津市和木町165　P
JR山陰本線・三江線江津駅🚌浜田方面行和木🚶5分

雪舟作と伝えられる名園

和木バス停から東へ150m進むと、案内表示があり、これに従ってしばらく行くと小川庭園に着く。

小川氏は、もとは洛北小川の地に住み、和気姓を名乗った北面の武士で、承久の乱(1221年)の際に後鳥羽上皇方として戦い、敗北後、再度、上皇を擁立すべく山陰にくだり、当地に定着したといわれる。江戸時代初期より浦年寄・庄屋をつとめ、現在の江津市の西半分の広さに相当する渡津から波子までの角野七浦の水上権をもっていた。江戸時代中期以降は、住む人もなかった和木の砂地へ、鉄穴流しの泥水を箱樋で導入し、海岸まで農地とした。「和木将軍」とも俗称された石見地方きっての旧家である。小川家への来訪者は多く、1806(文化3)年には伊能忠敬一行も当家に宿泊して沿岸測量を行った。

小川庭園(県名勝)は、書院の前庭としてつくられた上下2段の池泉鑑賞式庭園である。山の斜面におかれた三尊石を中心に、大小多数の石を組み

小川庭園

合わせて枯滝を表現し，それに鶴松・蓬莱松などを配置して蓬莱山水をあらわしている。室町時代初期に作庭され，15世紀後半に小川家に滞在した雪舟が改築したと伝えられているが，雪舟が携わったことを立証する資料，否定する資料ともに見出されていない。一部に後世の修築があるが，雪舟作といわれる益田市の医光寺・万福寺とくらべても遜色のない名園である。

　小川庭園から国道9号線に出て浜田方面へ約800m進むと，左側に柿本神社の表示がみえる。表示に従い600mほど進むと，西方寺東側の十字路に至る。西方寺の前を西へ向かう道が江戸時代の浜田街道で，これを南へ200mほど行った所に小さな社がある。この柿本神社（祭神柿本人麻呂）は柿本人麻呂の別邸跡，その妻依羅娘子の墓所とも伝えられる。境内には万葉学者犬養孝の手になる碑があり，人麻呂が石見を発つ際に依羅娘子に贈った歌「石見のや　高角山の　木の際より　我が振る袖を　妹見つらんか」が刻まれている。

　柿本神社のある都野津町は，かつて「角の里」とよばれた土地で，依羅娘子の実父井上道益が住んでいたとされる。また，歌に詠まれた「高角山」は都野津町の東方3kmほどの所にある島の星山（470m）と考えられている。石見には，益田市などにも人麻呂に関する伝説が多く残されている。

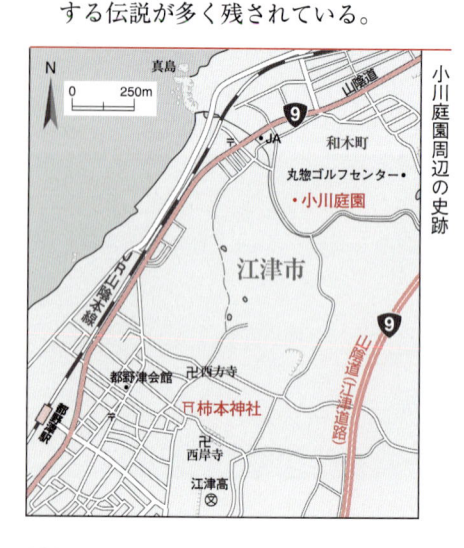

小川庭園周辺の史跡

柿本神社周辺には，瓦工場が多くみられる。江津市は，江戸時代から全国有数の瓦の産地として知られる。当地域の瓦は独特の赤色の光沢をもち，凍結に強いことから，降雪の多い北陸などの寒冷地で多く用いられ，ついで温暖な中国・九州地方に販路を広げていった。この石州瓦の赤色は，松江市宍道町で産する来待石を原料とする来待釉による

もので，19世紀前半から使用されるようになったといわれている。

　また，江津地方で焼かれる石見焼は，上水道が開設されるまで各家で常備されていた大型の水瓶をおもに生産してきた。瓦と同様に19世紀前半より，北陸から九州へ売り出されていた。1930（昭和5）年に当地を訪問した柳宗悦が民芸品として絶賛し，注目され始めた。現在は，島根県石央地域地場産業振興センター（嘉久志町）などで購入できる。

福泉寺 ⑪
0855-56-2541
〈M ► P.174〉江津市有福温泉町420　P
JR山陰本線浜田駅🚌有福温泉行堂庭🚶5分

神楽の音が聞こえる湯の里

　江津市の南西端，浜田市との境のほど近くにある有福温泉は，白雉年間（650〜654）頃，法道上人により発見され，建武年間（1334〜38）以降は福泉寺（臨済宗）が管理してきたと伝えられている。江戸時代初期からさまざまな病気に効能があることが知られ，湯治客を集めるようになった。福泉寺は，温泉湧出口近くに創建されたが，1650（慶安3）年に山崩れにより倒壊し，温泉から北に向かい10分ほど歩いた現在地に移った。

　福泉寺の寺宝金銅観音菩薩坐像（県文化）は，巌座を含めて鋳造された総高31.5cmの金銅仏である。右足を曲げているが，足先が左足の上に載ってはおらず，如意輪観音のような姿をしている。寺伝では法道上人がインドから持参したとされているが，瓔珞や紐帯の結び目，天衣などにみられる特徴から，8〜10世紀頃に朝鮮半島の新羅でつくられた仏像と考えられている。秘仏のため，33年に1度開帳される。福泉寺には，このほかにも吉川元春の寺領安堵状などの文書類も残されている。

　福泉寺の東側にある別府山八幡宮の境内の奥には，樹齢1000年以上と推定される上有福の大イチョウがある。

　有福温泉の湯の町神楽殿では，毎週土曜日の夜に有福観光神楽団が演じる神楽をみることができる。毎年体育の日に西隣の浜田市下有福町の有福八幡宮の例祭で奉納される有福神楽（県民俗）は，奏楽のテンポが速く軽快な舞を特徴とする八調子神楽で，現在32番の演目が伝えられている。また，浄土真宗を篤く信仰し「妙好人」とよばれる善太郎ゆかりの浄光寺や光現寺などがある。

江津とその周辺

城下町浜田とその周辺

石見国の国府,近世の城下町として栄えた石見地方の中心。
山間部では,製紙・神楽などの豊かな山村文化が広がる。

浜田城跡 ⑫

〈M ▶ P. 174, 193〉浜田市殿町 **P**
JR山陰本線浜田駅🚌周布行殿町🚶10分

歴史を伝える石垣
日本海を望む城跡

殿町バス停の北東500mほどの所に浜田城跡(県史跡)がある。16世紀後半,大内氏・毛利氏による石見銀山の争奪戦は毛利氏の勝利に終わり,吉川元春の子吉川元長らがこの地に陣屋をおき,石見地方の統治を行った。1600(慶長5)年の関ヶ原の戦いで西軍に味方した毛利氏が周防・長門(現,山口県)へ減転封されると,浜田は江戸幕府直轄領とされ,1619(元和5)年,大坂の陣(1614〜15年)の功績により古田重治が浜田5万400石を給され伊勢松坂(現,三重県松阪市)より転じてきた。石見の地には,益田氏・周布氏などの居城跡があったが,川と港が近くにあるという理由により,古田氏は松原湾に面した標高約70mの亀山を城の建設地として選定したという。

現在,浜田城跡の南から西にかけて浜田川が流れているが,これは古田氏が外堀とするために付け替えたものである。加えて北側は日本海に面する断崖,東側は石垣を配し,守りをかためている。古田氏は,浜田川西側に新町・紺屋町などのいわゆる浜田八町とよばれる職人町をつくり,城下町の整備にも努めた。

石見には,浜田藩のほかに津和野藩があった。津和野藩が坂崎氏1代16年の後,亀井氏が11代250年統治したのにくらべ,浜田藩は古田氏が2代30年,松平周防守家が5代111年,本多家が3代11年,再び松平周防守家が4代68年,松平右近将監家が4代31年と,藩主が頻繁に交代した。15代将軍徳川慶喜の弟松平武聡が藩主の頃,大村益次郎率いる長州藩諸隊が石見に入り,浜田藩は和歌山藩・松江藩などの援軍とともに戦った。しかし,敗戦が続いたため,浜田藩士は武聡らを舟で脱出させた後,城に火を放ち,建物はすべて焼失した。

二の丸跡に浜田護国神社がまつられており,社殿後方に司馬遼太郎の浜田藩追懐の碑がある。碑には,「城跡は苔と草木と石垣のみである。それらに積もる風霜こそ,歴史の記念碑といっていい」

木造阿弥陀如来立像(心覚院)

と刻まれている。1617(元和3)年頃に招かれた紙本著色石見国絵図(県文化)は市教育委員会が所蔵している。

1898(明治31)年に広島より陸軍歩兵第21連隊が移され、以降、浜田市は軍を中心として発展した側面をもつ。そのため、浜田城跡には戦争にかかわる多くの記念碑・像が建てられている。また、20歳まで浜田で過ごした近代演劇の父島村抱月の記念碑もある。

浜田城跡から東を望むと、松原湾がみえる。その湾の東端に心覚院(浄土宗)がある。心覚院へは、城山入口にある日本海信用金庫の前の道を約1km、道なりに進んで行く。この道は、浜田城の内堀にあたる。心覚院は、もとは来迎寺と号する天台寺院で亀山にあったが、浜田城築城の際に現在地に移され、のちに改宗した。本尊は像高96.5cm、ヒノキ材の一木造の木造阿弥陀如来立像(国重文)である。背刳板裏側下段に1255(建長7)年の仮名書きの造仏銘があり、胎内には木版で刷られた多数の摺仏が納められていた。玉眼が施された端正なこの如来像は、鎌倉時代の安阿弥(快慶)様式といわれている。

心覚院から湾沿いに東へ300mほど進むと、湾に突き出した岩の上に、会津屋(今津屋とも)八右衛門頌徳碑がみえる。八右衛門の父清助は浜田藩の廻船御用をつとめていたが、紀州沖で難破。漂流後、オランダ船に救出され、東南アジアをめぐったといわれる。八右衛門は父の経験談に刺激され、海外貿易を考え始め、まず、鬱陵島渡航を計画した。この計画は、家老岡田頼母・勘定方橋本三兵衛ら藩の重臣

会津屋八右衛門頌徳碑(後ろは城山)

城下町浜田とその周辺

も認めるものとなり、徐々に規模を拡大し、中国・ルソン方面まで貿易の範囲は広がった。この渡航による利益は窮乏していた藩財政をおおいに潤したが、薩摩藩の密貿易を内偵するため山陰道を通った間宮林蔵に探知され、間宮の通報によって浜田藩は大坂西町奉行の探索を受けた。その結果、1836（天保7）年、八右衛門と橋本三兵衛は死罪となり、岡田らは自刃して浜田藩の密貿易は終わりを告げたのである。

下府廃寺塔跡 ⓭　〈M ▶ P.174, 193〉浜田市下府町
JR山陰本線下府駅🚶20分

下府駅から線路に沿って北へ300m進み、右折して線路を越えると、『延喜式』式内社の伊甘神社（祭神天足彦国押人命）がある。社殿向かって右に推定樹齢500年のイチョウ、左に400年とみられるムクノキがあり、この2本の古木の枝が社殿を覆っている。境内に御所の池とよばれる湧水があり、国印と正倉の鍵をまつる印鑰神社と、石見国の総社である府中神社が合祀されていること、周辺には「御所」「トウ門」などの字名も残されていることなどにより、伊甘神社付近を石見国府跡と推定する説もある。しかし、2001（平成13）年までに行われた発掘調査においても、国府跡との確定はなされていない。

伊甘神社から南北朝時代の笹山城跡が残る丘陵へのぼる道を約800m進むと、杉木立に囲まれた道端に下府廃寺塔跡（国史跡）がある。約9m四方の土壇上に、心礎・四天柱と側柱の礎石各1個が残る。花崗岩製の心礎表面には深さ6cm・直径86cmの円柱孔があり、底面には舎利孔が穿たれている。

近年の調査で、塔跡から北に約7m離れた場所に、東西約15m・南北約12mの基壇をもつ金堂跡も確認された。

下府廃寺塔跡

解明待たれる石見の国府

下府廃寺塔跡周辺の史跡

伽藍配置は法起寺式とみられ、8世紀初頭から10世紀初頭頃まで存続したと推定されている。塔跡のかたわらには、石見国分尼寺の所在地と記した供養塔があるが、尼寺跡との確証は得られていない。

多陀寺（ただじ） ⑭
0855-28-0677　〈M▶P.174,193〉浜田市生湯町1767　P
JR山陰本線下府駅 徒歩15分

庶民の信仰を集める古刹

下府駅から国道9号線を渡り、下府川の河口に向かって約200m進んだ地点から、シイやタブが茂る森に向かってのぼって行くと多陀寺（真言宗）がある。空海とともに唐に渡った流世（こさつ）が、806（大同元）年に開いたと伝えられる古刹である。本堂裏手の堂には熊野権現もまつられており、古来は修験の場であったと推測される。

多陀寺には、海岸に漂着したと伝えられ、「流れ仏」とよばれる59体の仏像が安置されている。四天王・十二神将などさまざまであるが、いずれも仏教の守護神天部像である。ヒノキの一木造で、

城下町浜田とその周辺

木造天部像群(多陀寺)

全体は仏谷寺(松江市美保関町)などの仏像の表現技法に類似しており，平安時代の作と考えられている。59体のうち，破損の少ない27体の木造天部像群が県の文化財に指定されている。この仏像群は本堂に安置されており，いつでも見学することができる。

仁王門横には，樹高25m・幹囲5.4m，推定樹齢1000年の大クスノキ，本堂裏には樹高28mのヒノキ，本堂横には連理のツバキなどがあり，多くの古木をみることができる。また，旧暦2月最初の午の日に行われる境内の稲荷堂の初午祭は，石見三大祭りの1つに数えられ，近隣より多くの参詣者が集い，賑わいをみせる。

石見国分寺跡 ❶⑤ 〈M▶P.174, 193〉浜田市国分町216 🅿
JR山陰本線浜田駅🚌江津行国分寺🚶10分

古寺が点在する丘陵地帯

国分寺バス停から西へ300mほど進むと，小高い丘の上に国分寺(曹洞宗)がある。寺の所在地は字比丘尼所とよばれ，石見国分寺跡と同じ文様の瓦が出土したことなどから，石見国分尼寺跡(県史跡)と推定されている。本格的な調査が行われていないため，伽藍配置などは不明である。

国分尼寺跡から西へ約350m進むと，丘陵地に金蔵寺(浄土真宗)がある。境内は石見国分寺跡(国史跡)と考えられている。現在も幾つかの礎石が残っており，金蔵寺山門付近に中門，境内の南東隅に塔があったと推定されている。1986(昭和61)～88年に行われた発掘調査では，大量の瓦片とともに，7世紀後半の作とみられる残存総高11.6cm・重さ170gの銅造誕生釈迦仏立像が出土した。火災に遭っており，頭部と腕の先を欠くが，この仏像により，石見国分寺では灌仏会が行われていたことが推測される。

金蔵寺の西100mほどの所に，石見国分寺瓦窯跡(県史跡)がある。1967(昭和42)年，農地改良工事中に発見されたもので，窯の一部を

金蔵寺(石見国分寺跡)

欠いているが、焚き口を南に開き、焼成室(瓦をおく部分)と燃焼室(火を焚く部分)が残っている。2室は瓦質の円筒で結ばれており、平窯としてはやや特殊な形となっている。石見国分寺・国分尼寺に供給された瓦は、鳥取県倉吉市の石塚廃寺から出土した朝鮮半島系軒平瓦と同形式であり、注目を集めた。現在は崩壊を防ぐために埋め戻され、覆屋が施されている。

石見畳ヶ浦 ⓰　〈M▶P.174, 193〉浜田市国分町唐鐘 P
JR山陰本線浜田駅🚌江津行 畳ヶ浦口 🚶15分

地震がつくった千畳敷

国分寺跡などがある丘陵地から海岸へ向かってくだると、唐鐘浦に出る。漁協の脇につくられたトンネルを通り、「賽の河原」とよばれる海食洞窟をさらに奥へ行くと、高さ25mにおよぶ海食崖とその下に広がる石見畳ヶ浦(国天然)をみることができる。

畳ヶ浦は約4万9000m²におよぶ平坦な岩場で、1872(明治5)年2月6日に発生した浜田地震により、砂岩でできた海底が1.5m隆起して形成された。砂岩の表面には、東西に1本、南北に2本の玄武岩の岩脈(ホルンフェルス)が走り、その岩脈が畳の縁にみえることに由来し、その広さから千畳敷ともよばれている。

畳ヶ浦では、ノジュールという丸い腰掛け状の岩を多くみることができる。石灰質を多く含み、周囲よりかたくなった砂岩の一部が、波や風雨により削られてできたものである。内部には貝を始め、クジラの骨などの化石が多く含まれている。畳ヶ浦中央部には「馬の背」とよばれる小高い丘状の岩があるが、これもノジュールと同様、化石などを多く含む。

石見畳ヶ浦

城下町浜田とその周辺

地形などについては、トンネル内に丁寧な説明板が設けられている。

畳ヶ浦周辺は地質学的にみるべきものが多いが、浜田市西部の熱田町・内田町の丘陵一帯や長浜町にも黄長石霞石玄武岩(県天然)という珍しい岩石が分布している。霞石を含む玄武岩は、アジアではほかに中国2カ所で発見されているにすぎず、加えて黄長石を含むこの岩石は世界でもまれなものである。

畳ヶ浦一帯は、オートキャンプ場やテニス場などを備えた島根県立石見海浜公園として整備されている。また、国道9号線を北上すると、久代町に中国・四国地方最大規模の水族館AQUAS(島根県立しまね海洋館)があり、県外からも多くの人を迎えている。

AQUASが立つ波子の砂丘には、縄文時代中～後期の土器が数多く出土した波子遺跡がある。日本海に面する砂丘上の遺跡としては、さらに15kmほど北上した江津市後地町の波来浜遺跡がある。この遺跡からは弥生時代の土器や墳墓、海上交易をうかがわせる唐銭、宋銭などが発見された。波来浜遺跡出土遺物(県文化)を始めとする出土品は、江津市郷田公民館と出雲市の島根県立古代出雲歴史博物館でみることができる。

浜田市金城歴史民俗資料館 ⑰
0855-44-0146(波佐公民館)
〈M▶P.174〉浜田市金城町波佐イ438-1
JR山陰本線浜田駅🚌波佐行終点🚶5分

島村抱月らをはぐくんだ山村文化

浜田駅前の商店街を通り東へ1kmほど進むと、左手にレンガ造りの建物がみえる。1916(大正5)年建築の旧歩兵第21連隊雨覆練兵場で、現在も島根県立浜田高等学校第二体育館として利用されている。鉄骨小屋根組を用いた建築学的に重要な建物であり、隣接する浜田市立第一中学校屋内運動場とともに国の登録有形文化財に指定されている。

浜田高校正門前から南下して国道186号線に入り、広島県に向かって約8km進むと金城町へ至る。この町は、日本近代演劇の父とよばれる島村抱月や、鎖国状態であったチベット探検に向かい、その途上、1901(明治34)年に消息を絶った僧侶能海寛の出身地である。

石州半紙

コラム

産

石見を支えた伝統産業

　儒学者太宰春台は，1729（享保14）年に著した『経済録拾遺』において，「津和野侯は四万石余の禄なるが，板紙を製出して是を占めて売る故に，十五万石の禄に比す」と記し，浜田藩についても紙を専売しているので5万石であるが，10万石の石高に相当すると書いている。江戸時代，津和野・浜田両藩でつくられた半紙は，大坂市場の2割近くを占めていたという。

　石州半紙は大坂商人の帳簿に利用され，火災の際には，帳簿を井戸に投げ込み，その後，拾い上げて再度利用したという話も伝わっている。この強さは，原料の楮の黒い表皮を削る際に，緑色のあま皮を残し，あま皮の短い繊維と楮本来の長い繊維とを絡み合わせることにより生まれる。

　1969（昭和44）年には，伝統的な手漉和紙の技法を保持するため，国の重要無形文化財に指定された。2009（平成21）年には，ユネスコの無形文化財に登録されている。現在は江津市桜江町勝地，浜田市三隅町古市場で生産されている。

　島村抱月は，金城町小国に佐々山一平の長男として生まれ，浜田町裁判所検事島村文耕の養子となり，東京専門学校（現，早稲田大学）へ進学し，文芸協会を経て松井須磨子らとともに芸術座を結成した。国道186号線田の原トンネルの手前を左に曲がった徳田下地区に島村抱月生誕地顕彰の杜公園がある。

　田の原トンネルから国道186号線をさらに南へ約5km進むと，浜田市金城歴史民俗資料館のある波佐地区に出る。資料館には，島村抱月や能海寛に関する資料，金城町内で行われていた鉄穴流し・たたら製鉄に関する絵図・鞴の復元模型などが展示されている。資料館の建物は，たたら蔵を利用したものである。

　国道186号線を挟んで向かい側には，浜田市金城民俗資料館がある。館内には，江戸

浜田市金城歴史民俗資料館

城下町浜田とその周辺

時代,津和野藩の専売品となり,多くの富を生み出した紙漉きの工程がわかりやすく展示されている。また当館では多くの波佐の山村生活用具を所蔵しており,このうち758点が国,221点が県の有形民俗文化財に指定されている。資料館横にはエクス和紙の館があり,紙漉き体験ができる。

　民俗資料館から市道を南へ進んだ長田(ながた)地区に浄蓮寺(じょうれんじ)(浄土真宗)がある。能海寛の生家であり,境内に顕彰碑が建てられている。

　民俗資料館から長田川を渡り,波佐小学校の裏手に進むと波佐八幡宮(はちまんぐう)がある。その石段脇に常盤山の杉(ときわやまのすぎ)(県天然)とよばれる5本の巨木がある。もっとも大きなスギは,樹高32m・幹囲約8mである。

　浜田高校前を走る県道5号浜田八重可部(やえかべ)線は,浜田藩の参勤交代路であった浜田広島街道に沿いながら旭町(あさひちょう)に入る。

　旭支所の横には浜田市旭歴史民俗資料館があり,津和野藩政時代の主要産業であった石州半紙(せきしゅうばんし)の紙漉き道具を中心に収蔵している。見学には,旭支所旭教育課に事前連絡をする必要がある。旭支所がある今市(いまいち)地区は浜田から5里(約20km)の宿駅であり,農協旭支所前から山側に入る横町(よこまち)・立町(たてまち)地区が街道の中心で,本陣がおかれていた。

　また,浜田自動車道旭IC前から旭温泉方面へくだり3kmほど行くと,近年ナシの産地となっている木田(きた)地区に入る。地区の東方にある正蓮寺(しょうれんじ)(浄土真宗)の山門は,1843(天保14)年から1845年にかけて建てられ,龍やボタンの彫刻で名高く,石見三門に数えられている。明治時代,マルクス主義の立場から明治維新研究を進めた服部之総(はっとりしそう)の生家でもある。

正蓮寺山門

周布古墳 ⑱ 〈M▶P.174〉浜田市治和町
JR山陰本線周布駅 🚶 5分

　周布駅から，新・旧国道9号線を越えて南へ約400m進むと，畑と住宅地の中に周布古墳(国史跡)が姿をみせる。全長約66m，前方部の先端幅約25m，後円部の高さ約6m・幅約35m，古墳時代中期に築造された前方後円墳である。前方部分が住宅地となり削られているが，その部分を復元すると72mを超え，石見地方では益田市にある大元1号墳につぐ大きさの古墳である。墳丘には，大ぶりの川原石が散在し，また，埴輪片もみられることから，表面には葺石をおき，円筒埴輪も並べられていたと推測される。古墳は未調査であるが，住宅の横から墳丘にのぼることができる。

周布古墳

石見最大級の前方後円墳

　周布古墳はかつて，おんぐろ古墳・男塚とよばれており，周布古墳から駅に向かって100mほどくだった所に，めんぐろ古墳・女塚とよばれる古墳があった。この古墳は農地整備のために姿を消したが，割石積みの横穴式石室内に榍障をもつ6世紀前半の円墳であったらしい。出土品には，肩に4個の子壺や人物・イヌなどの装飾を施した須恵器，仿製唐草文七乳鏡や馬鐸などの馬具があり，これらはめんぐろ古墳出土品(県文化)として島根県立古代出雲歴史博物館に収蔵されている。

大麻山神社 ⑲ 〈M▶P.174〉浜田市三隅町室谷1097-3　P
0855-34-0855　　JR山陰本線折居 🚌 15分

　浜田駅から国道9号線を車で西へ約15分進むと，右手に折居海水浴場と折居駅，左手にテレビ塔が林立する大麻山(599m)がみえてくる。大麻山へは，折居駅の100m先を左折して県道303号一の瀬折居線に入り，約3.5km進んだ地点で左折してさらに3.4kmほどのぼる。

棚田が広がる修験道の山

城下町浜田とその周辺

室谷の棚田

　明治時代中期まで大麻山には，大麻山神社（祭神 天日鷲命・猿田彦命）と別当寺である尊勝寺（廃寺）があり，とくに中世には修験道の山として栄えていた。往時の様子は，神社が所蔵する1592（天正20）年の紙本墨画淡彩大麻山縁起（県文化）に描かれている。

　大麻山をおりると，「日本の棚田百選」に選ばれた室谷の棚田が広がる。室谷地区は，江戸時代，砂鉄を採るために渓流に山から土砂を流す鉄穴流しが盛んで，この際に堆積した石と泥を利用して，棚田がつくられていったと考えられている。なお，県西部には，浜田市旭町の都川地区・鹿足郡吉賀町の六日市地区など，棚田が広がる地区が多くみられる。

三隅町の史跡

　室谷からさらに県道303号線を進むと井野地区に出る。同地区には井野八幡宮があり，9月15日の例祭に奉納される井野神楽（県民俗）は，テンポの速い八調子神楽の代表的なものである。現在34番が伝承されており，湯立神祇太鼓など，ほかではみることのできない神楽もある。

三隅神社 ⑳　〈M ▶ P.174, 200〉浜田市三隅町三隅1527　P（三隅公園）
0855-32-0064　　JR山陰本線三保三隅駅🚌三隅行農協前🚶3分

　JR折居駅から国道9号線を南へ約6km，小野三差路手前で左折すると，住宅地の中に正法寺（真言宗）がある。この寺には，平安時代の木造薬師如来坐像と鎌倉時代の木造雨宝童子立像（ともに県

200　石央

石見神楽の現在

コラム 芸

地域住民に愛され続ける伝統芸能

　石見地方では，現在でもさまざまな催し物において神楽が演じられ，多くの人を集めている。八調子といわれるテンポの速い舞，光や煙の中から登場する大蛇など人目を引く演出で人気が高い。

　石見神楽のもっとも古い形式は，大元神をまつるために舞う，神事の色彩が強い大元神楽に残されている。明治維新後，神職ではなく氏子が神楽の担い手になると，台詞の混乱などが生じ，1882(明治15)年に浜田の国学者藤井宗雄が，1935(昭和10)年頃に細川勝三らが台詞の整理を行い，現在に至っている。

　1970年に開催された大阪万国博覧会での公演の際に，大蛇の数を4～5頭に増やすなどの演出がこらされ，祭礼以外でも演じられるようになった。なお，石見地方には現在，120の社中があるといわれ，子どもへの指導や県外公演などを通じて，活発な活動を行っている。

南北朝時代に活躍した三隅氏ゆかりの地

文化)が伝えられている。また境内には，南北朝時代，初め南朝方，のちに足利直冬方として参戦した三隅兼連の供養塔といわれる五輪塔もみられる。小野三差路に戻り，三隅川を右手にみながら進むと，三隅町の市街地に入る。当地は1983(昭和58)年の水害で壊滅的な打撃を受けたが，現在のように復興をはたしている。

　市街地から県道304号三隅井野長浜線に入り東へ進むと，すぐに浜田市三隅歴史民俗資料館がある。1979年に開設され，石州半紙の紙漉き道具を始めとする民具約3000点を収蔵している。石州半紙は，現在，町内では古市場地区の4軒の工場で生産されており，石州和紙会館で製品をみることができる。

　歴史民俗資料館と並んで三隅神社がある。1937(昭和12)年，三隅兼連を南朝方の忠臣として顕彰するために，周辺住民らの献金により創建された。隣接する三隅公園には約5万本のツツジが植えられており，4月下旬から5月上旬にかけて色とりどりに咲き誇り，県外からも多くの人が訪れる。

三隅大平ザクラ ㉑　　〈M▶P.174〉浜田市三隅町矢原　P
　　　　　　　　　　JR山陰本線三保三隅駅🚗25分

　三隅神社から県道304号線を東へのぼって行くと，ほどなく案内板があり，これに従って進むと竜雲寺(曹洞宗)に至る。能登総持

城下町浜田とその周辺　　201

石見を代表する古刹 雪の小山のようなヒガンザクラ

寺(石川県輪島市)の直末寺として石見地方に多くの末寺を開いた,この地域の中心的な寺院である。寺宝には,1377(永和3)年に書写された紙本墨書大般若経600巻(県文化)がある。これは益田市にある長福寺の住職禅秀が書き写し,同寺の別当社である竜玉宮に奉納されたものといわれている。

竜雲寺がある高城山(362m)の山頂には,三隅氏の居城三隅高城跡がある。竜雲寺より約2kmのハイキングコースとなっている。

県道304号線を西進して三隅町市街に戻り,県道48号三隅美都線を約2km南下すると案内板があり,そこから山道を約5km進むと三隅大平ザクラ(国天然)がある。樹高18m・幹囲6m,推定樹齢660年のヒガンザクラの大木は,地上2mの所で4本の幹に分かれ,4月上旬〜中旬には白い花があたかも雪の小山のような風景をつくり出す。

県道48号線に戻りさらに南下すると,黒沢集落に入る。この集落には,代掻・田植え・囃子の各行事が一体となった黒沢囃子田(県民俗)が保存されている。県内では,花田植えの民俗行事をもっともよく伝えるもので,多くの人びとが参加する。

黒沢から県道179号黒沢安城浜田線を北上すると,弥栄支所の横に,樹高40mを超えるスギの巨木が連なる長安本郷の八幡宮並木道(県天然)がみられる。

竜雲寺

三隅大平ザクラ

Sekisei 石西

万福寺庭園

津和野藩校養老館

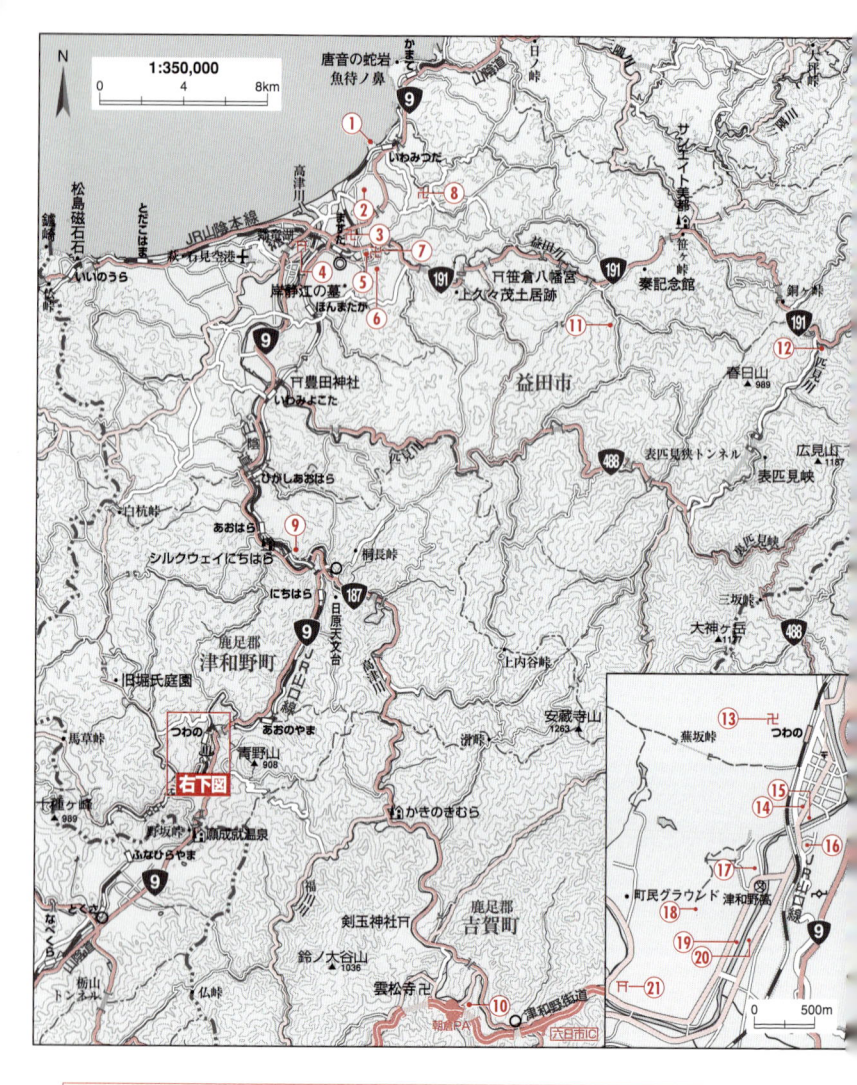

①鵜ノ鼻古墳群	⑦万福寺	⑬永明寺	⑲西周旧居
②スクモ塚古墳	⑧東陽庵	⑭多胡家表門	⑳森鷗外旧宅
③大喜庵	⑨大元神社跡の樟	⑮養老館	㉑鷲原八幡宮
④柿本神社	⑩旧道面家住宅	⑯津和野町郷土館	
⑤三宅御土居跡	⑪金谷の城山桜	⑰津和野藩御殿跡	
⑥七尾城跡	⑫新槇原遺跡	⑱津和野城跡	

◎石西散歩モデルコース

益田散歩コース　　JR益田駅 10 本町 20 七尾城跡 20 三宅御土居跡 5 万福寺 10 染羽天石勝神社 5 医光寺 15 雪舟の郷記念館・大喜庵 3 小丸山古墳 5 今市 10 JR益田駅

津和野散歩コース　　JR津和野駅 10 永明寺 5 乙女峠記念聖堂 15 弥栄神社 5 太鼓谷稲成神社 3 5 15 津和野城跡 10 5 15 西周旧居 5 森鷗外旧宅 10 津和野町郷土館 3 多胡家表門・養老館 5 葛飾北斎美術館 10 JR津和野駅

※ はリフト利用

① 益田とその周辺

益田氏の館跡・城跡，雪舟作の庭など，石見地方の中世の様子を現在に伝える。山間地では，旧石器時代の遺跡も発見された。

鵜ノ鼻古墳群 ❶ 〈M▶P.204, 207〉 益田市遠田町
JR山陰本線石見津田駅🚶15分

国道9号線を浜田市三隅町から西に向かうと，JR鎌手駅の北西約1kmの所に唐音の蛇岩（国天然）がある。唐音海岸の石英粗面岩からなる海蝕台地に，幅約1mの褐色の安山岩脈が入り込み露出している。その姿がヘビが這っているようにみえるため，この名がある。蛇岩に向かう道や周辺の海岸にはスイセンが植えられ，11月下旬から2月下旬が見頃となる。

沖合にみえる高島は，1960（昭和35）年頃には125人の住民が漁業を中心として生活していた。1972年の豪雨災害以後，人口の流出が続き，1975年に全島民が土田町に移り，現在は無人島である。

さらに国道9号線を南下すると，JR石見津田駅の西約500m，日本海に突き出した台地上に鵜ノ鼻古墳群（県史跡）がある。かつては50基以上の古墳があったが，鉄道敷設や宅地造成のために消滅し，現在は住宅地から海岸におりる保安林の中に，全長約30mの前方後円墳2基，径約10mの円墳17基が残る。6世紀中頃から約100年間につくられた石見地方の代表的な後期古墳群であり，環頭太刀や鉄鏃などが出土した。幾つかの古墳では横穴式石室をみることができる。

海を見下ろす古墳群

唐音の蛇岩　　　　　　　　　　　　　　　鵜ノ鼻古墳群

スクモ塚古墳 ❷   〈M▶P.204, 207〉益田市久城町　P
JR山陰本線・山口線益田駅🚌久城行スクモ塚🚶1分

4世紀以降の古墳が残る丘陵地帯

　益田平野を見下ろす益田川東側の丘陵地に，この地方の首長の墓と考えられる古墳が，4世紀から6世紀にかけてあいついで築かれた。三角縁神獣鏡が出土した下本郷町の四塚山古墳(消滅)が4世紀に，大元古墳群・スクモ塚古墳が4世紀後半から5世紀前半に，そして小丸山古墳が6世紀に造営された。

　大元古墳群(県史跡)は，上遠田バス停の遠田川対岸に設けられた案内板から，雑木林の中を5分ほど歩いた所にある。全長88mと石見地方最大の前方後円墳である大元1号墳のほか，直径15mほどの

益田市中心部の史跡

益田とその周辺

スクモ塚古墳

円墳である2号墳など4基の古墳をみることができる。

遠田町から国道9号線を西に向かい、下本郷町の運動公園入口の交差点を右折して道なりに進むと、スクモ塚古墳(国史跡)がある。この古墳はこれまで、造出し付きの円墳と方墳が隣接していると考えられていたが、近年の調査によっておよそ5世紀前半頃に築造された復元長約100mの石見地方最大の前方後円墳と考えられている。古墳のまわりの池には大賀ハスが植えられ、公園として整備されている。

運動公園入口の交差点に戻って、国道9号線を西へ300mほど進んで左折し、益田市立雪舟の郷記念館へ向かう。記念館後方、乙吉町の丘陵にある小丸山古墳は全長52m、周囲に濠と外堤をめぐらした前方後円墳である。1987(昭和62)年に大部分が破壊されたが、1992(平成4)年にもとの場所に復元された。

スクモ塚古墳から西にくだり、益田川を渡った中須町に福王寺(浄土宗)がある。境内の石造十三重塔(県文化)は復元されたもので、現在11層を残し、高さ約4.2m、花崗岩でつくられており、様式から鎌倉時代後期のものと推定される県内最古の多重層の石塔である。この塔は、雪舟庭園で著名な万福寺の前身安福寺のもので、1729(享保14)年の洪水の際に安福寺より流出し、当地で掘り出されたと伝えられている。近くに中世の中洲東原遺跡(国史跡)がある。

石造十三重塔(福王寺)

大喜庵 ❸

0856-24-0500（雪舟の郷記念館）

〈M▶P.204, 207〉益田市乙吉町イ1204　P
JR山陰本線・山口線益田駅🚌久城行雪舟の郷記念館入口前🚶5分

雪舟が晩年を過ごした地

　益田川を挟んで益田駅の北側に位置する乙吉町の今市は，益田氏の本拠がおかれた三宅御土居近くの本郷の市に対して，新しくできた市を意味する地名である。17世紀，津和野藩が高津川の付け替え工事を行うまで，ここ今市で高津川と益田川が合流しており，益田氏にとっては重要な港であった。現在も，乙吉川と国道9号線が交差する所に，船着場を偲ばせる約30mの石垣が残っている。

　乙吉町西部の丘陵上，小丸山古墳のすぐ北側には，益田市立雪舟の郷記念館があり，雪舟筆と伝えられる紙本著色益田兼堯像(国重文)を所蔵している。この兼堯像には，「文明十一(1479)年冬」と年紀が記された竹心周鼎の賛がある。竹心は，記念館に隣接する大喜庵の場所にあった東光寺の住持で，この賛により，1479年頃，雪舟が益田に滞在したことがわかる。また，雪舟は東光寺で晩年を送ったと伝えられ，大喜庵の裏山を少しのぼった所に雪舟のものとされる墓が残る。雪舟の終焉地については，当地のほか，山口県の雲谷庵，岡山県の重源寺など諸説がある。

紙本著色益田兼堯像

　大喜庵は，臨済宗東光寺が1580(天正8)年に焼失した後，1690(元禄3)年に大喜松祝により再建，曹洞宗に改宗されたものである。本尊木造観音菩薩像(県文化)は鎌倉時代の作で，台座を含めた像高175cm，ヒノキ材一木造である。東光寺の本尊であったとも，大正時代に大喜庵が地元有志により復興された際に，近隣の廃寺から運ばれたものともいわれている。拝観する場合は，雪舟の郷記念館に問い合わせればよい。

益田とその周辺　　209

柿本神社 ❹
かきのもとじんじゃ
0856-22-0756

〈M▶P.204, 207〉益田市高津町上市イ2616-1 P
JR山陰本線・山口線益田駅🚌蟠竜湖行高津🚶3分

柿本神社本殿

益田駅から南西へ1.5kmほど進み高津川を渡ると、左手に小高い丘がみえる。その丘の麓に、万葉の歌人柿本人麻呂をまつる柿本神社がある。中世にはここに高津氏の居城高津城があったが、1681(延宝9)年、津和野藩主亀井茲親が高津松崎から柿本神社を移転させたため、城跡は残っていない。

柿本神社本殿(県文化)は1712(正徳2)年に造営されたもので、複雑な地形の上に効果的に配置されている。背後の丘陵地には、島根県立万葉公園が整備されており、『万葉集』に登場する植物が栽培されている。

柿本神社から北上し国道191号線に出て、西へ向かい10kmほど進むと、飯浦を示す標識がみえる。そこから道をくだり、港に出ると小島全体が磁性を帯びている松島の磁石石(県名勝・天然)がある。また、西にある鑪崎(県名勝・天然)では延長500mの絶壁が続き、周囲の奇岩、小島と松林が織りなす風景は素晴らしい。

歌人人麻呂ゆかりの神社

三宅御土居跡 ❺
みやけおどいあと

〈M▶P.204, 207〉益田市三宅町 P
JR山陰本線・山口線益田駅🚌医光寺行本町🚶3分

本町バス停より益田川に架かる大橋を渡ると、泉光寺(浄土真宗)がある。この場所に、中世の石見国で最大の勢力を誇った益田氏の館があった。毛利氏家臣となった益田氏は、関ヶ原の戦い(1600年)の後、長門国須佐(現、山口県萩市)に移り、荒廃した館跡に寺が創建され、現在に至っている。この館跡は、地名の「三宅」と土塁にちなみ三宅御土居跡とよばれ、泉光寺や七尾城跡とともに益田氏城館跡として国の史跡に指定されている。

中世の館を守る土塁と堀跡

210　石西

泉光寺西側に残る土塁

　泉光寺の門前に整備された「おどい広場」の東に、墓所が連なる小高い場所がある。益田氏の館を守った東側の土塁で、高さ5.3m・幅18m・長さ87mである。泉光寺に隣接する大元神社のかたわらには、西側の土塁が残っている。東西土塁の外側で発掘された堀の規模は、幅9m・深さ3mであった。

　「おどい広場」では、12世紀から16世紀にかけての約1000個の柱穴跡が発見されており、掘立柱建物が繰り返しつくられていたことがわかっている。また、13世紀と16世紀の井戸跡や鍛冶場跡もみつかっている。

　建物跡は保存のため砂で埋め戻され、車道が整備されているが、建物跡を示すマークが施されており、当時の様子を想像することができる。また、館跡とその周辺からは、大陸との交易を物語る白磁・青磁などの陶磁器類が多数出土している。

　なお、泉光寺には、南北朝時代の絹本著色釈迦十六善神像（県文化）が所蔵されている。

　益田市内には、三宅御土居跡のほかにも52カ所の城館跡が点在している。大谷土居跡は、泉光寺から国道191号線を美都町方面へ2.5kmほど進み、豊川小学校の前で右折して150mほど進むと、左手の丘にある。国道に向かって張り出した尾根の先端を削って築かれている。

　益田氏の一族である安富家の文書15通（県文化）、16世紀の石見を知るための貴重な周布家文書5通（県文化）は、雪舟の郷記念館に所蔵されている。

七尾城跡 ❻　〈M ▶ P.204, 207〉益田市七尾町　P
　　　　　　JR山陰本線・山口線益田駅🚌医光寺行本町🚶5分

　三宅御土居跡から大橋を渡ると、前方に標高約120mの山がみえてくる。その山の頂に、益田城ともよばれる益田氏の居城七尾城跡

（国史跡）がある。ここには，三宅御土居という館跡と七尾城という城跡がともに現存し，その周囲に万福寺など益田氏に関連の深い史跡も集まっていることから，中世有力武士の領国支配の様子をよりよく理解できる。

三宅御土居と七尾城とを結ぶ道路周辺には，上市・下市など商工業者の居住区がつくられていた。また，その道路の中間点に，暁音寺の鍵曲がりがある。中世に城下町の防衛のために設けられたとも，近世に七尾城の中腹にある住吉神社への参詣道が寺を迂回してつくられたとも考えられている。暁音寺には木造阿弥陀如来立像（鎌倉時代，県文化）がある。

住吉神社へ向かう360段の石段をのぼり，案内板に従って進むと平坦な厩の段に出，さらに右に進むと二の段，そして本丸に至る。七尾城は，益田川の南に突き出した2つの尾根沿いに築かれた。築城当初は，2つの尾根に挟まれた北向きの谷間が大手であったが，城下町の発展とともに，住吉神社側が大手道の機能をもつようになった。

本丸後方から，北の益田川に接する尾崎丸とよばれる出丸まで600mほどの距離があり，本丸南側にある16本の畝状空堀や，二の段・本丸周辺の堀切など，往時の姿をよくとどめている。

七尾城の築城時期は，1336（建武3，延元元）年，南朝方の三隅兼連が，当時北朝に与していた益田氏を尾崎木戸（のちの尾崎丸）に攻めたとの記録から，南北朝時代とみられる。その後，周防（現，山口県）の守護大名大内義隆を討った陶晴賢と姻戚関係がある益田氏が，毛利氏や津和野に拠点をもった吉見氏と対峙するため，1555（弘治元）～57年，現存の規模に改修した。

発掘調査により，本丸北側で瓦葺きの門跡が，二の段の北側では，2棟の建物跡と庭園跡が発見されている。また，16世紀半ばから末にかけての瓦，中国製の青磁・白磁も大量に出土しており，益田氏が館を三宅御土居から七尾城に移したことを裏づけている。

七尾城の麓には，毛利氏と対抗するため七尾城に館を移したといわれる益田藤兼の墓所がある妙義寺（曹洞宗，県史跡），雪舟を招いた益田兼堯の墓がある大雄庵跡，益田氏ゆかりの中世の遺跡が集

> 16世紀の曲輪を今に伝える城跡

中している。七尾城跡からの出土品は、益田市立歴史民俗資料館（国登録）でみることができる。芸術文化センターには、絹本著色益田元祥(もとひろ)（桃山時代、国重文）が所蔵されている。

万福寺(まんぷくじ) ❼　〈M▶P.204, 207〉　益田市 東町(ひがしまち)25-33　Ｐ
0856-22-0302　JR山陰本線・山口線益田駅🚌医光寺行折戸(おりと)🚶3分

> 益田氏がはぐくんだ雪舟の庭と文化財

三宅御土居跡から、益田川の上流に向かって300ｍほど進むと万福寺(時宗)がある。1374(応安(おうあん)7)年、益田川河口の中須町にあった時宗の道場安福寺を、益田兼見(かねはる)が当地に移し、寺号を改めて菩提寺(ぼだいじ)としたと伝えられる。本堂(国重文)は1374年に建てられたといわれ、桁行(けたゆき)7間・梁間(はりま)7間の単層寄棟造(よせむねづくり)、時宗には珍しく禅宗様が取り入れられている。本堂を改築・修理した際の棟札(むなふだ)7枚(国重文)も残っている。

庭園(国史跡・名勝)は、雪舟作と伝えられている。正面の心字池(しんじいけ)を挟み、庭中央に須弥山(しゅみせん)を示す石組をおき、右に枯滝(かれたき)、左に三尊石(さんぞんせき)を配置する。

寺宝には、現世と来世を結ぶ白道(びゃくどう)を通って極楽へ往生しようとする衆生(しゅじょう)を見守る阿弥陀如来(あみだにょらい)を描いた絹本著色二河(にが)白道図(鎌倉時代末期、国重文)、雪舟様式を伝承した雲谷派(うんこく)画家が描いた書院襖絵(ふすまえ)32面(安土・桃山時代、県文化)、木造阿弥陀如来立像(鎌倉時代、県文化)がある。

万福寺の東側の道路を渡った所に椎山(しいやま)墓地五輪塔群があり、そのなかに益田兼見の墓と伝える五輪塔もある。かつては、万福寺の境内であったが、境内の縮小により現在のような形となっている。

万福寺を出て益田川沿いに東へ約300ｍ行くと、益田東高校のグラウンドがみえてくる。このグラウンド沿いの道を200ｍほど進むと、『延喜式(えんぎしき)』式内社(しきないしゃ)の染羽天石勝神社(そめはあめのいわかつじんじゃ)(祭神天石勝命ほか)がある。

万福寺本堂

益田とその周辺

医光寺総門

本殿(国重文)は三間社流造で，総ケヤキ材・朱塗りの建造物である。紀州(現，和歌山県)熊野から熊野十二所権現を勧請したもので，古くは滝蔵権現とよばれ，益田氏の崇敬を受けた。現在の本殿は，1583(天正11)年に益田藤兼・元祥父子が再建したものである。

　滝蔵権現の別当寺である真言宗勝達寺が東隣にあったが，明治時代の神仏分離により廃寺となった。本尊であった平安時代後期の木造不動明王坐像(国重文)は，現在，神奈川県鎌倉市の極楽寺(真言律宗)に安置されている。

　染羽天石勝神社を出て，益田東高校前を通り東へ500mほど進むと医光寺(臨済宗)がある。医光寺は，南北朝時代から室町時代にかけて益田氏がもっとも重視した天台宗崇観寺が戦国時代に火災に遭い荒廃したため，崇観寺と統合する形で益田氏が再建した寺院である。総門(県文化)は，戦国時代末期の高麗門様式で，七尾城の大手門を関ヶ原の戦い(1600年)後に移したものと伝えられている。

　医光寺庭園(国史跡・名勝)は，万福寺庭園と同じく雪舟の作といわれている。ツルをかたどった池に亀島を浮かべ，その背後の庭中央に三尊石を，西側には須弥山石と枯滝，東側にシダレザクラを配している。境内には，雪舟を荼毘に付したときの塚といわれる雪舟灰塚がある。

医光寺庭園

益田糸操り人形

コラム 芸

益田糸操り人形（県民俗）は、高さ2mの足場板の上から、手板とよばれる板にまとめられた17～25本の糸で人形を操る、江戸時代初期の手操りの伝統を守る全国でもまれな人形浄瑠璃の一種である。明治20年代に、東京浅草の結城座に所属していた山本三之丞が、益田に伝えたのが始まりという。一時衰退していたが、1935（昭和10）年に再興され、1960年に保存会、1962年に保持者会が結成された。

使用される人形は、文楽人形作りの名人と謳われた大阪の2世大江定丸の作といわれ、頭43個と胴30体（県民俗）などが保存されている。演目として、「絵本太功記」「傾城阿波の鳴門」などがある。島根県芸術文化センター（グラントワ）で定期公演が行われている。また益田市立市民学習センターで行われる練習も公開されている。

江戸時代初期の形を伝える糸操り人形

益田糸操り人形

東陽庵 ❽ 〈M▶P.204〉 益田市大草町
JR山陰本線・山口線益田駅🚌種行大草中🚶3分

山里に残る中世の仏

万福寺のある益田市東町から北東に走る県道171号益田種三隅線を約4km進むと、左手の丘に東陽庵がある。本尊の木造薬師如来坐像（県文化）は像高73cmで、ケヤキ材一木造。像の裏の銘文によると1311（延慶4）年の作で、願主は藤原朝臣、作者は大仏師蓮法である。益田氏も藤原を姓とするところから益田氏によって造立された可能性が高い。

益田駅の東約1kmの地点で益田川と分岐する多田川沿いに南下して、多田温泉から俣賀へ向かう道を600mほど進むと、浜田藩士岸静江の墓がある。墓の前から山道を約250m進むと、津和野藩と浜田藩の境に設けられた扇原関門跡がある。関守であった岸は6人の部下とともに、1866（慶応2）年、大村益次郎率いる1500人の長州藩軍と戦い、戦死した。

岸の墓からさらに南下し、本俣賀町・梅月町を経て横田町に

益田とその周辺　215

入ると、豊田神社(祭神天津大神ほか)がある。この神社は、平安時代から鎌倉時代初期のものと推定される陶製経筒5口(県文化)を所蔵する。これらは、1706(宝永3)年に神社近くの石塔寺大権現経塚より発見された9口のうちの5口といわれている。筒型の青磁1口、褐釉四耳壺3口、壺1口で、壺は日本製、ほかの4口は中国製とみられる。

大元神社跡の樟 ❾ 〈M ▶ P.204, 216〉 鹿足郡津和野町池村1903
JR山口線青原駅 🚶 20分

　青原駅から高津川を渡り、南西へ1kmほど行くと津和野町柳村に入る。柳村の柳地区で継承されている柳神楽(県民俗)は、11月2日に柳会館で演じられている。柳神楽は、舞座の中央に1間四方のクモとよばれる枠を吊り、クモの下に敷いた2枚の蓙の上で演じるという古い形式を残している。当地区では、柳の神楽面19面と衣装34着(ともに県民俗)を保存しているが、鬼面の1つには「永正三(1506)年」と刻まれている。

　青原駅から国道9号線を南東へ約2km進み、池村バス停で左折し高津川を渡ると、三間社流造・檜皮葺きの三渡八幡宮(祭神応神天皇ほか)がある。彩色された彫刻と丹塗りの柱が印象的な本殿(県文化)は、棟梁之記(県文化)によると、1743(寛保3)年に大坂の大工鳥井九郎兵衛義賢が大坂で加工し、現地で組み立てたとある。

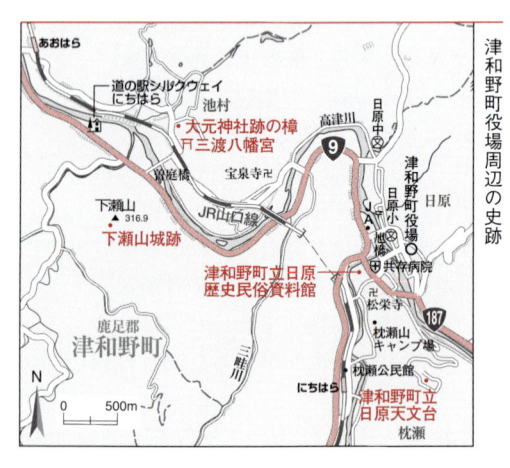

　三渡八幡宮前の「島根県で一番高い木」の標識に従って1kmほど進むと、大元神社跡の樟(県天然)がみえる。樹齢400年といわれ、樹高31m・幹囲約12m、枝張り約40mの巨木である。大元神社は、明治時代、三渡八幡宮に合祀され

大元神社跡の樟

た。

　三渡八幡宮の対岸の下瀬山には、鎌倉時代末期に津和野三本松城を築いた吉見氏の一族下瀬氏の居城であった下瀬山城跡がある。吉見氏と対立した益田氏との戦いで最前線となった、三本松城の重要な支城であった。山頂には下瀬氏の墓2基と礎石が残っている。

　国道9号線を高津川上流に向かってさらに進み、国道187号線と分かれる辺りが、旧日原町の中心部である。国道の分岐点の南にある津和野町立日原歴史民俗資料館は、農山村の生活用具約6000点を収蔵し、農家の囲炉裏端も再現されている。

　資料館の南側の山頂には津和野町立日原天文台がある。口径75cm反射望遠鏡を備えており、一般公開されているものとしては国内最大級である。隣接して、天文資料館や星と森の科学館もある。

旧道面家住宅 ❿

〈M ▶ P.204〉鹿足郡吉賀町注連川764
JR山口線日原駅🚗40分

質朴さがにじむ石見の古民家

　日原から国道187号線を南へ10kmほど行くと、吉賀町柿木村下須に入る。この地域には、下須の萬歳楽(県民俗)が受け継がれている。毎年12月第1土・日曜日に、豊作の年はその労をねぎらい、凶作の年には豊かな実りを祈願するために行われる祭礼で、当屋の家に集まった各家の代表である男性が、黒塗椀に8寸(約24cm)ほどの高さに盛った飯を食べ終えると、給仕役の女性が2杯目以降を強いる「飯食い」で知られる。飯を残すことは神への冒瀆といわれ、椀を隠して飯を断ろうとする男性と、さらにすすめようとする女性との間で行われる椀

旧道面家住宅

益田とその周辺　217

の奪い合いの様子は興味深い。

　国道187号線をさらに進むと、抜月に至る。毎年11月3・4日の剣玉神社（祭神 天忍穂耳命）の例祭などでは、抜月神楽（県民俗）が奉納される。舞座中央の俵を引き上げ、「ヤーマイル」といいながら繰り返し踊る「山舞」などに、神招きの古い形態を残している。

　吉賀川（高津川）沿いに南下して七日市を抜け、県道12号鹿野吉賀線に入って約2km進むと左側に案内板があり、これに従いさらに1kmほど進むと、茅葺き屋根の旧道面家住宅（国重文）に至る。桁行約8m・梁間6mの小さな入母屋造平入りの建物で、四壁とも土壁である。軒下は1.8mと低く、冬の寒気が入りにくくしてある。内部は改築されているが、もともとは「にわ」とよばれる土間と板張りの2間で構成されていた。工法などから文化・文政年間（1804～30）頃に建てられたと推定される。石見地方に残るもっとも古い民家である。

　旧道面家住宅から県道12号線を鹿野方面に約2.5km進むと、左手に雲松寺（曹洞宗）がある。この寺には本覚寺（臨済宗、廃寺）の鰐口（県文化）が保管されている。直径30cm・厚さ10cmの青銅製鰐口には「応永廿八（1421）年」の銘が刻まれており、吉見氏が奉納したものと考えられている。雲松寺に隣接する那智神社（祭神伊弉諾大神）は、鎌倉時代末期の懸仏4面を所蔵している。

金谷の城山桜 ⓫

〈M▶P.204〉 益田市美都町山本堂ケ峠墓ノ岸842-2
JR山陰本線・山口線益田駅🚌二川行葛籠口🚶‍♂️50分

銅山の盛衰を見届けたサクラ

　益田駅から国道191号線を広島県方面へ9kmほど進み、笹倉大橋を渡ってすぐ右折して県道54号益田澄川線を700mほど行くと、左側に笹倉八幡宮（祭神 仲哀天皇ほか）がある。この神社には、獅子頭3頭（県民俗）が伝えられている。立耳で鼻の部分が長いという古い獅子頭の様式でつくられており、黒獅子頭には「宝永元（1704）年」の銘がある。現在は島根県立古代出雲歴史博物館に寄託されている。

　国道191号線に戻り、さらに約7km進んで県道172号美都匹見線へ入ると美都町山本である。金谷川に沿って3kmほど行くと、川の右岸山頂の入船山城跡の北側に、樹齢500年を超えるエドヒガン

ザクラの古木金谷の城山桜(県天然)がある。樹高15m・目通り幹囲約6m、地上50cmの所で4本に分かれ、枝張りは東西・南北各20mにおよぶ。

　国道191号線に戻り、美都総合支所のある都茂から北東へ1.5kmほど進むと、右側に秦佐八郎の生家である山根家の長屋門がみえる。1873(明治6)年、江戸時代には庄屋をつとめ、造り酒屋も営んでいた山根家の8男として生まれた佐八郎は、医師秦家の養子となり、岡山第三高等学校医学部に学んだ。北里柴三郎が所長をつとめる伝染病研究所、ドイツ国立実験治療研究所で研究生活を送り、所長のエールリッヒ博士とともに梅毒の特効薬サルバルサン606号を発見した。山根家の横には秦記念館が設けられ、遺品や医学標本などが展示されている。

　都茂にある島山八幡宮(祭神誉田別命ほか)の神主原屋家は、益田荘内乙吉保に関する譲状を始め、鎌倉時代末期から室町時代前半にかけての古文書10通からなる紙本墨書原屋家文書(県文化)を所蔵している。

新槇原遺跡 ⑫　〈M▶P.204〉益田市匹見町道川
JR山陰本線・山口線益田駅🚌二川行終点🚶60分

　二川バス停から南へ約10km行くと、国道191号線と県道307号波佐匹見線が交わる付近で、匹見川と赤谷川が合流している。その合流地点の右手、道川小学校東側の河岸段丘上に新槇原遺跡(県史跡)がある。1985(昭和60)年の発掘調査で縄文時代前期の土器や、旧石器時代にあたる2万年前の火山灰層より石片や木炭が出土した。周辺にはこの遺跡のほかにも、縄文時代の炉跡が発見された田中ノ尻遺跡など、多くの縄文時代の遺跡がある。

　県道307号線を南下し崎田トンネルの手前から旧道に入ると、秋の紅葉が美しい表匹見峡をみることができる。表匹見峡を抜け、匹見小学校の前を通る県道42号六日市匹見線を紙祖川に沿ってさらに12kmほど南下すると、三葛地区に至る。この地区では三葛神楽(県民俗)が継承されている。「貴船」など17の演目を伝えており、六調子打切という舞の静・動がはっきりしている点を特徴としている。河内神社の例祭(10月14日)などで奉納される。

広葉樹の森が抱く遺跡群

益田とその周辺　219

❷ 城下町津和野とその周辺

江戸時代、亀井氏の城下町であった津和野は、山陰の小京都とよばれ、森鷗外ら多くの文化人を輩出した。

永明寺 ⓭　〈M▶P.204, 220〉 鹿足郡津和野町後田口107
0856-72-0137　JR山口線津和野駅 🚶10分

　東に青野山(907m)、西に津和野城(三本松城)跡のある城山が聳える盆地に開けた津和野は、山陰の小京都とよばれ、県外からも多

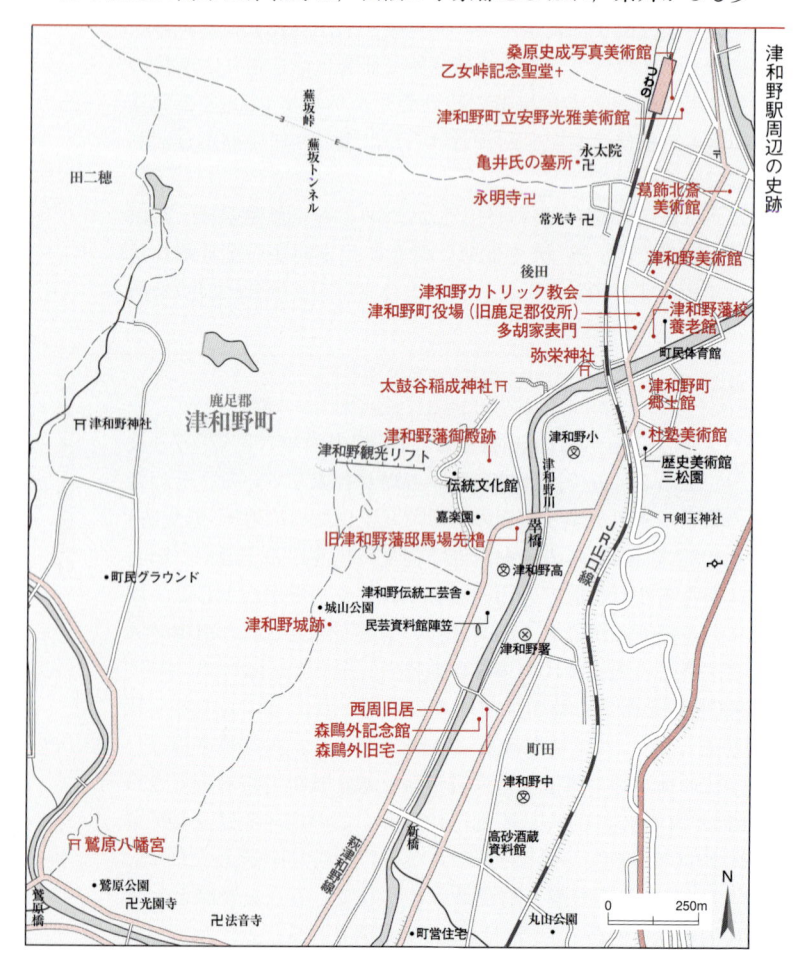

津和野駅周辺の史跡

- 桑原史成写真美術館
- 乙女峠記念聖堂 ✝
- 津和野町立安野光雅美術館
- 亀井氏の墓所・永太院 卍
- 永明寺
- 常光寺 卍
- 葛飾北斎美術館
- 津和野美術館
- 後田
- 津和野カトリック教会
- 津和野町役場(旧鹿足郡役所)
- 多胡家表門
- 津和野藩校養老館
- 弥栄神社
- 町民体育館
- 太鼓谷稲成神社 ⛩
- 津和野町郷土館
- 杜塾美術館
- 津和野藩御殿跡
- 津和野観光リフト
- 津和野小
- 歴史美術館 三松園
- 伝統文化館
- 嘉楽園
- 津和野川
- 剣玉神社
- 忍橋
- 旧津和野藩邸馬場先櫓
- 町民グラウンド
- 津和野高
- 津和野伝統工芸舎
- 城山公園
- 津和野城跡・
- 民芸資料館陣笠
- 津和野署
- 西周旧居
- 森鷗外記念館
- 森鷗外旧宅
- 町田
- 津和野中
- 高砂酒蔵資料館
- 鷲原八幡宮 ⛩
- 新橋
- 鷲原公園・
- 卍光専寺
- 卍法音寺
- 丸山公園
- ・町営住宅

田二穂　蕪坂峠　蕪坂トンネル　鹿足郡津和野町　⛩津和野神社

0　250m　N

3 吉見・坂崎・亀井氏の菩提寺

くの人びとが訪れる。津和野の町は，室町時代に吉見氏が三本松城を築いたことに始まる。毛利方についた吉見氏が関ヶ原の戦い(1600年)の後，萩に移ると，坂崎直盛の時代を経て，亀井氏が幕末まで11代約250年間にわたり支配し，津和野藩4万3000石の城下町として繁栄した。

津和野駅を出ると，右手50mほどの所に赤色の石州瓦と白壁が印象的な津和野町立安野光雅美術館がある。津和野出身の画家安野光雅の作品が展示され，昭和時代初期の教室が再現された別館では世界の絵本を閲覧できる。道の反対側には，報道写真家桑原史成の写真を集めた桑原史成写真美術館がある。

駅前から津和野川へ向かって進むと，弥栄神社の御旅所がある祇園町に出る。さらに道なりに進むと，葛飾北斎美術館がみえる。津和野出身の北斎研究家のコレクション約1000点を所蔵し，「富嶽三十六景」などの浮世絵版画や肉筆画を展示している。周辺にはこのほかにも，庄屋屋敷を利用し当地出身の画家中尾彰の作品を展示する杜塾美術館，土蔵を改修し津和野藩伝来の美術品を展示する津和野美術館など，多くの美術館がある。

駅前から安野光雅美術館前の道を南へ約300m進み，案内板に従って踏切を渡り山に向かうと，茅葺き屋根が印象的な永明寺(曹洞宗)に着く。1420(応永27)年，三本松城主吉見頼弘が，月因性初を開山として創建した寺で，津和野を領した吉見・坂崎・亀井3氏の菩提寺である。たびたび火災に遭い，本堂(県文化)は1779(安永8)年，庫裏・鐘楼(ともに県文化)などは1859(安政6)年の再建である。絹本著色十六羅漢像図(県文化)や，亀井茲矩が行った朱印船貿易を偲ばせるルソンの壺などを寺宝館でみることができる。

山門左手にある墓所の左奥に，「余ハ石見人森林太郎トシテ死セント欲ス」と記した

永明寺本堂

城下町津和野とその周辺　221

乙女峠記念聖堂

遺言のとおり「森林太郎墓」とだけ刻まれた森鷗外の墓がある。また，本堂奥の石段をのぼると「坂井出羽守」と刻まれた坂崎出羽守直盛の墓もある。直盛は関ヶ原の戦いの功績で津和野藩主となり，大坂夏の陣（1615年）では，徳川家康の孫千姫を落城寸前の大坂城から救い出す活躍をみせた。家康は千姫を直盛の妻とする約束をしたが守られず，他家に嫁ぐ千姫を奪還しようとしてはたせず自害し，坂崎氏は改易されたといわれる。その後入部した亀井氏歴代の墓所は，永明寺に隣接する支院永太院の背後の丘にある。

永明寺手前の踏切から案内板に従って山道を進むと，地元ではマリア聖堂とよばれる乙女峠記念聖堂に着く。明治政府は神道の国教化を進めるため，長崎浦上のキリスト教信者3000余人を西日本各地に送り，改宗を迫った。津和野藩も1869（明治2）年までに153人を預かり，この場所にかつてあった光琳寺に収容し，拷問によって改宗を強いた。その結果，1873年に禁制が解かれるまでに36人の信者が死亡した。この記念聖堂は，1951（昭和26）年，津和野カトリック教会が彼らの殉教を悼み建設したものである。

多胡家 表門と養老館 ⓮⓯

〈M ▶ P.204, 220〉鹿足郡津和野町後田ロ60
JR山口線津和野駅 🚶10分

コイの泳ぐ水路 重臣らの屋敷跡

葛飾北斎美術館前をさらに南へ進むと，古くからの造り酒屋などが軒を連ねる江戸時代の町人町を過ぎ，津和野カトリック教会・津和野町役場津和野庁舎・養老館などが並ぶ殿町に至る。江戸末期から昭和初期にかけての建築物と水路とが一体となった町並みは，重要伝統的建造物群保存地区に指定されている。

亀井氏の藩邸があったため殿町とよばれるが，藩邸は1625（寛永2）年に焼失し，県立津和野高校グラウンドの周辺に移転し，筆頭家老多胡家など重臣の屋敷が立ち並ぶ地区となった。現在，多胡家

多胡家表門

の屋敷地の大部分は道路となり、表門・番所・土塀(どべい)(県文化)が残るのみである。いずれも1853(嘉永6)年の大火の後、安政年間(1854〜60)頃に、表門の向かい側にある津和野藩校養老館(県史跡)とともに再建されたものと考えられている。

　養老館は、1786(天明6)年に創設された。他藩の藩校と同様に漢学・兵学を中心に講義が行われていたが、1848(嘉永元)年頃、最後の藩主亀井茲監(これみ)が藩政立て直しの一環として教育を重視し、国学・蘭医学を加える改革を行った。養老館からは西周(にしあまね)や森鷗外、福羽美静(よししず)ら、多くの人材が出ている。

　安政年間に再建され、現在まで残っているのは、門の左右の武道館と御書物庫の2棟である。左側の武道館は、津和野町民俗資料館となっており、江戸時代の武士・商人・農民の生活用具が展示されている。なお、養老館向かいの津和野町役場津和野庁舎(旧鹿足郡役所)は1919(大正8)年、北隣の津和野カトリック教会は1929(昭和4)年の建築で、ともに国の登録有形文化財に指定されている。

津和野町郷土館 ⑯
0856-72-0300
〈M▶P.204, 220〉鹿足郡津和野町森村ロ127
JR山口線津和野駅🚶15分

津和野の文化財を集める県内最古の郷土歴史資料館

　多胡家表門から南へ行き、津和野川を渡ると津和野町郷土館がある。1921(大正10)年に県内初の郷土歴史資料館として開設され、考古から近代までの諸資料を収蔵する。とくに、津和野藩の城下を描いた地図などの藩政資料、乙女峠のキリスト教信者殉教に関する資料のほか、高橋由一(たかはしゆいち)が描いた西周肖像(県文化)、養老館で使われた教科書、養老館に国学・蘭医学を導入した国学者大国隆正(おおくにたかまさ)や養老館で学び明治政府の神道国教化政策を推進した福羽美静ら、近世以降の資料が充実している。

　郷土館を出て、津和野大橋を渡り、太皷谷稲成神社(たいこだにいなり)の石鳥居をくぐって川沿いに進むと、弥栄神社(祭神須佐之男命(すさのおのみこと))がみえてくる。

城下町津和野とその周辺　223

室町時代に吉見氏が創建したと伝えられる。7月20日の神幸祭と7月27日の還幸祭では、鷺舞(国民俗)が奉納される。

津和野藩御殿跡 ⑰　〈M▶P.204, 220〉鹿足郡津和野町後田
JR山口線津和野駅🚌鷲原方面行町田🚶5分

旧津和野藩邸馬場先櫓

石垣と櫓　いにしえを偲ばせる

　弥栄神社から津和野川上流へ向かってさらに進むと、右手に県立津和野高校のグラウンドがみえる。この一帯が亀井氏が日常政務を執るために藩庁・藩邸などを設けた津和野藩御殿跡(県史跡)であり、建物敷地はグラウンドになっている。藩邸の庭園は、当時、嘉楽園とよばれ、同名の公園がグラウンドの隣にある。公園の奥には、藩主亀井茲監の銅像が築山の上に立っており、江戸時代末期に建てられ、藩邸から移築された物見櫓もみることができる。また、藩邸の区域を示す石垣と溝が東・南・北の3方に残っている。藩邸は1871(明治4)年の廃藩置県まで使用され、幕末に建てられた旧津和野藩邸馬場先櫓(県史跡)が、当時のまま、津和野川に架けられた幸橋のたもとに残っている。入母屋造・瓦葺きの2階建てで、1階は役人詰所、2階は倉庫として利用されていた。

津和野城跡 ⑱　〈M▶P.204, 220〉鹿足郡津和野町鷲原・後田　P
JR山口線津和野駅🚌野中方面行津和野高校前🚶30分

津和野を見下ろす石垣群

　県立津和野高校正門前を過ぎ、案内板に従って右折し、坂道をのぼりきると、日本五大稲荷の1つに数えられる太鼓谷稲成神社(祭神宇迦之御魂神・伊弉冉尊・伊弉諾尊)の朱塗りの社殿がみえる。1773(安永2)年藩主亀井矩貞が城山鎮護のために、京都の伏見稲荷を勧請し、稲成神社と称したのが始まりである。明治時代末期には一時衰退したが、現在では、初詣に訪れる人も県内では出雲大社についで多い。社宝には、津和野藩の天文学者堀田仁助が1808

鷺舞と津和野踊

コラム 芸

2つの古い様式を残す伝統芸能

　津和野には，弥栄神社の鷺舞と，念仏踊の形式を色濃く残す津和野踊という伝統芸能が残されている。

　津和野弥栄神社の鷺舞（国民俗）は，山口の大内氏が取り入れていた京都の祇園会の神事を吉見正頼が招来したもので，1542（天文11）年に初めて行われたという。雌雄2羽の鷺，赤鬼のような2人の棒振り，羯鼓2人に囃子方8人，警備役以下33人，計47人で行われる。白ヒノキの板39枚を扇のようにまとめて鷺の羽をあらわしており，重量は10kgにおよぶ。7月20日の弥栄神社の神幸祭に，同社を神輿に供奉して出発し，JR津和野駅前の祇園町にある御旅所前までの間，各所で計12回演じられる。

7月27日の還幸祭には，その逆のコースを進み，還幸する。

　津和野踊（県民俗）は，幸盛寺跡にある観音堂にヤナギを納める8月10日の柳参りの夜から踊り始め，20日まで各地で毎夜踊り続けられる盆踊りである。男女とも頭巾で顔を覆い，白い鉢巻，白の振袖，黒の股引，白足袋に雪駄といった姿で踊られる。「拝み手」「つかみ投げ」などの踊りの形が残る，念仏踊系の風流踊である。踊りのなかで3度手を打つので「3つ拍子」，囃子言葉から「ヨイヤサ」ともよばれている。三味線にあわせて歌われる詞には，1518（永正5）年に成立した小歌集『閑吟集』に所載のものもみられる。

（文化5）年に作成した天球儀・地球儀（県文化）や，江戸幕府天文方高橋景保が伊能忠敬測量図を模写した紙本著色日本国地理測量之図・紙本著色東三拾三国沿岸測量之図（ともに県文化）などがある。

　津和野城跡（国史跡）へは，稲成神社駐車場入口から山道を歩いてのぼる方法もあるが，稲成神社へ向かう坂道の半ばに設けられたリフトを利用するのもよい。リフトの終点から左へ曲り，尾根に沿って歩くと出丸の織部丸や堀切を経て本丸へ至る。建物は残っていないが，石垣はほぼ完全に残っている。山頂（367m）の本丸までは，徒歩10分程度である。

太鼓谷稲成神社

城下町津和野とその周辺　　225

津和野城跡

築城については、13世紀後半、鎌倉幕府から西石見の海岸警備を命じられた能登(現、石川県)の吉見氏が石見に至り、1295(永仁3)年より、この地を城山と定め、縄張りを始めたという伝承がある。吉見氏時代は、一本松城もしくは三本松城とよばれた。1551(天文20)年、陶晴賢が主家の大内義隆を倒したが、津和野の吉見正頼は大内義隆の姉を夫人としていたことなどから、陶氏との対立を決意し、安芸吉田郡山城(広島県安芸高田市)を拠点としていた毛利元就と手を結んだ。そのため、1554年春から秋にかけて、陶晴賢と現在の益田市に勢力をもっていた益田氏が津和野を攻め、吉見氏は長期の籠城を強いられ、同年8月末、開城を条件に和議が成立した。翌年、毛利氏が安芸厳島で陶氏を倒すと、吉見氏は息を吹き返し、以降、毛利氏に従った。その後、関ヶ原の戦い(1600年)で西軍についた毛利氏が周防・長門に移封されると、吉見氏も萩に移り住んだ。

吉見氏の後、津和野城に入った坂崎直盛は、鉄砲の発達に対応するため、本丸に新しい石垣を築くとともに、本丸を攻める敵を側面から砲撃できるように出丸を整備した。また、坂崎氏の後に入部した亀井氏も、ここを居城としたが、1873(明治6)年に城郭は破却された。

西周旧居・森鷗外旧宅 [19][20]　明治時代を切り拓いた2人の学舎

0856-72-3210(森鷗外記念館)

〈M▶P.204, 220〉鹿足郡津和野町後田 [P] ／津和野町町田イ230 [P] JR山口線津和野駅🚌鷲原方面行西周旧居前🚶3分

　津和野藩御殿跡から津和野川に沿って南へ400mほど進み左折すると、明治時代初期の哲学者西周旧居(国史跡)がある。西周は、1829(文政12)年に津和野藩典医西時義の子として生まれた。養老館で学んだ後、江戸に出て洋学に専念し、1862(文久2)年には幕命に

西周旧居

よりオランダへ留学した。帰国後は、開成所教授、兵学校の指導者を経て、明治政府では徴兵制度の整備に尽力した。また、明六社の一員として西洋思想の紹介に努め、「哲学」のほか、「科学」「芸術」など多くの翻訳語を創出したことでも知られる。

西周は、ここに4歳から25歳まで住み、瓦葺き2階建ての土蔵1階の3畳間で、勉学に励んでいたという。

西周旧居から北側の常盤橋を渡ると、明治の文豪森鷗外旧宅(国史跡)がある。鷗外は本名を林太郎といい、1862(文久2)年に津和野藩典医森家に生まれた。8歳で養老館に入学し、おもに漢籍を学んだ。廃藩置県で養老館が廃止されると、鷗外は父とともに東京へ移り、1874(明治7)年に第一大学区医学校予科(現、東京大学医学部)へ進学。1881年に卒業後、ドイツ留学を経て、軍医の道に進む一方、『舞姫』『阿部一族』などの旺盛な著作活動を行い、夏目漱石と並ぶ明治の文豪に位置づけられている。旧宅は鷗外が東京に移るまで住まいとした所である。旧宅の隣には森鷗外記念館が設けられ、直筆原稿・遺品・遺墨などが展示されている。また、石見国絵図8点(県文化)、太刀銘直綱(県文化)などの文化財を収蔵している。

森鷗外旧宅

鷲原八幡宮 ㉑ 〈M▶P.204,220〉鹿足郡津和野町鷲原
JR山口線津和野駅🚌鷲原方面行鷲原🚶1分

西周旧居から津和野川沿いに1.3kmほど進むと、城山の南西に鷲原八幡宮(祭神誉田別命ほか)がある。社伝では、吉見氏が鎌倉の鶴岡八幡宮を勧請したのが創建という。1554(天文23)年、陶晴賢

城下町津和野とその周辺　　227

武家文化の香り残る流鏑馬馬場

鷲原八幡宮流鏑馬馬場

が津和野を攻めた際に焼失し、現在の社殿(国重文)は、1568(永禄11)年に吉見正頼が再建し、1711(正徳元)年に修築を加えたものである。茅葺き屋根が印象的な楼門を入ると、拝殿と三間社流造、柿葺きの屋根をもつ本殿に至る。本殿には、現在は覆屋がかけられている。

八幡宮の境内には、流鏑馬馬場(県史跡)が残されている。全長138間(約250m)・幅15間(約27m)、長方形の敷地の中央には、3カ所の的場がある中堤があり、東側の芝のゆるやかな斜面に藩主らが座って、流鏑馬をみた。馬場は、吉見氏が鎌倉鶴岡八幡宮の馬場を模してつくったといわれている。流鏑馬は、毎年4月第2日曜日に行われている。

八幡宮前から県道17号津和野田万川線に入り北へ約5km進むと、旧堀氏庭園(国名勝)がある。堀氏は、笹ケ谷鉱山の採掘を、石見銀山大森代官の管理下で行った有力銅山師であった。主屋は1785(天明5)年、客殿庭園は1900(明治33)年に完成したものである。

益田から津和野を通り山口に向かう江戸時代の山陰道の石畳などが残る徳城峠越と野坂峠越は、鳥取県の蒲生峠越とともに国の史跡に登録されている。

Oki 隠岐

隠岐国分寺蓮華会舞

キンニャモニャ踊り

島後

ローソク島・
伊勢命神社
白島
白島崎
⑨
西村神社
隠岐海苔田ノ鼻
中沼了三の生家跡
世間桜
夜母瀬来
御崎
高尾暖地性
闊葉樹林
⑧
⑦
中村のかぶら杉
元寇トンネル
頗無地蔵・
壇鏡神社
油井ノ池
⑥
485
隠岐郡
隠岐の島町
⑤
④
那久岬
天健金草神社
高田神社
③
屋那の松原
あいらんどパーク
鷹取崎
松島

隠岐諸島

島前

高崎鼻
鼻津崎
星神島
冠島
二股島
大森島
⑯
西ノ島
⑬ ⑪ ⑫ ⑰ ⑱ ⑳
明屋海岸
中ノ島 ㉓
松島
485
⑲ ㉒
㉔
隠岐郡
西ノ島町
⑮
焼火山
452
㉑
知々井岬
⑭
文覚窟
雄ヶ鼻
明暗の岩屋
浦郷漁港
高田鼻
隠岐郡
海士町
三度崎
黒島鼻
赤灘の瀬戸
木路ヶ崎
㉗
㉘
知夫里島 ㉕
㉖
隠岐郡
知夫村
大波加島

①西郷港	⑨隠岐白島海岸	⑰承久海道キンニャ	㉒隠岐神社
②佐々木家住宅	⑩大満寺山	モニャセンター	㉓金光寺山と金光寺
③玉若酢命神社	⑪碧風館	⑱海士町後鳥羽院資	㉔清水寺
④隠岐国分寺	⑫黒木御所跡	料館	㉕松養寺
⑤平神社古墳	⑬西ノ島ふるさと館	⑲村上家と固屋城跡	㉖知夫村郷土資料館
⑥壇鏡の滝	⑭焼火神社	⑳後鳥羽上皇御火葬	㉗赤秃山
⑦水若酢神社	⑮由良比女神社	塚	㉘隠岐知夫赤壁
⑧隠岐郷土館	⑯隠岐国賀海岸	㉑源福寺跡	

◎隠岐散歩モデルコース

西郷港周辺コース　　西郷港 .2. 隠岐自然館・隠岐ジオパークセンター .1. 出雲大社分院灯籠 .3. 西郷陣屋跡 .20. 清久寺 .20. ロシア人墓地 .5. 大城遺跡 .3. 隠岐の島町立図書館 .10. 八尾川沿いの西町町並み .20. 西郷港

隠岐の歴史伝統コース　　西郷港 .20. 玉若酢命神社・億岐家住宅 .5. 平神社古墳 .3. 隠岐国分寺・モーモードーム .5. 隠岐国分尼寺遺跡・尼寺原遺跡 .20. 西郷港

都万・五箇コース　　1. 西郷港 .20. 屋那の松原・舟小屋 .5. 高田神社 .5. 天健金草神社 .20. 壇鏡の滝 .30. 福浦のトンネル .15. 水若酢神社 .2. 隠岐郷土館 .15. 顎無地蔵 .20. 西郷港

2. 西郷港 .30. 中村のかぶら杉 .15. 中沼了三生家跡 .10. 隠岐白島海岸 .10. 中村 .20. 布施海岸・春日神社のクロマツ群 .60. 西郷港

大満寺山コース　　西郷港 .50. (銚子ダム経由) 乳房杉 .3. 大満寺山登山口 .50. 大満寺山山頂 .30. 鷲ヶ峰山頂 .20. 神原高原・天然林 .10. トカゲ岩展望台 .10. 自然回帰の森(中谷駐車場) .20. 布施海岸・春日神社のクロマツ群 .60. 西郷港

西ノ島コース　　1. 別府港 .2. 西ノ島ふるさと館 .7. 碧風館 .7. 黒木御所跡 .10. 千福寺跡 .6. 三位局屋敷跡 .10. 美田八幡宮 .5. 大山神社 .10. .15. 焼火神社 .10. .10. 日吉神社 .10. 由良比女神社 .7. 国賀海岸 .15. 別府港

2. 別府港 .5. 美田八幡宮 .10. 千福寺跡 .10. 碧風館 .7. 黒木御所跡 .10. 別府港 .60. 東国賀・国賀海岸・船引運河 .60. 浦郷港

中ノ島コース　　菱浦港 .10. 海士町後鳥羽院資料館 .3. 後鳥羽上皇御火葬塚 .2. 源福寺跡(行在所跡) .5. 隠岐神社 .7. 推恵神社 .8. 村上家・固屋城跡 .10. 金光寺 .10. 明屋海岸 .15. 海士御塩司所 .3. 清水寺 .15. 菱浦港

知夫里島コース　　来居港 .25. 赤禿山 .20. 天佐志比古命神社 .6. 知夫村郷土資料館 .15. 河井の湧水・地蔵 .30. 松養寺 .40. 来居港

島後

①

隠岐諸島最大の島。黒曜石の産出で知られ固有の自然を残し、流人や海上の交流を通じて独自の民俗芸能を今に伝える。

西郷港 ❶ 〈M▶P.231, 233〉隠岐郡隠岐の島町中町 P
七類港または境港 ⛩西郷港

　西郷は日本海交通の要衝であるとともに、島後のみならず、島前を含めた隠岐島の政治・経済・教育・文化の中心地である。西郷港は、近世以来、北前船の西廻り海運の寄港地として整備され、帆船の風待ち港として島前の浦郷とともに繁栄した。現在は、隠岐汽船の定期航路により結ばれている。松江市美保関町の七類港・鳥取県の境港とは、高速船では約1時間、フェリーでは2時間半ほどである。隠岐汽船は、1885(明治18)年に島前の西ノ島の焼火神社宮司松浦斌や隠岐四郡初代郡長高島士駿らの尽力により、隠岐四郡町村連合会の協力で汽船購入が実現し、民間会社として設立された。さらに、岬町に整備された隠岐空港より出雲空港・大阪伊丹空港と結ばれている。

　西郷港は、島後中心部から流れる八尾川の河口に開けた港である。東には金峯山、西に愛宕山が南に開いた湾口を取り囲み、背後の大城の丘を中心に西側と東側に湾が入り組んだ地形は、北風を防ぐ天然の良港となっている。現在の港町の水祖神社付近はかつては島であったが、河口がしだいに埋め立てられた。西郷の町並みは大城山と八尾川に沿った街路に東町・中町・西町の集落が連なっており、西町には幕末に建築された町屋が一部現存する。また、町並みを散策すると、東町の清久寺(地蔵院、浄土宗)を始めとする町内の社寺には、船主から奉納された石造物が多数残されており、風待ち港の時代を偲ぶこ

大満寺山からみた西郷湾

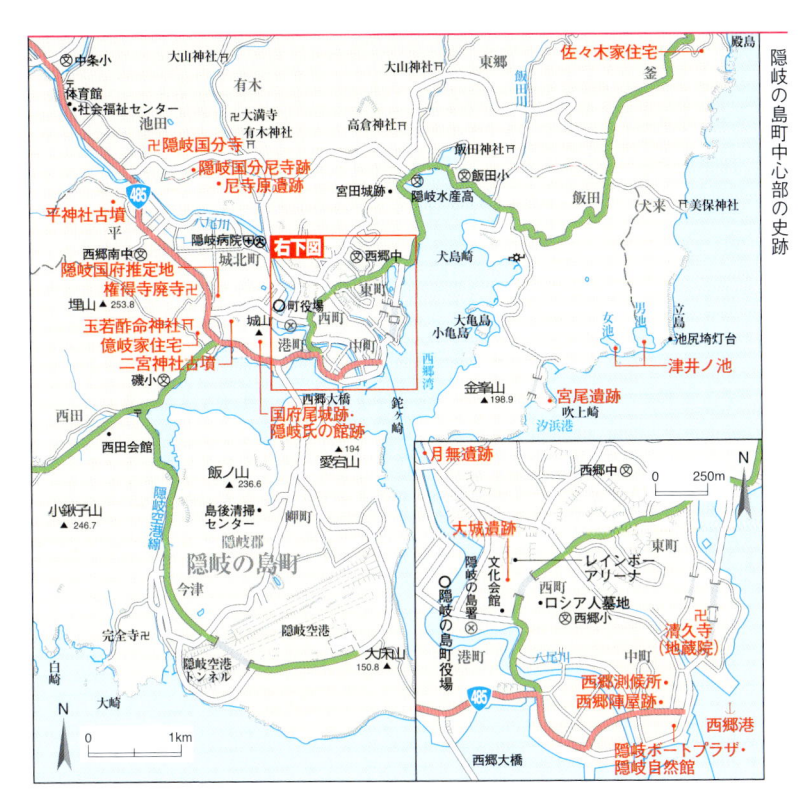

とができる。江戸時代，隠岐は出雲松江藩預かりの幕府領であったため，西郷には陣屋がおかれ，松江藩の郡代が在駐した。また，明治時代以降には県の出先である隠岐島司(現在の隠岐支庁)がおかれ，現在も西郷周辺には公共施設が集中している。

　港前にある隠岐ポートプラザ内の隠岐自然館・隠岐ジオパークセンターでは，隠岐の陸上や海洋の動植物が実物展示されている。近くの出雲大社分院境内には昭和初期まで灯台の役割をした高さ5mの灯籠が現存する。境内から北西に100mほど行った西郷陣屋跡だった場所には，隠岐騒動の記念碑が立っている。そこから坂をのぼった所に1939(昭和14)年に開設された西郷測候所があったが，2008(平成20)年に機械自動観測を行う無人施設となった。測候所の尾根続きの西郷小学校のプール横を北へ100mほど行くと，日露戦争(1904～05年)の日本海海戦で漂着したロシア人兵士の亡骸を住民が

島後　233

手厚く葬ったロシア人墓地がある。

　ロシア人墓地からさらに100mほど北へ行くと，左側丘陵上に町立隠岐の島町総合体育館（レインボーアリーナ）があり，建物横に1999（平成11）年に隠岐で初めて発見された弥生時代の四隅突出型墳丘墓の大城遺跡（県史跡）がある。この型の墳丘墓と出雲から運び込まれた弥生土器の発見によって，弥生時代の山陰本土と共通の祭祀を行う首長の存在が明らかとなった。現在，復元された墳丘墓をみることができる。

　大城遺跡横の階段をおりると，隠岐島文化会館敷地内に隠岐の島町立図書館があり，隠岐関係の図書や資料をみることができる。

佐々木家住宅 ❷
08512-2-1290

〈M▶P.231,233〉 隠岐郡隠岐の島町釜カス谷17　P
西郷港🚌大久・布施行釜入口🚶5分

近世隠岐の古民家を訪ねる

　西郷港の東側，外海に面した所に津井ノ池がある。東にある男池は周囲約900m，西にある女池は約600mで，いずれも淡水の潟湖である。この池の付近は，『平家物語』の宇治川の先陣で登場する名馬「生食（池月）」が育てられた所と伝えられる。津井ノ池西側の山腹からは，石器の材料となる黒曜石（馬蹄石）が産出する。池の南西側には塩浜の海水浴場やキャンプ場があり，海水浴場の東側突端，吹上崎に縄文時代前期〜中期の集落遺跡である宮尾遺跡がある。

　津井ノ池から県道47号西郷布施線まで戻り，東海岸沿いに北へ3.5kmほど行くと，佐々木家住宅（附 棟札1枚・家相図2鋪・普請文書2冊，国重文）がある。

佐々木家住宅

　この住宅は，現存する数少ない隠岐の近世民家建築である。江戸時代，代々釜村の庄屋をつとめた佐々木家の居宅で，現在は主屋のみが残っている。2005（平成17）年，同家に残る古文書を参考に解体修理が行われた。

隠岐騒動

コラム

隠岐の明治維新と島民自治

　幕末,隠岐近海にも異国船があらわれ,松江藩は防備のために隠岐島民を農兵として組織した。島後の中村出身で当時京都で塾を開いて大義名分を重んじる尊王思想を説いていた中沼了三(葵園)から,精神的影響を受けていた水若酢神社の神主忌部正弘,島後北部の五箇の中西淡斎,島後南部の加茂の庄屋(隠岐では公文とよぶ)井上甃介らは,水若酢神社の境内に私塾膺懲館をつくり,島内の壮士らの指導にあたった。さらに,1867(慶応3)年には,松江藩郡代山郡宇右衛門に学問と武芸の機関である文武館設置の嘆願書をたびたび提出したが,分不相応として却下され,郡代と対立するようになった。やがて王政復古が実現し,朝廷から山陰道鎮撫使が派遣された際,郡代が隠岐村役人宛の公文書を開封した。このことが発端となり,島後11カ村の庄屋の集会が開かれるに至った。

　1868(慶応4)年3月19日,忌部正弘を総指揮役とし,島後の上西の横地官三郎ら庄屋たちを指導者として村々から集まった3046人が正義党を組織し,西郷の郡代陣屋を襲って山郡ら松江藩の役人を島から追放した。彼らは文武館を設立し,会議所という合議機関を設けるとともに,執行機関である総会所をおき,島後の住民による自治組織を樹立した。

　これに対し,松江藩は朝廷に島民が暴動をおこしたと報告し,朝廷の許可を受けた藩兵は5月10日に西郷を軍事制圧。ここに正義党による自治は80日間(慶応4年は閏4月があるため合計すると80日間)で終わりを告げた。

　しかしその後,鳥取・長州・薩摩藩の圧力を受けて松江藩は撤兵,正義党が再び実権をもち,島後と島前の両島の協和が成立して自治が復活した。11月には隠岐は鳥取藩の管轄となり,1869(明治2)年2月には朝廷直轄の隠岐県が設置され,総会所は解散した。この一連の出来事を隠岐騒動とよぶ。

　この事件は,隠岐の近代の幕開けを告げる出来事であった。

1836(天保7)年に建てられた平屋建ての主屋の広さは約200m²,土間と7部屋からなる。杉皮葺きの屋根は約800個の石を載せており,正面入口は,玄関(代官・神宮・僧侶用)・平戸口(接客・儀式用)・大戸口(一般庶民用)の3つに分かれ,縁側はない。

　大戸口を入ると広い土間(ウスニワ)に,臼・杵,山樵具,機織り具などの旧佐々木家住宅生活用具91点(県民俗)が展示されている。土間の奥に台所と家族が食事をするナカエがあり,続いて表側には

チャノマ・ヤリノマ・シモノマ・カミノマ，裏側はヒヤ・オクベヤがあり，カミノマからナカエがみえない鍵座敷の形式になっている。大黒柱に「オカマさん（竈神）」，チャノマに「タカガミさん（いわゆる神棚にまつられた神々）」，ヒヤに「トシトコさん（歳徳神）」などの神がまつられ，民間信仰の様子がわかる。また，江戸時代初期から明治時代初期にかけての佐々木家庄屋文書が展示されている。

玉若酢命神社 ❸
08512-2-0571

〈M▶P.230, 233〉隠岐郡隠岐の島町下西字宮ノ前701　P
西郷港🚌今津・加茂行玉若酢命神社前🚶3分

現存唯一の駅鈴 隠岐独特の建築様式

　バス停の正面に玉若酢命神社がある。坂をのぼり，1852(嘉永5)年に建てられた入母屋造・茅葺きの随神門(国重文)をくぐると，右側に県内一のスギの巨樹八百スギ(国天然)が聳え立つ。樹高30m・幹囲20mで，応神天皇の頃，若狭国(現，福井県)から八百比丘尼がきて神前にこのスギを植え，800年後に再び訪れるといったことから命名されたと伝えられる。

　玉若酢命神社は，隠岐開拓の祖神といわれる若酢命をまつる。現在の本殿(国重文)の造営は1787(天明7)年に始められ，1793(寛政5)年に遷宮が行われた。当時，島後の全村から職人や建築材・資金が集められた。神社は，屋根は茅葺き妻入りで大社造に似ているが，平面は神明造に似た構造をもっており，大棟の千木と勝男木の上に雀踊とよぶ横木を載せる。隠岐独特の建築様式であり，隠岐造とも称される。

　この神社は，11世紀以降，国司が国内の諸神を集めて祭祀を行った隠岐国の総社で，中世・近世を通じて総社大明神ともよばれた。毎年6月5日の御霊会風流(県民俗)には，馬入れの神事，御旅所で行われる御田植神事，御旅所近くで行われる流鏑馬などがある。とくに，馬入れの神事は，

玉若酢命神社

かつては島前・島後から48頭の神馬が神霊を乗せて参集したとの伝承があるが，現在は規模を縮小して，近隣の8地区から神馬を出している。人馬一体となった勇壮な神事は，迫力がある。

本殿に向かって右の丘陵上に，玉若酢命神社古墳群(県史跡)がある。8号墳は全長32mの前方後円墳で，周辺には直径10m前後の円墳が14基ある。

神社の南東約50mの所に，隠岐国造の後裔という玉若酢命神社の社家である億岐家住宅(附福神社1基・家相図1鋪，国重文)がある。茅葺き屋根のこの住宅は，1801(享和元)年に建てられたもので，建築年代のわかるものでは隠岐最古の社家住宅である。正面入口は3つあり，大戸口を入ると土間の大黒柱に馬つなぎの鉄輪，右手に禊部屋(現在は納戸)がある。屋内を見回すと大黒柱や床柱に刀痕，板戸に銃弾痕があるが，これらは1868(慶応4)年5月，隠岐騒動に際して松江藩兵が攻撃した痕跡である。なお，現在も住宅として使用されているため，内部の見学はできない。

億岐家住宅隣の古香殿では，国の重要文化財である隠岐国駅鈴(附光格天皇御下賜唐櫃〈担棒付〉)・銅印(印文「隠伎倉印」)を始め，玉若酢命神社や億岐家伝来の宝物・資料が展示されている。駅鈴は，律令の駅制のもとで国司などの官人が駅馬利用の際の証として使用したもので，日本で現存する唯一のものである。倉印は隠岐国の正倉の出納の際に使用されたと考えられる。なお，億岐家と親交のあった小泉八雲(ラフカディオ・ハーン)ゆかりの品も展示されている。

玉若酢命神社東側の台地には住宅が立ち並んでいるが，この辺りは国府原とよばれ，隠岐国府跡推定地の1つである。発掘調査では字能木原で規格的な掘立柱建物跡が発見されており，官衙遺構とみられている。また，神社東方の円錐形をした城山は，中世に隠岐の守護代であった佐々木氏の一族隠岐氏の国府尾城跡で，麓には隠岐氏の館跡がある。城跡のある尾根の続きには，湾内を通過する船の監視を行った場所とされる古城ヶ鼻とよばれる岬がある。

城山の北側は八尾川が天然の堀となって流れているが，川沿いの道を上流に向かうと島後で最大の平野が開けてくる。この平野は，

古代から開発が進められた場所である。八尾川に架かる八田橋付近の月無遺跡は、川底から弥生時代前期〜古墳時代初期の土器・石器・木製品が出土した。また、現在は圃場整備のために消滅しているが、奈良時代の条里制の跡がみられた。平野周辺には、国府原古墳群（6世紀末期）・二宮神社古墳（6世紀末期）など多数の古墳や、奈良時代に豪族が建てた権得寺廃寺などがある。

隠岐国分寺 ❹
08512-2-2934　〈M▶P.230,233〉隠岐郡隠岐の島町池田字風呂前5　P
西郷港🚌中村・五箇・都万行国分寺前🚶3分

後醍醐天皇ゆかりの古代寺院

国分寺前バス停横の参道を100mほど行くと隠岐国分寺がある。当初は金堂・三重塔・大門・中門・僧坊などがあったとも伝えられるが、真言宗の一寺院として現在に至っている。隠岐内の寺院は、1869（明治2）年の廃仏毀釈によってすべて破壊され、国分寺も例外ではなかった。1950（昭和25）年に本堂が再建されたが、2007（平成19）年2月、火災により全焼したが、2014年に再建された。

本堂の後方に柵で囲まれた礎石列があるが、これは廃仏毀釈以前の本堂跡で、隠岐国分寺境内として国の史跡に指定されている。国分寺は、1331（元徳3・元弘元）年の元弘の変で隠岐配流となった後醍醐天皇の行在所跡とされる。島前西ノ島別府の黒木御所跡も行在所であったと伝えられているが、国分寺を行在所跡に比定することについては、『増鏡』の「国分寺といふ寺をよろしきさまにとりしひておはしまし所にさたむ」の記述や、出雲市鰐淵寺の頼源文書が根拠となっている。

隠岐国分寺境内

古代の伎楽・舞楽の流れを汲む隠岐独特の芸能が、本堂前庭の舞台で毎年4月21日に催される隠岐国分寺蓮華会舞（国民俗）である。蓮華会舞の古面9面（県民俗）は火災により焼失したが、蓮華会舞保存会が面や衣装を復

元し、2008(平成20)年から復活奉納されている。現在、「眠り仏」「太平楽」「山神貴徳」「竜王」などの演目が伝承されている。また、近くの原田集落に伝えられる島後原田神楽(県民俗)は島後周吉神楽の1つで、原田神楽の面20面(県民俗)が残されている。

　国分寺の南東約500mの所には、奈良時代の瓦・土器と2棟の掘立柱建物跡が発見された隠岐国分尼寺跡(県史跡)があるが、伽藍配置が他の国分尼寺と異なっており、厳密には国分尼寺跡とは断定されていない。さらに道路を東へ進むと、県立隠岐高校に至る。校地一帯は、奈良時代から平安時代にかけての集落遺跡である尼寺原遺跡である。遺跡の一部は、高校のテニスコート横に遺跡公園として保存されている。

平神社古墳 ❺　〈M▶P.230, 233〉隠岐郡隠岐の島町平字森脇1143
西郷港🚌五箇・都万方面行国分寺前🚶5分

　国分寺前バス停から南西の山側に進むと、平神社(祭神素戔嗚命)がある。社殿の後ろに、平神社古墳(県史跡)がある。この古墳は6世紀後半に築造された隠岐最大の古墳で、全長48m、前方部の幅20m・高さ4.5m、後円部の径22m・高さ5.5mの前方後円墳である。横穴式石室をもち、壁は自然石と割石を用いて上部が狭くなるように積み上げた持ち送り式となっている。現状では全長8m、玄室の長さ6m、奥壁の幅2.2m、天井部分は壊れている。墳丘の斜面には葺石があり、円筒埴輪や須恵器の大甕が出土した。被葬者は、隠岐国造ではないかと推定される。

　隠岐では古墳時代前期から古墳が築造され、総数は200基を超えるが、大部分が円墳である。前方後円墳は9基あり、そのうち7基が平神社や玉若酢命神社などのある八尾平野周辺の丘陵部に分布する。また、横穴墓は隠岐全体に点在しており、島後西部の都万の中里横穴墓群・ニマ横穴墓群、五箇字北方の里横穴墓群が現存する。なお、線刻壁画があることで知られていた飯ノ山横穴群があったが、第二次世界大戦後、山全体が珪藻土採取地となったためにほぼ消滅し、現在はみることができない。

島後

壇鏡の滝 ❻ 〈M▶P.230〉隠岐郡隠岐の島町那久1617 P
西郷港🚗60分

隠岐の西海岸にある修験道の行場

　玉若酢命神社前から県道44号西郷都万郡線を西へ向かうと、都万の海岸線に至る。海岸には、若狭国からきた八百比丘尼が植えたマツの一部と伝えられる屋那の松原と、杉皮葺きの舟小屋がある。杉皮で葺いた屋根の上に重石を乗せた舟小屋が整然と並ぶ風景は、昭和30年代頃までは島内のいたる所でみられたが、現在では、復元されたこの舟小屋群がわずかにかつての風情を残すのみである。都万支所の東150mほどの所にある高田神社（祭神 国常立尊）は、1387（至徳4）年の紙本墨書高田明神百首和歌1巻（県文化、非公開）を所蔵する。これは、京都金蓮寺（時宗）の僧侶浄阿が高田大明神の託宣を機縁に、二条良基の序文を始め、公家・武家・僧、隠岐守護や地頭の和歌を集めて奉納したものである。また、都万支所から北へ1.5kmほど行った所に、『延喜式』式内社の天健金草神社（祭神大屋津媛命・抓津媛命・誉田別命）がある。この神社は、古代において、しばしば託宣を下す北辺鎮護の神として知られていた。

　都万支所から県道44号線をさらに北へ10km行くと、那久川上流に壇鏡の滝がある。この滝は男滝・女滝の2つの滝からなり、火難防止とともに勝者の水として知られ、牛突き・古典相撲の参加者が清めに使う。滝の間には壇鏡神社がある。この神社のおこりは、那久路にある光山寺2世慶安が鏡のあるのをみつけてまつったことによる。中世以来この地は修験道の行場であり、祭神の瀬織津姫命は鎮火の神として知られている。付近の渓流には、隠岐固有種のオキサンショウウオが生息する。さらに道を戻って県道44号線を五箇方面に進むと、油井のスイセンなどの植物群落の自生地がある。

壇鏡神社と壇鏡の滝

牛突き

コラム

行

島民の娯楽

　隠岐の娯楽行事である闘牛を**牛突き**とよんでいる。新潟県長岡市山古志、愛媛県宇和島市、東京都八丈島や沖縄県などでも、同様の牛の角を突き合わせる闘牛が行われている。隠岐の牛突きは、1221（承久3）年の承久の乱で隠岐配流となった後鳥羽上皇を慰めるために始まったとされている。かつては上皇が配流となった島前海士町にある後鳥羽上皇御火葬塚の近くで、毎年2月22日の忌日に行われていたようである。島前では、1846（弘化3）年、大勢が集まり人や牛にけがをさせる、牛に米や大豆を食べさせる、牛突き場として畑を荒らすという理由で、代官より牛突き禁止令が出された。現在は島後だけで行われている。

　牛突きで使用される2～6歳の雄牛はツキウシとよばれ、800kgを超える牛がツナトリの手綱さばきで角を突き合う。ミッケという検査役が判定を行い、途中で逃げ出した牛が負けになる。国分寺外苑の**隠岐モーモードーム**（5～10月の毎週土曜日16時）、地域行事としては那久の壇鏡神社の八朔祭りの牛突き大会（9月1日）と五箇の一夜ヶ嶽神社の奉納牛突き大会（10月15日）の3カ所で観戦できる。

牛突き

水若酢神社 ❼　〈M▶P.230〉隠岐郡隠岐の島町郡723　P
08512-5-2123　　西郷港🚌重栖行水若酢神社前🚶2分

隠岐の「一宮さん」

　西郷港から国道485号線を八尾川に沿って約10km北上し、トンネルの手前で左折し約1km行くと、**顎無地蔵**をまつった小堂がある。この地蔵には、つぎのような言い伝えがある。838（承和5）年隠岐に配流された小野篁は地元の娘阿古那と愛し合うようになったが、罪を許されて都に帰るときに2体の木像をこの娘に与えた。阿古那に与えられた2体の木像は、いつしか「あごなし」とよばれるようになり、あごがなければ歯の痛みもないだろうということから、歯の痛みを治してくれる地蔵として信仰されるようになった。

　さらに国道485号線を北上し、五箇トンネルを抜けて坂をくだると五箇平野が開け、右側に大きな鳥居がみえてくる。ここが**水若酢神社**（祭神水若酢命）である。水若酢神社は隠岐一宮とされ、通称

水若酢神社本殿

「一宮さん」とよばれている。隠岐には、『延喜式』神名帳に記載された神社が16社ある。そのうち大社は、水若酢神社のほか、島後北端にある久見の伊勢命神社、島前の西ノ島町由良比女神社、島前の海士町宇受賀命神社の4社が挙げられる。

<u>水若酢神社本殿</u>(国重文)は、1795(寛政7)年、北方の森喜與八が棟梁として建てたものである。屋根は茅葺き妻入り、正面は片流れの向拝が大屋根と一体にならず軒下に収まる。妻飾りには、コイと波をかたどった彫刻が施されている。この建築様式は、下西の玉若酢命神社、<u>久見神楽</u>(県民俗)が舞われる伊勢命神社と同じである。

隔年の5月3日に行われる大祭、<u>水若酢神社祭礼風流</u>(県民俗)は、木遣り歌にあわせて、山車を襷・鉢巻・草鞋姿の男児が大人にまじって引き出すものである。玉若酢命神社の御霊会風流、島後中村の武良祭風流(ともに県民俗)とともに隠岐の三大祭りと称される。

境内には<u>水若酢神社古墳群</u>がある。本殿の後ろには直径約20mの円墳、東には隠岐最大の石室をもつ7世紀頃の古墳がある。かつては、このほかに数基の古墳があったが、現在は消滅している。出土品の大刀などは、東京国立博物館に収蔵されている。神社西側の集落には奈良時代の<u>犬町(郡)廃寺</u>があり、軒丸瓦などが出土している。

隠岐郷土館 ❽
08512-5-2151

〈M▶P.230〉 隠岐郡隠岐の島町郡749-4　P
西郷港🚌重栖行水若酢神社前🚶5分

隠岐の歴史・自然・民俗を学ぶ

水若酢神社の東隣に<u>隠岐郷土館</u>がある。この建物は、西郷港近くの松江藩陣屋跡に隠岐四郡町村連合会が1885(明治18)年に建築した<u>旧周吉外三郡役所庁舎</u>(県文化)を、1970(昭和45)年に移築したものである。県内でも数少ない明治時代の擬洋風建築で、正面12間(約21.6m)・奥行5間(約9m)の木造瓦葺きである。正面からみると

隠岐古典相撲

コラム / 祝事に催される隠岐古典相撲

　隠岐島後では神社の遷宮や学校など公共施設の竣工などを祝って、地域ぐるみで隠岐古典相撲（宮相撲または柱相撲）とよばれる独特の相撲を開催する。この相撲は、寛政年間（1789〜1801）に水若酢神社改築の勧進のために開催されたとの伝承がある。第二次世界大戦後、一時中断していた時期もあったが、大巾会という組織が1972（昭和47）年に復活させ、隠岐古典相撲と名づけて、現在もこの会を中心に開催している。

　この相撲の特色は、第1に三重土俵で相撲を取ること、第2に勝負のしこりを後に残さぬよう1勝1敗の引き分けで終わらせること、第3に相撲が個人の勝負のみではなく、力士を選出した地域同士の勝負であること、第4に相撲がカミゴト（神事）と考えられていることである。座元は祝い事のある地域がつとめ、寄方とよばれる他地区の小・中学生から成人まで300人ほどの力士が2日にわたって夜通し取り組みを行う。大関・関脇・小結が役力士で横綱はおかない。取り組みをした者同士は、生涯の友人として交流する習わしになっている。相撲が終わると土俵を解体し、土俵に立てられた柱に役力士をまたがらせ、皆で担いで地区に帰る。島内で家の軒下に土俵の丸木の柱が吊るしてある家は、役力士をつとめたことを示している。

隠岐古典相撲

左右対称で、1・2階に上下開閉式の縦長窓、2階中央にベランダを配し、全体が白く塗られている。

　建物の内部は、隠岐の歴史・自然・民俗に関する展示がなされている。1階には隠岐諸島の模型、景勝地・隠岐固有の花の写真、岩石・化石・貝の標本、考古資料が展示され、2階には漁具・山樵具・農耕具・生活用具などからなる隠岐島後の生産用具674点（国民俗）や、幕末の儒学者中沼了三関係の史料が展示されている。また、五箇の旧家の古文書も保管されている。郷土館の横には、縄文時代に黒曜石が隠岐から本土へ運べたことを実証するためにつくられ、実験航海した丸木舟「からむしⅡ世号」が展示されている。

　郷土館の裏手には都万目の民家（県民俗）がある。江戸時代に頭

百姓をつとめた日野家の主屋を，1973年に島の中央部の都万目地区から移築したものである。入母屋造・茅葺きで，4部屋にナカエがつく田字型で，建築年代は江戸時代末期という。郷土館の西側には五箇創生館があり，牛突き・古典相撲などの民俗行事や島の暮らしについての展示や映像をみることができる。

　島後は，山陰地方で唯一黒曜石を産出する。黒曜石は，旧石器時代から縄文時代までは島の内外で石器の原材として利用され，本州側の山陰地方や中国山地を越えた瀬戸内地方，遠くロシアの沿海州まで運ばれたことが岩石組成の分析から明らかになっている。このことから，隠岐は黒曜石の遠隔地間交易の拠点であったと考えられる。島後北端の久見では良質の原石が採掘され，現在は装飾品に加工され，特産品として販売されている。

　なお，北西端の海岸沖合には，ローソク島が屹立する。日没の陽光が岩柱の先端に輝く様子を蠟燭の点った姿に見立てたところから，その名がある。重栖港から福浦地区の間には凝灰岩を貫いた福浦トンネルがあり，入口付近の黒滝に黒曜石の露出した断崖をみることができる。

隠岐白島海岸 ❾

〈M▶P.230〉隠岐郡隠岐の島町西村　P（展望台入口）　西郷港🚌伊後行白島入口🚶60分，または白島新土手橋🚶15分

　久見集落から北端の西村・中村・布施にかけての海岸線は，断崖・奇岩や大小100近くの島々があり，美しい景観をなしている。

隠岐白島海岸

　西村の白島崎には隠岐白島海岸（国名勝・天然）がある。白島神社（祭神綿津海神）がまつられ，沖島オオミズナギドリ繁殖地（国天然）として知られる沖ノ島や，白島・松島・黒島・小白島などがある。白島海岸は，

隠岐の柔和な海岸風景

隠岐の海運

コラム

日本海交通の中継地

　隠岐の海上交通は，原始時代には黒曜石をめぐる丸木舟による交易，古代では律令制の中央と地方を結ぶ駅制整備による本土との通行が中心であった。隠岐の海運が大きな役割をもつようになったのは，近世からである。始まりは河村瑞賢による西廻り海運の設定にあるが，当初は造船や航海法が未熟で隠岐を通行せず，本土沿岸を航行する「地乗り」航法が行われていた。文化・文政年間(1804～30)になると，蝦夷地，東北・北陸地方の物資を大量に輸送するため，五百石船・千石船とよばれる大型の帆船(弁才船型式)が改良され，さらに輸送期間を短縮するため，途中の荷揚げなどを行わず船団を組んで出発地から下関に直行する「沖乗り」とよばれる航法が始まった。これにより隠岐は，日本海を航行する北前船の中間寄港地として重要となり，幕末から明治時代前期にかけて海運が全盛期を迎えた。船団が寄港した隠岐のおもな港は，島後では西郷・今津・加茂・布施，島前では知夫里島の郡，西ノ島の別府・大山・浦郷であった。

　沖乗りの船は日本海の季節風を利用するため，航海の時期は春から秋までの半年に限定され，隠岐への寄港は休息や薪水の補給を目的としていた。また，冬季(旧暦11～3月)は隠岐の各港で「風待ち」をした。これら風待ちをする船を，隠岐では「囲船」とよんでいた。隠岐の各港は，西側に港口が向いた上方行きの「上り間」と東側に向いた北陸行きの「下り間」に分かれており，上りの船は東風を，下りの船は西風を帆に受けて出航した。とくに西郷は港が南側に開き，さらに東西に湾入した地形のため，帆船の入港地としてはすぐれた条件を備えていた。

　上り船は北陸の米・昆布・塩干し魚，下り船はおもに菜種油，日用綿織物，船のバラストがわりとなる瓦・石材などを運んだ。隠岐諸島内の産物も商品として各地に出荷され，隠岐でも海運業が盛んになった。海産物では俵物としての干鮑，煎海鼠や鯣(隠岐鯣として全国で有名であった)，また布施などの木材も運ばれ，隠岐にも商品経済が浸透した。

　しかし，隠岐の海運業は，明治時代に入り洋式汽船が導入され，陸上輸送として鉄道が利用されるようになると，1900年代初めには衰退した。

名前の通り白色の岩石(おもに板状アルカリ石英粗面岩)が特徴的である。このため，島前の国賀海岸の荒々しい雄大な風景にくらべて，優美な柔らかさが感じられる。紺碧の海と白い島は，陸から眺める

以上に遊覧船で海上からみるのが素晴らしい。また，東へ海岸線に沿って行くと西村神社があり，鉄腹巻(兜・頬当・筒袖・肩当・籠手・膝鎧付，県文化)が所蔵されている。

さらに南東の中村の集落へ進むと，中村港東方の突端，隠岐海苔田ノ鼻(国天然・名勝)に琴島・鎧岩・兜岩などがある。中村集落には，崎門派の儒学者中沼了三の生家跡があり，石碑が建てられている。了三は幕末に京都で塾を開き，勤王の志士に精神的影響を与え，奈良の十津川で文武館を設立し，のちに明治天皇の侍講となった人物である。

中村から国道485号線を南東へ向かった元屋の建福寺跡には，雌雄2本のサクラの古木がある。このサクラは世間桜(県天然)とよばれ，樹齢600年，かつては花の咲き具合でその年の吉凶を占ったという。付近には元屋のオキシャクナゲ自生地(県天然)もある。

国道485号線をさらに南東へ向かった布施には，崎山岬を始め，大鼻島・小峯島・長島・浄土が浦などの島々が連なる隠岐布施海岸(国名勝)がある。また，布施港近くの春日神社のクロマツ群(県天然)がある。布施の南側の山地では，江戸時代中期から計画的な植林が行われ，スギを中心とした林業が地域の重要産業となっていた。おもに大坂方面に船で運ばれたという。

大満寺山 ⑩

〈M▶P.231〉隠岐郡隠岐の島町原田・隠岐の島町布施　P
(銚子ダム・自然回帰の森中谷駐車場)
西郷港🚌銚子ダム経由50分(岩倉の乳房杉)，または🚌布施行終点🚌15分(自然回帰の森中谷駐車場)🚶10分(トカゲ岩)

隠岐に残る固有の自然

島後の最高峰大満寺山(608m)から，北側の中村・布施にかけての山地に，隠岐独特の自然が残されている。大満寺山周辺には，日本列島の基盤にあたる飛騨変成岩と並ぶ古さの，20億年前に母岩が形成され，2億5000万年前に変成作用を受けた隠岐片麻岩が分布しており，貴重である。大満寺山からは，西郷湾や島全体が一望でき，稜線沿いに断崖絶壁や奇岩が連なる深山幽谷の風景が広がる。山中に入ると島の中である感じがしない。この一帯は，かつて修験道の行場であった。

大満寺山のすぐ北麓の深山とよばれる所に，神秘的な雰囲気をも

岩倉の乳房杉 トカゲ岩

った岩倉の乳房杉(県天然)がある。さらに林道を200mほどのぼり、右手の登山道を北西へ1〜2km行くと、鷲ヶ峰およびトカゲ岩(県天然・名勝)がある。断崖に取りついているようにみえるトカゲ岩は、曹徴斜長石・響岩質粗面斑岩という日本では珍しい岩石からなる。長年の風雨により、岩質の異なる部分が浸食を受けて形成された奇岩である。

　トカゲ岩から西側に山1つ隔てた小敷原山の北西に、巨木のウラジロガシやナゴラン(通称オキフウラン)などの茂る高尾暖地性闊葉樹林(国天然)がある。また、銚子ダムから武良トンネルを抜けて中村へ向かって1.5kmほど行くと、県道316号中村津戸港線沿いに、根元から幹が6本に分かれた中村のかぶら杉(県天然)がある。樹高38m、根元の周囲は9.7mある。

② 島前

西ノ島・中ノ島・知夫里島の3島と周辺の島々。国賀海岸などの名勝や後鳥羽上皇・後醍醐天皇配流の史跡がある。

碧風館と黒木御所跡 ⓫⓬

08514-7-8556(碧風館)

〈M ▶ P.230, 249〉隠岐郡西ノ島町別府275

P

七類港または境港 別府港 5分/8分

後醍醐天皇配流伝承地 田楽の伝わる島

　別府港から海岸沿いの道、または県道319号西ノ島海士線に出て東へ約600m進み、右に折れてさらに海岸沿いに少し行くと、碧風館に着く。ここには、中世の文書、「黒木」という地名に関する宇野家家譜、美田村神社之縁起集、伝後醍醐天皇宸筆御歌切、隠岐国郡全図など、御醍醐天皇に関する資料や絵画を展示している。

　ここから、背後の黒木山に向かい急な石段をのぼると、頂上に黒木神社(祭神後醍醐天皇)があり、その北側に黒木御所跡(県史跡)である。1331(元徳3・元弘元)年、後醍醐天皇が鎌倉幕府の討幕に失敗し(元弘の変)、翌年、隠岐に配流された際の行在所跡と伝えられている。天皇は供奉の六条忠顕・一条行房・三位局らとともに3月7日に京を出発し、陸路、美作国院ノ庄(現、岡山県津山市)を経由して出雲国三尾湊(現、松江市美保関町美保関)に着き、風待ちのため10日余逗留。その後、船で隠岐へ渡った。『太平記』には、「都を御出あって後、廿六日と申すに御船隠岐国に著きにけり。佐々木隠岐判官貞清、府島という所に黒木の御所を作りて皇居とす」とある。江戸時代後期の「隠岐国絵図」には西ノ島に「ゴダイゴ帝」と書かれており、現在も在島伝承が残る。しかし、後醍醐天皇の隠岐行在所については、出雲市鰐淵寺の頼源文書や『増鏡』の記述などから、隠岐の島町隠岐国分寺であったともいわれ、論争がある。

黒木御所跡

西ノ島町の史跡

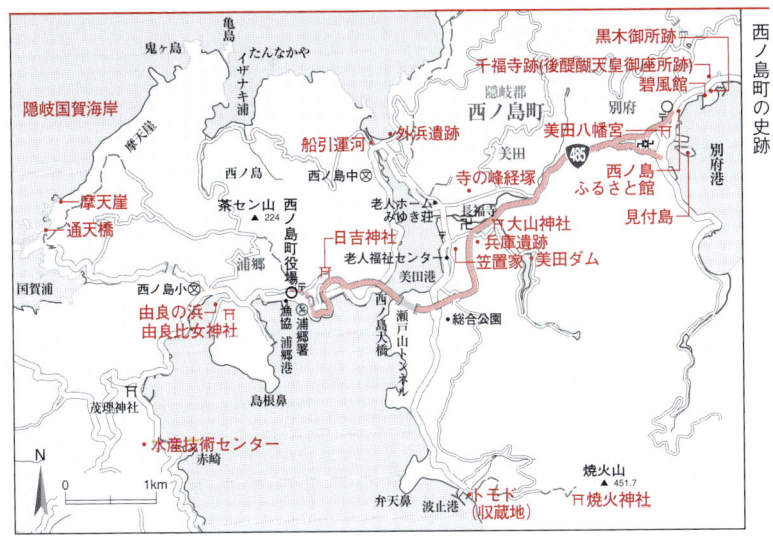

　麓の碧風館前を通り県道319号線に戻る。右に折れて坂をのぼったすぐの所に千福寺跡があり，後醍醐天皇御座所跡といわれる。この西方丘陵沿いには三位局屋敷跡と隠岐判官館跡がある。別府港の西側，隠岐守護佐々木清高が天皇を監視したという見付島がある。千福寺跡東方に海神二座をまつる海神社や円墳の海神社古墳がある。

　なお，後醍醐天皇は，在島1年に満たぬ1333(正慶2・元弘3)年閏2月24日に隠岐を脱出。28日には伯耆国名和湊(現，鳥取県西伯郡大山町)に上陸して名和長年らと船上山にこもり，やがて京にのぼり鎌倉幕府を倒した(建武の新政)。

　別府港西側には，美田八幡宮(祭神誉田皇命・足仲彦命・気長足媛命)がある。西暦奇数年9月15日の例祭に舞われる田楽「十方拝礼」は，2人の稚児による神の相撲，獅子舞，田楽の3演目で構成される。田楽は法師の踊り，山伏姿の鳥のスッテンデ踊り，子ザサラ踊り，総踊り，鎮め

美田八幡宮の田楽

島前　249

の踊りからなる。「たぬしや(田主や)十方拝礼　十方拝礼　たぬなか(田ぬ中)十方拝礼」と繰り返し歌う。室町時代末期にはすでに舞われていたといわれる。また西ノ島町の南西部，浦郷字岩ノ奥(岩ケ奥)には日吉神社(旧山王権現，祭神大山咋命)がある。西暦偶数年の例祭では，東国の風俗歌にあわせて舞う古代の歌舞東遊びの要素を伝えるという庭の舞，神の相撲，田楽踊り(十方拝礼)が演じられる。この2つは田の神に収穫を祈る古い姿を伝え，隠岐の田楽と庭の舞として国の重要無形民俗文化財に指定されている。

島前の3つの島では，島前神楽保持者会による隠岐島前神楽(県民俗)が氏神の例大祭の宵祭として舞われる。畳2畳の範囲で舞い，巫女が加わる。隠岐島後神楽にくらべ，奏楽・所作とも激しい。

西ノ島ふるさと館 ⓭
08514-7-8877　〈M▶P.230, 249〉隠岐郡西ノ島町別府56-10　P
別府港🚶2分

西ノ島の案内　島の歴史・民俗を紹介

西ノ島ふるさと館(西ノ島町自然民俗資料館)は，別府港の島前地区の内航船乗り場近くに，1996(平成8)年に建てられた展示施設である。白壁土蔵風の建物内部には，古墳時代の兵庫遺跡や物井横穴墓群など，西ノ島町内の遺跡から出土した土器・鉄器・玉類，美田八幡宮や日吉神社の祭礼行事資料，シャーラ(精霊)船の模型，漁労具，古文書，動物標本，植物資料などを展示している。シャーラ船は，8月旧盆に，タケを骨組みにして藁などでつくった全長10mほどの船で，この船に経文を書いた多数の小旗と供物を載せ祖霊を送る。毎年，浦郷地区では，海上のシャーラ船を子どもたちが泳いで追い，岸で僧と大人が見送る光景がみられる。

また，辺見じゅん著『収容所(ラーゲリ)から来た遺書』で知られる，極寒のシベリアの俘虜収容所で亡くなった山本幡男(西ノ島町出身)の資料も展示する。

焼火神社 ⓮
08514-6-0860　〈M▶P.230, 249〉隠岐郡西ノ島町美田字焼火山1294　P
別府港または浦郷港🚗15分(Pまで)

海上安全の焼火信仰　西廻り海運の寄港地

島前の最高峰，標高452mの焼火山中腹(300m)に焼火神社がある。別府港からは国道485号線を西へ，あるいは浦郷港からは東へ向かい西ノ島大橋を渡り瀬戸山トンネルを抜けた所で右折して，海岸沿いに南下し，隠岐ロザージュ・焼火窯から左に折れると中腹の駐車

隠岐の天然記念物

コラム

海藻唯一の国天然記念物
海鳥の楽園

島前の別府港の海岸，菱浦港の岸壁などは，アラビア半島の紅海より東では愛媛県宇和海などにしか生息しないイワヅタ科の大型藻類クロキヅタ産地(国天然)がある。1910(明治43)年，海藻研究者の岡村金太郎博士が島を訪れ発見した。ほかの海藻と異なり，胞子ではなく葉茎を伸ばして増え，葉は幅1cm，長さ10〜15cmほどである。なお，諏訪湾にはサンゴの生息も認められている。

ミズナギドリ科の海鳥オオミズナギドリは，体長50cm・両翼長1.2m。春，日本近海に飛来し，斜面横向きに深さ1mほどの巣穴を掘って6月後半頃に1個産卵し，雌雄交代で抱卵し雛を育てる。冬はフィリピンから北ボルネオで過ごす。隠岐には，西ノ島町の星神島オオミズナギドリ繁殖地(国天然)，知夫村の大波加島オオミズナギドリ繁殖地(県文化)，隠岐の島町の沖島オオミズナギドリ繁殖地(国天然)などがあり，全体で1万羽を超えるといわれる。

場に至り，そこから山道を歩いて10分ほどで着く。かつては西廻り海運の寄港地であった，南麓の波止や北東麓の大山(大山脇港)から，徒歩で参拝した。

焼火神社は，焼火山雲上寺と号する修験霊場であったが，明治時代初期の廃仏毀釈の後，神社となった。航海安全の守護神，焼火大神と比奈麻治姫命を合祀した焼火大権現をまつり，漁業関係者などの信仰が篤い。大日霎貴命をまつる焼火神社社殿は，斜面に石垣を築いて造成した敷地に銅板葺きの本殿・通殿・拝殿(国重文)が階段状に並ぶ。本殿の一部は大きな岩窟の中につくられている。1902(明治35)年に通殿が新築されたほかは，拝殿が1673(寛文13)年，本殿が1732(享保17)年の建築で，幾度か修理されているが，現存する隠岐最古の神社建築である。本殿は一間社流造，壁面には花・動物など彩色豊かな彫刻が施されている。享保の造営では，大坂の大工集団宮屋が加工し

焼火神社

た部材を海路，船によって運搬し，伯耆（現，鳥取県）米子の大工が組み立てている。鹿足郡津和野町の三渡八幡宮本殿などと同様の建築法である。広い境内には，東照宮・弁天社・山神社・最勝神（大スギ）などもまつる。また，出雲国能義郡宇波の鋳工による1618（元和4）年作の銅鐘（県文化）を所蔵する。

焼火神社は，古くは平安時代末期の『栄華物語』にもみえ，江戸時代には安藤（歌川）広重の「六十余州名所図会　隠岐焚火の社」や葛飾北斎「北斎漫画」の「諸国名所絵　隠岐・焚火ノ社」にも描かれている。平安時代初期頃に始まった航海安全の焼火信仰は，遠く東北の青森・岩手・宮城などにも広がっていた。参道にある数々の石灯籠の寄進者名や境内社は，繁栄の歴史を物語る。

明治時代，焼火神社宮司松浦斌は私財を投じて隠岐と本土を結ぶ隠岐汽船の開設に大きな力を尽くした。このため，隠岐汽船のマークは，焼火神社の神紋と同じ三つ火紋である。

神社の周囲4haは大スギ群を始め，オキノアブラギク・タクヒデンダ・トウテイランなど，隠岐特有の植生をもつ焼火神社神域植物群（県天然）である。焼火山頂上付近や参詣道からの眺めは絶佳である。島前の3つの島は約500万年前に噴火した火山の噴火口を囲む外輪山で，内海はカルデラである。

焼火山は，古くは大山とよばれ，北麓の国道485号線沿いに『延喜式』式内社の大山神社（祭神大山祇命）がある。南東麓には，源頼朝に仕えた真言宗の高僧文覚上人（遠藤盛遠）が，頼朝の死後に流されて居住したと伝える文覚窟がある。墓所は知夫村の天神山山頂にある。

西廻り海運の上りの寄港地であった波止集落にある焼火神社の鳥居近くに，トモド（艪戸，国民俗）という側板2枚の間に1枚の補助材を入れて継ぎ合わせた刳舟が保存されている。トモドは17世紀後半には島前に327艘，島後に197艘の計524艘あったとの記録があるが，1940年代から激減し，残ったのはわずかにこの1艘のみである。モロタ（諸手）・ソリコ（反子）とよばれる舟とともに，刳舟の技法を伝える貴重な文化財である。

美田の笠置家は中世に美多荘公文となり，以後代々世襲し，

1721(享保6)年からは島前に1人だけおかれた大庄屋をつとめた。同家には鎌倉時代から江戸時代前期の紙本墨書笠置文書(県文化)が所蔵されている。

由良比女神社 ❶
08514-6-0675

〈M▶P.230, 249〉隠岐郡西ノ島町浦郷922 Ⓟ
別府港🚗15分，または浦郷港🚶7分

須勢利姫命をまつる社　イカの大群が寄せる浜

　浦郷港は，かつて沖合底引き網船団の基地として栄えた。港の大きなビルは，西ノ島水産総合ターミナルビル・ノアである。ここから坂道を西へ500mほど行くと，左手に『延喜式』式内名神大社の由良比女神社がある。航海の守護神として知られ，古くは和多須神と称し，由良比女命(須勢利姫命)を祭神とする。『袖中抄』に名がみえ，平安時代の仁明天皇・陽成天皇の代に祈禱が行われたことが記されている。社殿正面の欄間にはイカと桶の彫刻がある。祭神がイカを手にもって葦桶に乗って鳥居の近くの畳石に出現したことを題材にするという。なお，この神社を『丹後国風土記』逸文に載る浦島子伝説の龍宮とする説がある。

　由良比女神社前方に広がる由良の浜は，現在でも冬季にイカの大群が押し寄せ，「イカ寄せの浜」とよばれている。また，浦郷港の東方，山手の岩ケ奥には，例祭に庭の舞(国民俗)が舞われる日吉神社がある。

　浦郷港から海岸線沿いに南西へ3kmほど行った赤ノ江に島根県水産技術センター栽培漁業部がある。1976(昭和51)年につくられた施設で，マダイ・ヒラメ・アワビ・イタヤガイなどを卵から稚魚・稚貝に育てる調査研究，種苗生産を行っている。センターには飼育棟や自動給餌器付きの生け簀，漁業研修所，調査船「拓洋」が備えられている。島前湾の海洋牧場や栽培資源の調査なども実施しており，漁業振興の期待がかかっている。なお，事前に申し込めば見学することができる。

隠岐国賀海岸 ❶

〈M▶P.230, 249〉隠岐郡西ノ島町国賀 Ⓟ
別府港🚗15分

　由良比女神社から坂道をくだり，350mほど行くと西ノ島小学校前の三差路に至る。右の国賀海岸道に入り，国賀トンネルを越えると，やがて海岸に出る。約7kmにわたって，赤茶色のアルカリ玄武岩

雄大な断崖の続く海岸
自然を楽しめる散策路

通天橋

からなる天上界・乙姫御殿などの奇岩や明暮の窟、大断崖などが続く、隠岐観光でもっとも人気のある隠岐国賀海岸（国名勝・天然）である。1932（昭和7）年に、隠岐を旅した俳人の河東碧梧桐が、「国賀は白島（隠岐の島町）とともに日本一」と紹介したことから、全国に知られるようになった。

　国賀港に向かって坂道をくだり、右に行くと通天橋が見渡せる。その向こうに高さ257mの壮大な摩天崖がある。火山の噴火後、北西の強い波浪による浸食とその後の隆起によってできた波食崖である。頂上付近には、旧陸軍監視所跡が残る。国賀海岸へは別府港と浦郷港から遊覧船が運航されており、雄大な自然景観を楽しめる。周辺には牛馬が放牧されているが、昭和10年代頃までは、牧畑が盛んに行われていた。牧畑は、麦、粟・稗、大豆・小豆、休閑地（ここでウシやウマを放牧）という4区分の輪転式農業で、瀬戸内の島々や屋久島・対馬などでもみられた。鎌倉時代の『吾妻鏡』には、隠岐に平家領の犬来牧（隠岐の島町）と宇賀牧（西ノ島町）があったことが記されている。また隠岐には、在来種である体高1〜1.2mほどの隠岐馬がいたが、昭和20年代に絶滅した。なお、海岸に自生し、紫色の花をつける嶋蒜（ヤマラッキョウ）は、古代には隠岐国の特産物として都に貢進された。国賀海岸に続く東国賀海岸の景勝も素晴らしい。

　西ノ島の中央くびれ部に位置する船越は、漁師たちがトモドをか

摩天崖

隠岐民謡

コラム 芸

船乗りが伝えた民謡
歌い踊る人情豊かな島

　隠岐の民謡は，どっさり節・隠岐相撲取り節・隠岐祝い音頭・隠岐追分など数多い。島の人たちは祭りや酒席では，必ずといっていいほど民謡を歌いながら踊る。

　19世紀頃，隠岐は大坂と日本海側の港を結ぶ西廻り廻船(北前船)の風待ち港として栄えた。隠岐に伝わる多くの民謡は，この海運によって全国各地からもたらされ，島で独自の発展を遂げたものも多いといわれる。

　しげさ節の「しげさ」は，「出家さん」の北陸方言「しゅげさ」が訛ったものである。元歌は越後(現，新潟県)の盆踊り歌「しゅげさ節(野良三階節)」で，江戸時代に西廻り廻船の船乗りが知夫里に伝え，やがて隠岐全島に広まったという。歌詞は「忘れしゃんすな西郷の港　みなとの灯影が主さん恋しと泣いている」。

　明治時代，海士町菱浦の杉山松太郎が作詞し，歌い伝えたひょうきんな「キンニャモニャ」は，肥後(現，熊本県)の民謡「キンニョムニョ」が元歌である。昔はキセルを手に，後ろ前に洋服を着て，西洋人姿を表現した所作で踊ったという。歌詞は「清が機織りゃ　キンニャモニャ　あぜ竹へ竹　まつにこいとの　キンニャモニャ　まねき竹　キクラがチャカポン　チョトコイヨ」。

　なお，毎年8月最終土曜日に，海士町菱浦港においてキンニャモニャ祭りが開催される。

ついで外浜沖に出漁していた場所である。1915(大正4)年に1万7000円の事業費で，日本海の外浜と内海の美田湾をつなぐ長さ340m・幅10m(現在は12m)の船引運河がつくられた。現在は漁船や国賀観光の船が行き交う。外浜の砂丘には，縄文時代から中世(13〜14世紀)の複合遺跡である外浜遺跡がある。国道485号線から美田ダムに向かう分岐点付近には古墳時代の祭祀遺跡の兵庫遺跡，その北方，小向の丘陵中腹には寺ノ峰経塚がある。

菱浦港と承久海道キンニャモニャセンター 🔞

08514-2-1006(キンニャモニャセンター)

〈M▶P.230,257〉　隠岐郡海士町福井1365-5　P(キンニャモニャセンター)
七類港または境港⛴菱浦港🚶すぐ

中ノ島の玄関口
小泉八雲が名づけた鏡浦

　中ノ島は，島前3島のうち東に位置し，島後にもっとも近い。この島が人口約2400人の海士町である。中ノ島の玄関口菱浦港は，

島前　255

『海士村誌』に「海士知夫両郡の交通の要津，如何なる暴風にも波立たず良港」とある。船乗場に海士町の民謡「キンニャモニャ」に由来する観光物産施設，承久海道キンニャモニャセンターがある。鯣(するめ)・ヒオウギガイ・干し魚などの海産物，天然塩・味噌などの地元特産品を扱うとともに観光案内所にもなっている。県内の他地域の漁協が統合するなか，海士漁協は島単独の小さな漁協として特色ある経営をしている。

　1891(明治24)年，ラフカディオ・ハーン(小泉八雲(こいずみやくも))は隠岐に14日間旅し，菱浦港を大変気に入って「鏡浦(かがみがうら)」と名づけ，当地の岡崎旅館に8日間滞在した。この旅館の跡地は湾奥の中央部にあり，現在は佐渡公園となっている。

海士町 後鳥羽院資料館(あまちょうごとばいんしりょうかん) ⓲
08514-2-1470

〈M▶P.230, 257〉隠岐郡海士町海士1521-1 P
菱浦港🚌豊田行隠岐神社前🚶1分

後鳥羽上皇関係の展示
中ノ島の歴史資料と民具

　菱浦港から東へ坂を越えると諏訪湾(すわ)である。1891(明治24)年，小泉八雲が隠岐を旅したとき，船で諏訪湾に入っている。諏訪湾沿いに県道317号海士島線を2kmほど進んで諏訪橋(とう)を渡り，中里交差点を左折する。やがて海士町役場前を過ぎると，200mほどで隠岐神社前バス停に至り，北側に屋根の三角形が特徴的な海士町後鳥羽院資料館がある。館内には，後鳥羽上皇関係資料のほか，1609(慶長(けいちょう)14)年，左近衛少将猪熊教利(ごとば)ら朝廷高官らの醜聞事件であった猪熊事件によって海士に流罪となり，源福寺(げんぷくじ)近くに居を構えた飛鳥井少将雅賢(まさかた)が愛用した蹴鞠(けまり)，豪商村上家や崎(むらかみ)(さき)の庄屋渡辺家(わたなべ)，流人(るにん)関係の古文書が並んでいる。また，縄文時代の郡山遺跡(こおりやま)や弥生時代の竹田遺跡(たけだ)の土器，6世紀後半頃の唯山古墳(ただやま)の象嵌大刀(ぞうがん)・玉類，御波横穴墓群(みなみよこあなぼ)出土の畿内産土

海士町後鳥羽院資料館

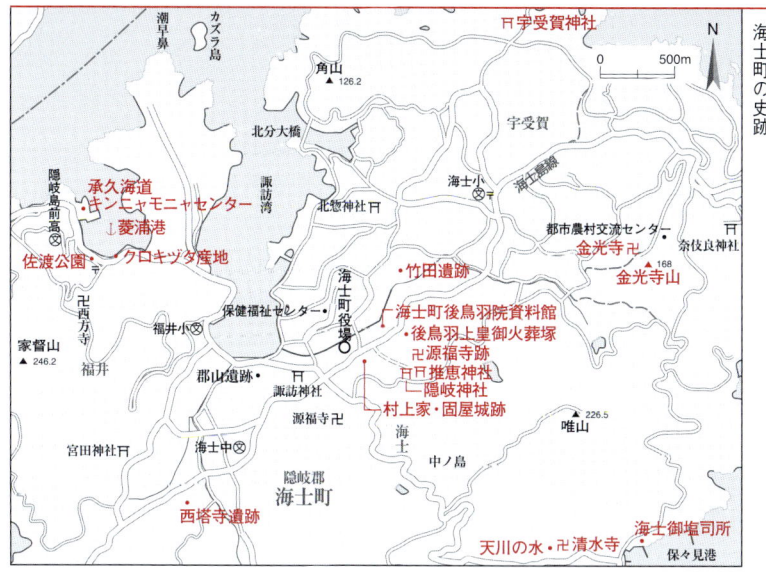

器，海部郡衙跡と推定される矢原遺跡の硯・墨書土器などの考古資料も豊富である。藤原宮跡・平城京跡などから出土した，「海評海里」「海部郡佐伎郷」などと書かれた海士関係木簡の写真パネルも展示されている。併設の民具館は，蔀戸と土間をもつ特色ある造りの建物である。かつての島の生活を物語る漁具・農具・山樵具などを収蔵・展示する。

　資料館の北東約500mの丘陵に竹田遺跡がある。1970（昭和45）年に日本考古学協会による発掘調査が実施された。これは中学生が弥生時代後期の銅剣（県文化），鉄器・土器・石器を発見したためで，溝状遺構が確認された。隠岐に青銅器文化が波及していたことを示す遺跡として注目されている。また，海士町海士字西の西塔寺遺跡は，弥生時代後期の環濠集落跡と推定されている。

村上家と固屋城跡 ⓳　〈M▶P.230, 257〉隠岐郡海士町海士1700-2
菱浦港🚌豊田行海士町役場前🚶1分

　海士町役場と県道317号線を隔てた南西側の少し奥まった所に，村上家がある。広い敷地に大きな主屋を構え，地元の人は森屋敷とよぶ。門は源福寺から移築したものという。江戸時代までは，諏訪湾の海が付近まで入り込み，門前近くまで船で往来していたと伝え

島前

村上家

る。門の両側には埋もれた石垣が続き、当時の面影を残す。建物は現在も住宅として使われているため、内部の見学はできない。村上氏は、瀬戸内村上水軍の後裔ともいわれる。

中世には隠岐国守護から代々公文や田所・船所沙汰人に任じられ、土地と流通の両方を支配する地位を得ていた。また、村上氏は後鳥羽上皇配流の際は、監視と保護の役割をになったと伝えられる。

屋敷の東側、朝露社のある小丘陵には幾つかの郭と土塁の跡が残り、村上家の屋敷地を含む一帯が中世の固屋城跡と考えられ、水軍城であった可能性がある。村上家に伝わる毛利方の武将小早川隆景からの感状には、尼子勢が島後から攻めてきたとき、村上氏一族と島前の近藤・伊藤氏らの諸将がここに籠城して撃退したとある。

村上家の当主は助九郎を世襲名とするが、これは江戸時代の36代九右衛門秀親が、島に流された飛鳥井雅賢から蹴鞠免許を授かり、命名されて以来のことである。村上家の最盛期は寛永年間(1624～44)の37代秀家のときで、長崎や京都・大坂との間に海運業をおこし、神通丸(700石積)・天照丸(400石積)・大黒丸(300石積)・天神丸(250石積)・宝徳丸(160石積)という5艘の船を所有し繁盛した。これは隠岐の海運業の先駆となった。また島の内外で水田開発をし、19世紀初め頃の全国長者番付で「東関脇　天野(海部)助九郎」と載るほどの豪商となった。なお、村上家には中世から近世に至る数多くの古文書類が所蔵(村上家資料館)されている。

後鳥羽上皇御火葬塚・源福寺跡 [20][21]

〈M ▶ P.230, 257〉隠岐郡海士町海士1912(源福寺跡)
菱浦港🚌豊田行隠岐神社前🚶3分

後鳥羽上皇を偲ぶ地

　海士町後鳥羽院資料館と県道317号線を隔てた南向かいには、隠岐神社外苑公園があり、その東端から南へ参道を進むと、西向きに

後鳥羽上皇御火葬塚

門を構えた後鳥羽上皇御火葬塚がある。後鳥羽上皇は，1221（承久3）年，鎌倉幕府2代執権北条義時のとき，討幕を企てたが失敗し，海士に流された。『吾妻鏡』によると，承久3年7月13日，神輿の前後を幕府の御家人に囲まれ，京都の鳥羽行宮を出発。供の者は内蔵頭藤原清範，医師の和気長成，藤原能茂，西御方，伊賀局らで，上皇一行は8月5日阿摩郡苅田郷（現，海士町海士中里）に到着している。地元の史料では，出雲の美保関で風待ちの後，船で海士町崎に着き，そして海士町海士中里の源福寺に入ったとされる。

　学問と武芸に秀でたといわれる後鳥羽上皇は「我こそは　新島守よ　隠岐の海の　荒き波風　心して吹け」などの歌を収めた『遠島御百首』や，『隠岐本古今和歌集』の撰修，また都から御番鍛冶を召して刀鍛冶をするなどして過ごし，在島19年の後，1239（延応元）年に60歳で崩御。遺灰は火葬塚に，遺骨は京都大原の法華堂に納められ，明治時代になって離宮のあった大阪三島の水無瀬神宮に合祀された。火葬塚は山陵で，1658（万治元）年松江藩主松平直政が整備，さらに1912（明治45）年に大修理が行われ現在の姿に整備された。

　火葬塚の西側の参道を通り，石段をのぼった奥に後鳥羽上皇の行在所跡と伝える源福寺跡がある。源福寺は聖武天皇の勅願とされる真言宗の寺で，かつては6坊を備え鐘楼・仁王門があったという。1869（明治2）年の廃仏毀釈で灰燼に帰し，現在は石柵に囲まれた中に礎石が残るのみである。旧境内には勝田池があり，「蛙鳴く　苅田の池の　夕たたみ　聞かましものは　松風の音」と刻まれた後鳥羽上皇の歌碑が立っている。なお，中世にこの辺りを苅田郷といったが，平城京跡出土木簡にみえる「神宅郷」の転訛したものであろう。

島前

隠岐神社 ㉒
08514-2-0464

〈M▶P.230, 257〉隠岐郡海士町海士1784　P
菱浦港🚌豊田行隠岐神社前🚶3分

後鳥羽上皇をまつる神社 春のサクラで賑わう

　源福寺跡の西側に，後鳥羽上皇をまつる隠岐神社がある。1939（昭和14）年，後鳥羽上皇没後700年を記念して創建された。本殿はヒノキ造り，広い境内には桜並木があり，春は多くの参詣者で賑わう。社宝には鎌倉時代後期の太刀銘来国光（県文化）があり，海士町後鳥羽院資料館に展示されている。

　隠岐神社の手水舎辺りから奥に向かって山道を100mほど進むと，1705（宝永2）年に創建された推恵神社がある。1674（延宝2）年，松江藩主松平綱隆に流され，4年後に悲運の生涯を終えた，日御碕神社（出雲市大社町）の検校小野尊俊をまつる。五穀豊穣と虫除けに霊験があるといわれる。

　なお，宇受賀にある宇受賀命神社（祭神宇受賀命）は隠岐国の四名神大社の1つで，『延喜式』式内社でもある。

金光寺山と金光寺 ㉓

〈M▶P.230, 257〉隠岐郡海士町海士5328-6（金光寺）　P
菱浦港🚌豊田行金光寺山入口🚶10分

小野篁が赦免を祈願した寺 冷泉湧出，すぐれた景観

　隠岐神社から北東へ1.7kmほど行くと，海士と豊田の境に標高168mの金光寺山がある。頂上近くから，海士町中心部の町並み，島後の山並み，大森島や二股島・冠島などの島々が間近にみえる。山頂には，平安時代に小野篁の草創という縁起をもつ松尾山金光寺（真言宗）がある。境内には本堂のほか，御堂や六社権現があり，石造不動明王像が立つ。御堂には，室町時代のものと考えられる不動明王脇侍の木像2体が納められている。また，境内には冷泉が湧出しており，かつては湯治の人が訪れていた。

　遣隋使小野妹子の子孫である小野篁は，834（承和元）年に遣唐副使に任ぜられ，2度暴風雨に遭い，唐への渡航に失敗した後，3度目の出発を命ぜられた。しかし，大使藤原常嗣と乗船のことで争い，病と称して渡航を拒否したため，838年に隠岐に配流となった（『続日本後紀』）。そのときの歌に「わたの原　やそ島かけて　こぎ出ぬと　人には告げよ　あまの釣船」（『古今和歌集』）がある。地元では，豊田の能田にあった幸福寺に住まいし，帰京を願って金

光寺山に百度参りをしたと伝える。また，隠岐の島町都万には，阿古那という娘との悲恋の伝承が残る。なお，篁は840年に赦されて都に帰り，のちに参議左大弁従三位にまで昇任した。

海士町東端に位置する豊田周辺は，中ノ島の美しい海岸や海中展望を楽しむことができる。明屋海岸はキャンプ場があり，沖に点在する島々や，奇岩の三郎岩，岩窟のある海岸の景色を愛でることができる。豊田港にはあまんぼうハウスがあり，予約すればダイビング体験もできる。また，菱浦港からは海中展望船「アマンボウ」が運航されており，明屋海岸周辺の海中散歩を楽しむことができる（11〜3月は休業）。

清水寺 ㉔
08514-2-0999

〈M▶P.230,257〉隠岐郡海士町知々井36　P
菱浦港 🚌 15分

1国1寺の清水寺　名水百選の湧水

海士町役場から中里交差点に出て南へ約3.8km，山を越えると海に面した保々見集落に至る。保々見の400m谷奥，北側の丘陵の麓近くに清水寺（真言宗）がある。奈良時代の僧行基の開創と伝えられ，1国に1寺建立された清水寺の1つという。本尊は貞観仏の流れをくむ木造聖観音菩薩立像（県文化）で，現存する隠岐最古の仏像である。寺への参道入口には環境省選定の名水百選の天川の水が湧出し，集落の生活・農業用水として利用されている。

保々見の北岸側にある海士御塩司所では，海水から天然塩やにがりを生産しており，見学することができる（要予約）。

なお，海士町南端の崎集落については，『出雲国風土記』に載る国引き神話の「佐伎国」に比定する説がある。また，日露戦争（1904〜05年）の旅順開城に際して，ロシアのステッセル将軍から乃木希典大将に贈られたアラブ産の名馬，寿号の墓碑が崎港の近くにある。

松養寺 ㉕
08514-8-2139

〈M▶P.230,262〉隠岐郡知夫村知夫1539　P
七類港または境港 ⛴ 来居港 🚶 40分

後醍醐天皇が名づけた寺　隆盛を物語る石塔群

知夫里島は西ノ島とともに，旧知夫郡2島のうちの1つである。周囲は約27km，本土からもっとも近い島で，約40km離れている。古代には「知夫利」「智夫」，中世には「千波」とも表記された。

知夫村は人口約660人。島根県内にあって，65歳以上の高齢者比

知夫村の史跡

率がとくに高い。この島の表玄関，来居港から村役場のある郡（こおり）地区に向かい県道322号知夫島線を南下して山を越えると，道路端に河井（かわい）の湧水（わきみず）・地蔵（じぞう）がある。この辺りから石仏の並ぶ急な野道（南側に新道開設）をのぼると，境内にイチョウの大木がある松尾山（まつおさん）松養寺（真言宗）に至る。寺伝では，後醍醐天皇が配流の途中に立ち寄った赤禿（あかはげ）山中にあった宇類美（うるみ）坊を前身とする。本尊の木造地蔵菩薩像（県文化）は秘仏とされている。総高153cm・像高78cm，ヒノキの一木造で，鎌倉時代末期〜室町時代初期の作とみられる。本堂の西側には，小倉宮教尊（おぐらのみやきょうそん）王墓（おうぼ）と伝える高さ約1.7mの宝篋印塔（ほうきょういんとう）がある。寺から南東に少し

松養寺

隠岐の海産物とかなぎ漁　コラム

古代，隠岐国から都に調として貢進された産物は，藤原宮跡や平城京跡から出土した木簡に紫菜・海松・鰒・和軍布・伊加・雑腊（魚の干物）・螺，『延喜式』に鮑・紫菜・若海藻・雑腊などが確認できる。隠岐国は，伊勢国・志摩国（現，三重県）とともに，海産物の食料供給地であったようだ。また，隠岐鮑は11世紀後半の『新猿楽記』に隠岐の特産と記されるほか，『延喜式』によれば平安時代，天皇即位の大嘗祭に隠岐鮑が佐渡鮑・東鮑とともに供えられ，五位以上の官人に臨時給として給付されもした。江戸時代には，煎海鼠（干しナマコ）・干し鮑・隠岐鯣は俵物として中国に輸出され，幕府の貴重な財源となった。なおイカには，しるめ・白・あおり・剣先・紅などの種類があり，現在もほぼ年間を通じて水揚げされる。

隠岐では，昭和時代には「かんこ」とよばれる櫓漕ぎの舟，今は船外機付きの小型船に乗り，アワビの腸をガラスの部分に塗った木製の箱めがねで海中をのぞき，櫂を操りながら，ワカメ・モズク・テングサ・アワビ・サザエ・ナマコ・タコなどを長い箸で獲る伝統的な漁法，かなぎ漁が行われているが，後継者は少ない。

都に納めた特産の海産物　かんこ舟を操る漁師

くだった参道沿いには，宝篋印塔や五輪塔などの石造物が百数十基あり，往時の歴史を物語る。また，天神山山頂には，西ノ島の焼火山麓の窟で荒行をした後，没したといわれる文覚上人の墓もある。

郡港に南面する丘陵に天佐志比古命神社（通称一宮神社，祭神天佐志比古命）がある。境内には，幕末に始まったといわれる芝居小屋や後醍醐天皇腰掛岩がある。旧暦8月15日の神社の例祭には，豊作祈願の皆一踊が催される。

知夫村郷土資料館 ㉖

08514-8-2301（知夫村教育委員会）

〈M▶P.230, 262〉隠岐郡知夫村郡1065　Ｐ
来居港 🚶30分または 🚗5分

知夫里島の歴史がわかる懐かしい貴重な民俗資料

知夫村開発総合センター内に，知夫村郷土資料館がある。神津島出土の弥生土器，高津久横穴墓群出土の玉・土器などの考古資料，知夫村でかつて使用されていた千歯こき・足踏み脱穀機・竪杵・臼などの農具，ナマコ落とし・箸・蛸壺などの漁具のほか，旧家の生活を記録した古文書，人力車など，江戸〜昭和時代の歴史資料を収蔵・展示する。さまざまな資料は，かつての島の暮らしを今に伝え，

それらに満ちた先人の生活の知恵が，現代のわれわれに力を与えてくれる。なお，知夫村の宮谷に横穴式石室をもつ猫ケ岩屋古墳，仁夫に高津久横穴墓群がある。

赤禿山と隠岐知夫赤壁 27 28

〈M▶P.230, 262〉隠岐郡知夫村仁夫　P
（赤禿山山頂）
来居港 🚶70分または🚌15分

牛馬の放牧と牧畑の跡　四周に広がる素晴らしい景観

知夫里島の最高峰赤禿山（324.5m）は，島の北西部に位置する。頂上には展望・休憩施設があり，四周が見渡せ，遠くに島根半島の山並みを望むことができる。頂上から少し東側にさがった場所には，後醍醐天皇が滞在した

赤禿山山頂付近の名垣と放牧

という仁夫里坊跡と宇類美坊跡があり，石碑が立っている。周辺一帯では，昭和10年代まで牧畑が広がっていた。名垣とよばれる牧畑の境界としてつくられた高さ約2m・幅約1.5mの石積みが残り，「万里の長城」の異名がある。現在は草地となり，ウシやウマの放牧が行われている。フサゲ水など山の中腹各所にみられる豊かな湧水は，牛馬の水飲み場となっている。ノダイコンの花が一面に咲く初夏は，ことに風情があり探訪者が多い。1980年代頃までは斜面の棚田で稲作が行われていたが，水田の耕作地は皆無となった。

赤禿山西方の海岸，南の立ヶ崎から北の帯ヶ崎に至る約1kmの間は，隠岐知夫赤壁（国名勝・天然）として名高い。最高所は標高200mあり，昇竜岩・臥竜岩などとよばれる紅・赤・褐・黄など色鮮やかな粗面安山岩質玄武岩の断層崖が連なる。郡港で遊覧船に乗れば，海上からの景観が満喫できる。

あとがき

　1976年に山陰歴史研究会編『島根県の歴史散歩』が発刊，その後1995年に新版が刊行され，多くの方に親しまれてきた。山陰歴史研究会のものから30年を経たこのたび，新たに島根県内の高等学校の歴史教育担当者らが，研究成果に学び，調査取材を重ね，協議して執筆・編集した。

　島根県は出雲・石見・隠岐の3地域からなる。この数十年間，人口の減少，市町村合併，高速交通網の整備，高層建築物の増加など，人びとの暮らしや町並みなどが変貌し続けている。しかし，各地域は豊かな自然や魅力に満ちた歴史遺産・伝統文化にあふれている。

　出雲にはラムサール条約登録地の中海・宍道湖や，国引き・素戔嗚尊・大国主命などの神話，全国最多の青銅器を出土した弥生遺跡，独特の四隅突出型墳丘墓，たたら製鉄，中世や近世の城跡，長い歴史をもつ祭りや行事などがある。石見には世界遺産に登録された石見銀山遺跡をはじめ，三瓶の縄文時代の埋没林，中世の益田氏城館跡や津和野城跡，石見神楽などがあり，隠岐には隠岐世界ジオパーク（大地の公園），後鳥羽上皇や後醍醐天皇配流の史跡，隠岐国分寺蓮華会舞や牛突きなどの民俗芸能・伝統行事などがある。

　島根県各地を訪ねその歴史文化に触れることで，ふるさとへの愛着と将来への展望が開けることを願っている。石見銀山争奪に参戦した武将多胡辰敬の家訓の1つに，「年老いて，かつて訪ねた史跡などを思い出し，詩や歌を楽しむと心がやすらぐ」とある。

　本書を携えて，多くの方々に島根県内各地の歴史散歩を楽しんでいただければ幸いである。

　本書の刊行にあたり，多くの方からご教示や資料提供など，温かいご協力をいただいた。皆様に心から深く感謝申し上げる。

　　　2008年1月

　　　　　　　　　　　　　　　　島根県の歴史散歩編集委員会

【島根県のあゆみ】

原始・古代

　島根県における人類の痕跡は，氷河期の最中，獲物を追い求めていた後期旧石器時代のものが最初である。遺跡は60カ所が知られ，最古の遺跡は仁多郡奥出雲町の原田遺跡である。約4～5万年前に大噴火した島根県三瓶山の火山灰層と約2万4000年前に噴火した鹿児島県の姶良火山の火山灰層との間，すなわち約3万年前の地層から黒曜石製の刃器，石斧など，数多くの旧石器が発掘されている。

　縄文時代の遺跡には，中国山地の板屋Ⅲ遺跡，島根半島の佐太講武貝塚，西川津遺跡，砂丘海岸の江津市波子遺跡などがあり，土器・石器などとともに狩猟・漁労による暮らしを物語る遺物が発見されている。中海北岸のサルガ鼻洞窟住居跡では，洞窟を利用して埋葬と住居の両方に使用している。後・晩期には宍道湖沿岸や神戸川上流部の遺跡から朝鮮半島系の土器や籾痕のついた土器が出土しており，稲栽培が始まっていたようである。

　弥生時代前期には大陸や朝鮮半島からの渡来(系)者らによって，出雲平野や島根半島沿岸部に朝鮮半島系の土器，卜占，支石墓の影響を受けた埋葬風習，土笛の文化が伝わり，やがて銅剣・銅鐸・銅矛など荒神谷遺跡や加茂岩倉遺跡から出土したような青銅器を用いる祭祀が行われる。青銅器祭祀の時期と重なる松江市田和山遺跡には3重の環濠があり，その内側が祭祀空間と推測される。青銅器の埋納は弥生時代中期末～後期初頭頃である。この頃，近畿・東海地方では大型銅鐸の「みる銅鐸」の祭りが続くが，出雲ではすでに青銅器の祭祀は終わっていたと考えられる。

　ついで弥生時代中期後半～後期末頃に四隅突出型墳丘墓がつくられた。この墳丘墓は出雲を始め日本海側の山陰・北陸などにつくられ，大型のものは出雲西部の西谷墳墓群と東部の仲仙寺古墳群で，それぞれ，地域を支配した王墓と考えられる。西谷3号墓からは中国産の朱・ガラス製勾玉などのほか出雲在地の土器，吉備や東山陰から北陸産の土器が出土しており，それらの地域との交流を示している。

　弥生時代後期には中海・宍道湖の南岸丘陵上に高地性集落が営まれる。鉄器は中期に鋳造や鍛造の鉄斧が出土し，後期になると北部九州・伯耆・丹後とともに出雲の鉄器出土量が多く，鉄器製作が盛んに行われたことを物語る。

　古墳時代前期に，出雲では荒島丘陵に大成古墳など1辺約60mのわが国最大の大型方墳が，斐伊川中流域にも「景初三(239)年」銘の三角縁神獣鏡を副葬した神原神社古墳などが築造された。前期末頃には前方後円墳も築造され，やがて各地に大型の円墳や前方後円墳・前方後方墳などが多くつくられるようになる。後期の6世紀中頃には松江市山代二子塚・出雲市今市大念寺古墳という全長90mを超える傑出した規模の古墳が出雲の東西に築造され，2つの大きな勢力にまとまったことがうかがえる。この被葬者か次の代頃には出雲が統一されるようである。なかには岡

田山1号墳の「各田卩臣(額田部臣)」銘の大刀のようにヤマト政権との深い絆を示すものもある。6世紀後半以降,出雲東部を中心に石棺式石室の古墳がつくられるとともに,山代二子塚を初出として脚付き子持壺を飾る古墳が営まれる。

古墳時代後期になると,中国山地・隠岐島を含めて数多くの横穴墓が築造され,なかには,冠・太環式耳飾り・装飾大刀などを副葬するものもあった。

石見では益田市・浜田市に大型古墳がつくられた。前期の益田市大元1号墳が最大規模で,中期以降周布古墳・スクモ塚古墳・小丸山古墳などの大型前方後円墳が築造される。隠岐では八尾川流域に前方後円墳が集中し,後期の平神社古墳が最大であり,装飾大刀を副葬する古墳・横穴墓もある。

松江市花仙山は碧玉の産地である。碧玉を利用した玉作りは弥生時代後期頃に始まり,出雲各地に広がるが古墳時代後期以降は花仙山周辺に限られる。5世紀後半頃,意宇平野に朝鮮半島系土器や甑が伝わる。須恵器生産は5世紀後半,製鉄は6世紀後半に石見山間部で行われた例が今のところ最古である。

『古事記』『日本書紀』には国譲り・神宝献上などの出雲とヤマトとの関係をあらわす記事,『出雲国風土記』には国引きや日置郷(現,出雲市)・舎人郷(現,安来市)などの地名起源伝承がみられる。

出雲国成立をめぐっては,東部の意宇勢力が西部の杵築(神門)勢力を打倒し出雲国造に任命されたとの説や,ヤマト勢力がまず西部出雲を平定し,その後,意宇が配下になり本拠を意宇に移し出雲国造に任命されたという説があり,研究者の間で見解が分かれている。

律令制下,島根県は山陰道に属し,出雲・石見・隠岐の3国に分かれ,国ごとに政治の中心,国府がおかれた。出雲国については733(天平5)年に完成の『出雲国風土記』(写本)が伝存し,国内9郡・郷名の由来,郡家(郡役所)から施設までの距離などがこまかに書かれている。出雲国府(松江市大草町)の場合,国庁のそばに意宇郡家・黒田駅・意宇軍団があったとされ,発掘によって国庁・国司館・工房などの建物・内容が明らかになってきている。5郡(のち6郡)からなる石見の国府は那賀郡(現,浜田市),4郡の隠岐の国府は周吉郡(現,隠岐の島町)におかれたが,確かな所在は不明確である。

国ごとに中央政府から派遣された国守(長官)は,出雲国の場合,708(和銅元)年に着任した忌部子首を始め門部王・石川年足・百済敬福・山背王らがおり,『万葉集』に歌が載る人も少なくない。郡の統治は在地の有力豪族が郡司に任命されたが,出雲国造の出雲臣氏は意宇郡大領(長官)職を兼務した。出雲国では有力豪族が,7世紀後半以降,教昊寺や新造院10カ寺を造立している。新羅仏の影響を受けた壬辰(692)年銘の銅造観世音菩薩立像(鰐淵寺蔵)は注目される。石見・隠岐においても豪族が寺院を建立している。8世紀中頃以降,出雲・石見・隠岐のそれぞれに国分寺・国分尼寺が創建され,軒瓦に新羅や高句麗の影響を受けた文様のも

のも多い。

　出雲国造は代々就任の際、潔斎をしたのち国司や祝など多数の同行者とともに進上供物を携えて都に上り、朝廷で神賀詞を奏上した。798(延暦17)年に出雲国造は、政治と祭祀の分離を理由に意宇郡大領との兼任を禁止される。このため、やがて国府地内の居館から出雲西部の杵築に移住したようである。なお、杵築大社(出雲大社)の創建は明らかでないが、659年、斉明天皇の命によって出雲国造がつくった神宮は、杵築大社と考えられる。その後、11～13世紀にかけて杵築大社の巨大神殿がたびたび転倒し、造営・遷宮が繰り返されたことが、古文書によってわかる。また、2000(平成12)年には、出雲大社境内から1248(宝治2)年の遷宮の3本を1つに束ねた巨大柱を用いた神殿が発掘され、記録・伝承が裏付けられた。

　出雲・石見・隠岐の各国が進上した調などの税目は『延喜式』『隠岐国正税帳』のほか藤原宮跡・平城京跡出土の木簡で知ることができるが、とくに隠岐国は海産物の供給地であったようである。

中世

　荘園と公領からなる中世社会の仕組みが体制的に整えられるのは、全国的に11世紀末期～12世紀といわれる。出雲国における中世的所領の最初が遥堪郷、石見国のそれは久利郷で、ともに11世紀半ばにその姿をあらわす。後者の場合は、石見国衙の在庁官人の清原氏が邇摩郡の一部を開発し、その領有を国衙から承認されたものである。

　一方、荘園としての成立過程がわかるのは杵築大社領の十二郷七浦である。出雲臣氏は、出雲国衙の在庁官人の横領事件を契機に、12世紀半ば頃に杵築大社領を一括して坊城三位藤原氏に寄進し、さらに幕府御家人からの妨害を受けると大社領は天皇家へ再寄進された。

　こうして成立した荘園と公領は、出雲国については1271(文永8)年の「杵築大社三月会相撲舞頭役結番帳」、石見国については1223(貞応2)年の「石見国惣田数注文」に詳しく記されている。これらの史料によると、面積比では出雲国の場合は若干荘園が多く、石見国では国衙(公)領の多いことが知られている。隠岐国は全体を俯瞰できる史料はないが、荘園4カ所と国衙領9カ所の存在が知られている。

　武士の存在が明瞭になるのは、1107(嘉承2)年の源義親の乱の際で、源平合戦のときに岐須木次郎兄弟らが平家方となった。また藤原(益田)兼高宛に、石見国内の御家人や在庁官人を率いてこれを討伐せよとの命が発せられている。石見国では早くから幕府御家人となって地頭に任命される武士が多かったのに対し、出雲と隠岐では平家の影響力が強く、地頭御家人は少数派だったらしい。

　しかし、承久の乱(1221年)によって状況は大きく変化する。膨大な数の東国御家人がいわゆる西遷御家人として入国するからである。出雲臣氏も、出雲国守護佐々木泰清の取りなしによって幕府御家人となった。そして、在地性を強めた武士

の一族間では、守護支配の強化への対応に加えて惣領と庶子の間の対立が深刻化していった。守護職は出雲と隠岐では近江佐々木氏に継承されたが、石見国は文永・弘安の役（1274・81年）にあたって北条氏が守護職を掌握した。そもそも石見国はその地勢的特性によって庶子家が小規模な所領に分立する傾向が強く、対立関係が先鋭化していった。

鎌倉幕府打倒の兵を挙げた後醍醐天皇は、一旦は敗れて隠岐に流されたものの、出雲の塩冶高貞・伯耆の名和長年を始めとする山陰地方の武士の支援も受けながら、建武新政を開始した。しかし足利尊氏が反旗を翻して南北朝の動乱に突入する。この全国的な動乱にあたって、出雲・隠岐の武士らは比較的早い時期に北朝方になったが、石見では益田氏の有力庶子家の三隅氏を筆頭に南朝方が強く、地勢的特性もあって動乱は激化し続けた。そうしたなかに、足利直冬が反尊氏（幕府）の旗幟を鮮明にし、さらに第三勢力たらんとして石見から山陰道に進入してくると、石見国はもとより出雲・隠岐の武士も直冬党になびいた。一時、直冬党は京都に攻め上るほどの勢いを示したが、結局は押し戻されてしまう。

室町幕府の下で、出雲と隠岐の守護職は佐々木京極氏によってほぼ継承された。京極氏は四職家の1つであったため、在京を義務づけられており、守護代を派遣して領国支配にあたらせた。隠岐国の場合は、守護代の隠岐氏が島後西郷に拠点をおき、島前・島後に小守護代が任命されるという支配体制がつくられていた。これに対して出雲国の場合は、杵築大社を始めとして国人領主勢力が強く、また隣国の伯耆や因幡を領国とする山名氏との緊張関係もあって、京極氏の領国支配は十分貫徹していたとはいえない状況であった。

石見国の場合はいっそう複雑であった。守護に任ぜられた周防国の大内氏が一族内で内紛を繰り返したことから、南北朝の動乱が一応収束した後にもこれと連動する形で国人領主の抗争が続いたのである。1399（応永6）年の応永の乱によって大内氏から石見国守護職が没収され、京極氏へ、さらには山名氏へと継承されたが、大内氏は邇摩郡の分郡知行を認められた。邇摩郡には石見国内の主要な国人領主が所領をもっていたため、大内氏は邇摩郡の分郡知行によって、引き続き石見国の全域に影響力をおよぼすことができた。

近江国佐々木氏の一族である尼子持久が、京極氏の守護代として入部したのは15世紀前半のことと推定されている。応仁の乱では主家の京極氏と隣国の山名氏が東西両軍に分かれて対戦し、出雲国人のなかには山名方に立つ者も出た。このような困難を抱えながら応仁の乱を戦ったのが持久の嫡子清貞である。清貞は安来荘の松田氏を屈服させたのを皮切りに国内の有力国人との戦いを進め、一方では美保関の代官職などの所職を獲得し、能義郡広瀬の富田城を拠点に自己の権力基盤を拡大していった。

尼子氏の戦国大名としての体制は、清貞の跡を継いだ尼子経久の時代に整えられ

た。経久は、尼子氏とともに近江国から移住した者の子孫や国人領主の庶子家などを直属の中核的家臣団(富田衆)とし、一族衆・出雲州衆(旧来の出雲国人領主)と並ぶ3集団を構成した。そしてこれを駆使して隣国の備後・伯耆・安芸・石見などに出兵して支配領域を拡大していき、最盛期にはこのほかに隠岐・因幡・備中・備前・美作・播磨の国人までもが尼子経久に従い、「陰陽十一州の太守」と称されるに至った。

経久の引退後、家督を継いだ嫡孫晴久は、大内氏に奪われていた石見銀山を回復するなど、果敢に兵を東西に発した。1540(天文9)年には、大内方に転じた毛利元就を安芸国吉田の郡山城に包囲した。しかし、5カ月にわたる包囲戦は、大内氏の来援により尼子方の大敗に終わった。大内義隆は、この機に乗じて出雲侵攻戦を開始し、京羅木山に本陣をおいて富田城に迫ったが、今度は大内方が総崩れとなり敗走した。この敗戦によって大内氏の分国支配の破綻はいっそう拡大し、重臣の陶晴賢の謀反により義隆は討たれた。

その陶晴賢を厳島合戦に破った毛利元就は、またたく間に周防・長門を制圧して大内氏の後継者となった。元就の攻勢は、まず石見の尼子方に向けられ、1559(永禄2)年には邑智郡川本の温湯城の小笠原長雄を屈服させた。温湯城の包囲戦には、すでに毛利方に属していた出羽・佐波・福屋・益田などのおもだった石見国人がこぞって参戦していた。1562(永禄5)年には、元就は邇摩郡大森の山吹城を守備する本庄常光を調略によって服属させて石見銀山を手中にした。続いて出雲国への侵攻を開始し、1566年の冬には、尼子義久に富田城を開城させた。

この後、山中鹿介や立原久綱ら尼子旧臣による尼子家復興戦もあったが、毛利氏の支配は揺らぐことはなかった。富田城には、毛利元秋さらに元康そして吉川元春が入城して本格的な領国支配が進められた。隠岐も吉川氏が在島代官を派遣して支配した。

豊臣秀吉と講和した毛利氏は、1588(天正16)年から統一した基準による惣国検地を実施した。そして大規模な知行替えが実行された。これにより、尼子氏の滅亡によって尼子家臣団の旧領が没収されたことに続いて、石見吉川氏や益田氏など一部の例外を除き、ほとんどの国人衆が本領を離れて他国に転封されていった。毛利氏による惣国検地と知行替えが中世社会の終焉をもたらしたと評価される由縁である。

近世

1600(慶長5)年の関ヶ原の戦いは出雲・石見・隠岐3カ国の政治状況を大きく変えた。この3カ国がいずれも西軍総大将毛利輝元の支配下にあったからである。富田城の吉川広家、浜田に在番していた毛利元氏、益田七尾城の益田元祥、津和野三本松城の吉見広行らは、防長2カ国37万石に減封された主家に従って両国に移住していった。

かわって，出雲・隠岐両国24万石を得た堀尾忠氏が遠江国浜松から富田城に入った。堀尾忠氏は，父の吉晴とともに末次郷の亀田山を選んで松江城を築き，居城と城下町を松江に移した。忠氏の没後はその子の忠晴が継ぎ吉晴が後見していたが，忠晴は1633(寛永10)年に嗣子なくして亡くなったので，堀尾家は3代で断絶した。

　その後は，京極忠高が出雲・隠岐両国に石見国の幕府直轄領(天領)分を合わせた29万石の大名として，若狭国小浜から松江城に入城した。京極忠高は斐伊川の大規模な治水工事に着手するなどの業績を残したが，在任わずか4年で嗣子なくして亡くなり，京極家も改易された。

　京極家の後は，徳川家康の孫にあたる松平直政が，出雲18万6000石を与えられて信濃国松本から松江に入部した。隠岐1万8000石は天領とされたが，松江藩の預かり地とされた。出雲国を松江松平家が支配し，隠岐国には松江藩が郡代を派遣して治めるという支配形態はここに確定して，幕末まで続くことになる。

　藩財政は直政の頃からすでに余裕がなくなっており，とくに6代宗衍，7代治郷は藩政改革につとめた。治郷の時代，家老の朝日郷保が推進したお立派(明和)の改革は勧農抑商傾向の強い復古的な再建策であった。

　石見国では，徳川家康が関ヶ原の戦いの直後に禁制を出して銀山を掌握したことから，大森周辺の邇摩郡・安濃郡と邑智郡の銅ヶ丸，さらに石見国西部で銅山のある村々を集めて4万8000石が天領とされた。このため，石見国では山陰道とは別に大田から山間を通って津和野に達する，いわゆる中通り往還が発達した。

　大久保長安が初代銀山奉行として邇摩郡大森に陣屋を構え，石見銀山経営と天領の支配を開始したのは1601(慶長6)年のことである。長安が銀山奉行になった頃から山師安原伝兵衛らによる新しい間歩が開削され，銀の産出高が飛躍的に増大し，慶長年間(1596～1615)に石見銀山の繁栄は頂点に達した。

　しかし，その後は換気と排水困難という技術的制約に加え，鉱脈の劣化による採算のとれない不経済性から，休み間歩が増加した。銀山領代官として井戸正明が赴任したのは1732(享保16)年のことで，産銀量が減少しているだけでなく，毎年凶作が続いて銀山領の農村は疲弊の極に達していた。井戸正明は緊急措置として独断で代官所の管理していた囲米を放出し，年貢米の全額免除を決定した。また甘藷の栽培を導入して，「芋代官」とたたえられた。

　津和野三本松城には坂崎直盛が3万石を与えられて入城したが，いわゆる千姫事件で改易された。その後は因幡国鹿野から亀井政矩が4万3000石で入部し，以後幕末まで続いた。津和野藩では家老の多胡氏を中心に新田開発や殖産興業政策を進めた。石州半紙は1665(寛文5)年の紙専売仕法に始まる紙年貢制により，米にかわって藩財政を潤すこととなった。

　津和野藩が藩校養老館を創設したのは1786(天明6)年のことである。幕末の藩主

亀井茲監は学問に熱心で,藩政改革の中心を教学改革においた。江戸の下屋敷を売り払って得た資金で武道教場を新設し,国学部も新設した。養老館教授大国隆正は独特の尊王攘夷論を展開したし,同教授の福羽美静は茲監の信任を得て幕末の政局において外接掛として奔走した。美静は長州藩の尊攘派と交渉し,1866(慶応2)年の第二次長州戦争では長州藩の藩内通過を認めて事なきを得た。

浜田には1619(元和5)年に伊勢国松坂から古田重治が5万石を与えられて入部した。しかし2代目に嗣子がなく,改易されたため,播磨国宍粟から松平康映が入部し,浜田松平家の始祖となった。ところがその後の浜田藩主は,松平康映に始まる周防守家から本多氏へかわりさらに再び周防守家へと戻った。1769(明和6)年に浜田城へ入城した松平周防守康福は,10年前までは浜田城にいた大名で,寺社奉行の時に下総国古河へ転封された後,三河国岡崎に再封され,老中首座として再び浜田へ帰ってきたのであった。

その後,康任のときには出石藩の仙石騒動に巻き込まれ,康爵の代には城下の廻船問屋会津屋八右衛門と勘定方の橋本三兵衛らによる唐物密貿易が発覚した。この財政再建のための竹島事件の後に,浜田藩主は同じ松平ながら右近将監家にかわった。この家系が幕末の武聰(水戸徳川斉昭の10男)まで続くが,第二次長州戦争では長州藩に攻め込まれ,城と城下を焼いて美作国鶴田へ落ちのびたのである。

近代・現代

幕末の隠岐では,松江藩が異国船の来航に対する防備体制として島民につくらせていた農兵隊を解散して藩兵を引き揚げたことから,松江藩と文武館の設立を願う隠岐島民との対立が先鋭化した。

郡代を追放した正義党は,西郷の陣屋に会議所と惣会所をもつ自治政府を設立した。この自治支配は,一時,松江藩からの藩兵派遣で中断するものの,1869(明治2)年2月の隠岐県設置まで継続した。

この後隠岐では,維新政府によって神仏分離令が発せられたのを受けて,徹底した廃仏毀釈の嵐が吹き荒れた。僧侶と寺院が,松江藩側に立って正義党と対立したがためであった。

島根県の県域が,出雲・石見・隠岐の3カ国として確定したのは1881(明治14)年のことである。出雲では,松江藩・広瀬藩・母里藩が,1871(明治4)年7月の廃藩置県によって松江県・広瀬県・母里県となった。しかしこの3県はすぐに廃止されて,同年11月に出雲・隠岐を管轄する島根県が誕生した。

石見では,旧浜田藩領と石見銀山領は長州藩預かり地とされていたが,1869(明治2)年8月にあわせて大森県とされた。翌年には県庁が大森から浜田に移されたので,浜田県と称した。津和野藩も1871年に浜田県に編入された。そして浜田県は1876年に島根県に編入されたが,同年には鳥取県も廃止されて島根県に合併された。これ以降を大島根県時代といっている。しかし,元鳥取県の因幡地域では鳥取県再

置運動が起こされ，1881年に鳥取県が再び独立して島根県の県域が確定したのである。

離島隠岐を含め東西に長い県域は，基本的に旧山陰道を整備することによって結ばれた。隠岐と本土を結ぶ汽船航路は1882(明治15)年に始まり，1895年には隠岐汽船株式会社が設立されて航路が鳥取県まで広げられた。鉄道の敷設については各地からの要望が競合したが，島根県に関しては，1906年の米子—今市(現，出雲市)間の着工が最初の敷設工事となった。1908年には松江駅が開業し，1912年の大社駅までの開通によって，京都—大社間の山陰線が全通した。しかしその後の県西部への敷設は遅れ，浜田駅の開業が1921(大正10)年で，下関までの全線開通は1931(昭和6)年のことであった。このような交通手段の不便さは，本格的な工業化を遅らせ，地域格差を拡大させていった。

島根県は1918(大正7)年に新しい産業計画を策定し，伝統的な農林水産業に対して工業に比重を移そうとした。米と並ぶ県の主要な物産は養蚕・製糸業であった。しかし大正期の国際的な生糸価格の変動によって，地方地主らの出資による小規模な製糸工場は，県外からの大資本に吸収されていった。郡是製糸は今市(現，出雲市)・三成(現，奥出雲町)・益田に工場をもち，片倉製糸は松江と江津に工場を建設した。

大正時代から昭和時代への転換の時期に首相の地位にあったのが，松江出身の若槻礼次郎である。加藤高明没後に内閣を組織したが，大蔵大臣の失言から金融恐慌に発展し，台湾銀行の救済にも失敗して総辞職せざるを得なかった。

恐慌でなければ不況という時代が連続するなかで，生命線とみなされた満州には，1934(昭和9)年以降，島根県からも集団移民が送り出された。1938年からは満蒙開拓青少年義勇軍として，さらに1942年には経済更生特別助成村の満州分村も行われた。しかし，吉林省大頂子の島根県報国農場在籍者107名のうち帰国できたのは34名に過ぎないという数字が，渡満した人たちの悲惨さを雄弁に伝えている。

戦後の復興・食糧増産期には，平野部はもとより中山間地域にも活気が戻った。宍道湖・中海については，干拓による農地の造成と淡水化による農業用水の確保が一体のものとして計画され，1963(昭和38)年に国営事業として着工された。しかし農業政策の変更により，1970年には減反政策へと転換され，農地造成という干拓の目的そのものが問い直されることになった。淡水化についても，環境問題への関心の高まりのなかで水質の悪化が懸念されて，干拓・淡水化に対する反対運動が起こるようになった。

一方で，経済の高度成長の恩恵は大きな地域差をともないながらも浸透していき，家庭電気製品の普及は女性の家事労働を軽減させた。農業機械の普及も進み，農作業の省力化や効率化も進行した。しかしその反面，中卒・高卒の男女が若年労働力として都市部へ吸収され，島根県をあとにしていった。1963(昭和38)年の大豪雪は

県下全域に大きな被害をもたらしたが，とくに西部山間地域の過疎化を進行させた。過疎化の波はとどまることがなく，いわゆる限界集落が県内各地にあらわれ始めている。

　2004(平成16)年からの平成の大合併によって，島根県にも新しい市町が誕生した。大原郡と飯石郡の6町が雲南市となり，飯石郡西部2町は飯南町に，仁多郡と邑智郡・鹿足郡のそれぞれ2町は奥出雲町と美郷町・吉賀町に，邑智郡の2町・1村は邑南町に，隠岐郡の島後4町は隠岐の島町となった。また，出雲市と合併した平田市をのぞき，旧来の市は周辺の町村と合併して市域を広げた。人口の減少と少子高齢化の進行，地域経済の縮小や雇用確保への懸念，いっそうの財政悪化など，島根県を取り巻く情勢はますます厳しさを増してきている。そのなかで，それぞれの地域がそれぞれの歴史と伝統や文化に根ざした新しい地域アイデンティティを創造し，新しい時代を切り開くことが求められている。

【地域の概観】

能義の里

　島根県のもっとも東にある安来市は，2004（平成16）年10月に旧安来市と旧能義郡伯太町・広瀬町が合併して誕生した。この安来市の範囲は，古代の律令制の行政区分では，旧松江市南部とともに意宇郡に属したが，平安時代頃に意宇郡から分離され，能義郡となった。

　この能義郡には，飯梨川（上流では富田川）と伯太川の2つの大きな河川が流れ，下流には安来平野が形成された。縄文時代の遺跡は少ないが，弥生時代になると集落や墳墓の遺跡が平野の各地にみられるようになる。安来市荒島町から西赤江町の丘陵には，2世紀頃（弥生時代後期）から7世紀にわたり，安来平野を支配した首長の墳墓や古墳が築かれた。

　平安時代後期から鎌倉時代の能義郡には，石清水八幡宮領安田荘（現，安来市伯太町安田），摂関家領富田荘（現，安来市広瀬町富田）ほかの多くの荘園が設けられた。室町時代には，清水寺や雲樹寺などの寺社勢力が隆盛し，多くの伽藍を築いたと伝えられている。

　16世紀には戦国大名の尼子経久が富田城（安来市広瀬町）を拠点に中国地方に勢力を拡大したが，尼子氏の後，富田城主は毛利・吉川・堀尾とかわり，1611（慶長16）年には堀尾氏は松江に居城を移した。その後，1666（寛文6）年には松江藩領から所領が分知され，能義郡の範囲は松江藩領と広瀬藩・母里藩に分かれることになった。現在の広瀬町には，城跡だけでなく，静かな町並みとともに，尼子氏や広瀬藩ゆかりの寺社が多く残る。

　戦国時代から江戸時代には，中国山地ではたたら製鉄が盛んに行われた。富田川上流には，各地の鍛冶・鋳物師の尊崇を集めた金屋子神社が残る。また，松江藩領の安来港は，鉄や松江蔵米の積出港となり，西廻り海運の寄港地としても栄えた。

　明治時代の廃藩置県の後，1878（明治11）年には能義郡が設置され，1896年の郡制施行によって広瀬町に郡役所がおかれると，広瀬は能義郡の行政の中心となった。一方，安来港を抱える安来町は，1884年に大阪—安来間の定期航路が開設され，さらに発展した。1899年には，能義郡内や鳥取県日野郡のたたら製鉄業者とその技術を集めて雲伯鉄鋼合資会社が設立され，これが現在の日立金属安来工場へとつながり，安来は近代製鉄の町へと発展した。

松江とその周辺

　ここでは島根県東部の松江市（2005〈平成17〉年3月に旧松江市と旧八束郡鹿島町・島根町・美保関町・八雲村・玉湯町・宍道町・八束町の8市町村が合併）と2011（平成23）年8月に合併した旧八束郡東出雲町を取り上げる。この地域は，その中央を東流して日本海に注ぐ1級河川斐伊川（宍道湖・大橋川・中海）により南北に分けられている。

後期旧石器時代の遺跡は，南部丘陵地を中心に分布している。温暖化により海進がみられた縄文時代には，北部の島根半島から大橋川北岸にかけての地域に遺跡が分布し，狩猟と漁労が行われていたことが佐太講武貝塚，サルガ鼻洞窟住居跡，西川津遺跡などから知られる。弥生時代の住居跡や水田跡は日本海沿岸と宍道湖・中海沿いの地域にみられる。宍道湖南岸の田和山遺跡は集団祭祀の遺跡で，隣接する友田遺跡（消滅）からは四隅突出型墳丘墓が発見された。

　古墳時代も後期になると，南部地域が出雲国全体の主導権を握り，巨大古墳が築造された。なかでも山代二子塚は県内最大の前方後方墳で，出雲国の王（出雲臣）の墓と考えられている。隣接してつぎの世代の王の墓とされる山代方墳もある。そして，奈良時代の出雲国庁は意宇平野におかれ，周辺地域には国分寺・国分尼寺とともに，有力者の氏寺も建立された。

　出雲臣は国内第1位の熊野大社の祭祀も行い，出雲国造とよばれた。平安時代中期には拠点を西部に移したが，その後も熊野大社だけでなく，神魂神社・揖夜神社・真名井神社などとの関係を保った。

　平安時代末期には佐陀荘・加賀荘・来海荘などの大規模な皇室領荘園が成立したが，国庁に隣接する竹矢には石清水八幡宮の末社として平浜八幡宮が勧請され，国内の八社八幡の中心となった。その一方で，国庁に近いこともあり，有力在庁官人の支配する大規模な公領もみられた。北部の島根郡では荘園が半分近い面積を占めたのに対し，南部の意宇郡は3分の2が公領であった。

　関ヶ原の戦い後，出雲・隠岐両国を与えられた堀尾氏は城を富田（現，安来市広瀬町）から松江に移した。それにともなう架橋により，それまで分断されていた南北地域が統合され，松江城下町が建設された。以後，京極氏・松平氏と整備が進み，近代以降も松江に県庁がおかれた。松江は旧島根郡に属したため，それにちなんで石見・隠岐をあわせた県の名称も島根県とされた。なお，松江城天守閣は地元有志の努力で保存され，城下町の名残りも各所に残されている。

　松江市は明治時代中期の市制施行により成立した。その直後に松江に滞在したのが，日本文化を海外に紹介した小泉八雲である。松江市は以後周辺地域との合併によりその範囲を広げているが，県庁所在地であるとともに，国際文化観光都市として国内外から多くの観光客が訪れている。

出雲西部

　2005（平成17）年3月，旧出雲市・旧平田市と旧簸川郡湖陵町・多伎町・佐田町・大社町の2市4町が合併して誕生した新しい出雲市と，さらに2011（平成23）年10月に出雲市に合併した旧簸川郡斐川町をこの地域として取り上げる。

　出雲市は，人口約14万7000人（2007年），面積は543.44km²，「国引き神話」で知られる島根半島の西部や肥沃な出雲平野を含む東西約30km，南北約39kmの範囲に広がる。県内1～2位を争う経済力をもち，また島根大学医学部や県立中央病院を

始め県の主要施設も集中しており，産学住一体化した都市となっている。

特産品として，富有柿，イチジク，西浜イモ，島根ブドウ，出雲そばなどが有名である。なかでも，砂丘地を利用するブドウ栽培は第二次世界大戦後に急成長した。この島根ブドウを原料とする「島根わいん」を醸造する島根ワイナリーは，製造工程の見学や試飲もでき，県内外から多くの観光客を集めている。

また，出雲市は，縁結びで有名な出雲大社を中心として「神話観光大国」「世界を結ぶご縁都市」を目指している。

2007年春には，出雲大社に隣接して島根県立古代出雲歴史博物館が開館した。また古代出雲王墓館(仮称)の建設も計画されている。これにあわせて市内各所の社寺や遺跡などを結ぶ歴史探訪ルートの構築も図られており，歴史散歩がより行いやすくなってきている。

斐川町の荒神谷遺跡や，隣接する奥出雲の加茂岩倉遺跡(雲南市)など全国に知られた青銅器遺跡に近いこの地域の古代史は，弥生時代の四隅突出型墳丘墓群(西谷墳墓群)や後期の巨大古墳である今市大念寺古墳などからも，巨大な王権の存在とその盛衰が想起される。この頃の出雲国のヤマト政権に対する影響力の大きさは，『古事記』『日本書紀』に記載される「国譲り神話」など，記紀の各所に出雲国が登場することからもうかがい知ることができる。

奈良時代以降，出雲国府は現在の松江市南部の意宇平野におかれ，出雲国東部に支配拠点がおかれた。しかし，平安時代以降，中世には大国主命をまつる出雲大社が出雲国一宮に位置づけられ，鰐淵寺とともに出雲国の信仰の中心となった。また，16世紀からの石見銀山の隆盛にともなって流通構造が大きく変化し，美保関を軸としたものから斐伊川水運を軸とした杵築・宇竜にシフトすると，出雲地域は物流の拠点として栄えた。

県下有数の米作地帯でもあるこの地域は，近世以降に寄生地主制が進展し，経済のみならず社会・文化面にも大きな影響を与えた。また，いわゆる雲州木綿の栽培・集散地としても栄え，近代には養蚕・製糸業も盛んであった。大正時代頃から大規模な紡績工場も進出して繊維の町として発展したが，今はかわって斐川町にIT関連の企業が進出してきている。

奥出雲

雲南市(2004〈平成16〉年11月に，旧大原郡大東町・加茂町・木次町，旧飯石郡三刀屋町・掛合町・吉田村の6町村が合併)，仁多郡奥出雲町(2005年3月に，仁多町と横田町が合併)，および飯石郡飯南町(2005年1月に，頓原町と赤来町が合併)が，奥出雲とよばれる地域である。

島根県の南東部に位置するこの地域は，船通山・玉峰山・大万木山・琴引山など標高1000m前後の中国山地の美しい山々に囲まれ，その大半を林野が占めている。そのもっとも奥部の船通山に水源をもつ斐伊川は，八岐大蛇伝説でも知られてお

り，幾つもの支流を集め，下流の出雲平野に流れている。

　また，山陰と山陽を結ぶルート上に位置することから，古くから交通の要衝として栄えてきた。松江市宍道町で国道9号線から分岐して雲南市から飯南町を南北に貫いて赤名峠を越える国道54号線，雲南市から南東に向かい奥出雲町のおろちループを経て三井野峠を越える国道314号線が現在の主要幹線道路である。中国横断自動車道尾道松江線の整備も進み，2015（平成27）年3月には全線が開通した。

　産業の面では，古くから斐伊川やその支流周辺の低地で稲作が行われ，良質米の産地として知られている。また，良質な砂鉄と豊富な森林資源に恵まれたことから，砂鉄と木炭によるたたら製鉄が盛んに行われた。江戸時代には，技術の進歩や松江藩による保護政策などによって生産量を伸ばし，明治時代中期には全国の約5割を生産するほどに成長した。明治時代末期以後は，西洋の製鉄法の普及により衰退するが，奥出雲町では，現在でも日本で唯一，たたら製鉄の技術を用いて日本刀の材料となる玉鋼の生産が行われている。19世紀初めからは，鉄の取り引きの際に必要であることから，そろばんの開発が進められた。奥出雲でつくられる雲州そろばんは，現在では全国の生産高の約7割を占めている。

　奥出雲の各地には，出雲神話の舞台として神話や伝説が残り，神楽も伝承されている。さらに，39個の銅鐸が出土し全国的に注目を集めた加茂岩倉遺跡など，多くの遺跡や古墳も発掘されている。こうした遺跡や神社・地名の由来は『出雲国風土記』にたどることもでき，悠久の歴史をうかがい知ることができる。中世においては，中国地方を舞台とした大内氏・毛利氏・尼子氏などによる勢力争いが，この地域をたびたび戦場とした。今に残る多くの城跡は，戦国の世の興亡の歴史を物語っている。

　現在，奥出雲では，高齢化・過疎化が進行しつつある状況の下で，地域の産業・自然環境・歴史文化など，ふるさとが本来もっている都市地域とは異なる豊かさや美しさを生かして活性化を図り，あらたな町づくりが推進されている。

石東

　ここでは，県のほぼ中央に位置する，現在の大田市を石東地域として取り上げる。

　この地域は古来より出雲国と石見国を結ぶ交通の要衝として重要な位置を占めた。文化的には出雲文化の影響を強く受けてきた地域で，古墳時代の横穴墓の形態などに出雲地方と類似したタイプが多くみられることからも，その文化的交流がうかがえる。奈良時代には安濃郡と邇摩郡がおかれたが，律令支配がゆるみ始めると石東には石見国衙の在庁官人らによる別名が多数成立し，それを母体として多数の小規模領主が台頭していった。鎌倉時代以降は，大家氏や清原氏を始め周布・石見吉川・小笠原の各氏など，石見国内の主要領主の所領が密集した。また周防の大内氏は，石見国守護でない時期にも邇摩郡を分部として知行し続けた。

　戦国時代に石見銀山が発見されその産銀量が増えると，邑智郡の小笠原氏も勢力

を伸ばし，銀山の領有をめぐって周防の大内氏や出雲の尼子氏らの間で激しい争奪戦が展開された。さらに，大内氏の滅亡後は毛利元就が石見国内の有力国人をつぎつぎと服属させ，石東の尼子氏勢力との間で抗争が繰り返された。しかし，石見国も石見銀山も毛利元就によって制圧され，尼子氏も降伏するに至って戦国の争乱に終止符が打たれた。

毛利氏は石見銀山の制圧と併行して温泉津を直轄領とし，銀の積み出しや石見銀山への諸物資の搬入のための拠点港とした。温泉津港には日本各地のみならず中国・朝鮮などから銀を求める商人たちが多数来港し，近世初頭にかけておおいに賑わった。しかし，銀の産出量が減少するとともに銀の輸送ルートも陸路尾道へ変更され，温泉津港の役割も低下したが，かわって北前船の寄港地として繁栄することとなった。

なお，関ヶ原の戦いが終わると石東の地は徳川氏の直轄支配下に入り，石見銀山付御料として銀山奉行(後には代官)の支配に属した。17世紀の半ばには，加藤明友が河合村吉永に陣屋を構えて1万石の吉永藩がおかれたが，約40年続いただけで転封され幕府直轄領に復した。

1869(明治2)年には大森県が設置され，大森代官所跡に県庁がおかれた。しかし翌年に大森県は廃されて浜田県となり，県庁は浜田に移され，1872年に大森町に安濃郡と邇摩郡合同の郡役所がおかれた。その後，安濃郡を中心として大田市が成立し，邇摩郡には温泉津町と仁摩町が成立したが，2005(平成17)年の合併により1つにまとまり新しい大田市が誕生した。また，2007年には石見銀山が世界遺産に登録され，その文化的景観とともに広く注目を集めるに至って，大田市はあらたな都市づくりを模索している。

石央

石見国の中央部に位置する江津市(2004〈平成16〉年10月に旧江津市と旧邑智郡桜江町が合併)と邑智郡川本町・美郷町(2004年10月に邑智町と大和村が合併)・邑南町(2004年10月に石見町・瑞穂町・羽須美村が合併)，浜田市(2005年10月に旧浜田市と旧那賀郡金城町・旭町・弥栄村・三隅町が合併)をこの地域として取り上げる。

日本海に面した丘陵地には波来浜遺跡などの縄文時代の遺跡や，大規模な前方後円墳である周布古墳などが点在し，海を利用した交易がこの方の発展を促したことをうかがわせる。江戸時代には，浜田は北前船の寄港地として，江津は江の川水運の拠点として繁栄した。江の川沿いの江津市江津町本町に残る明治時代前期の町並みは，往時の賑わいを今に伝えている。

浜田市東部の国分地区は，石見国の国府所在地と推定されており，国分寺跡など古代の遺跡が集中している。江津市内には，石見国に下った柿本人麻呂が妻との別れの際に歌ったという和歌に詠まれた高角山など，古代を偲ばせる遺跡や伝承も

分布している。

　険しい山地の谷間ごとに耕地が開発され、集落が発展した石央地域では、在地領主の独立傾向が強く、石見最大の領主益田氏に対してその庶子三隅氏や福屋氏も惣領家との抗争を繰り返した。南北朝時代、北朝方に益田氏が与すると、三隅氏などは南朝方に加勢し、石見国が南朝の拠点の1つとなったのは、この地域の在地領主の在り方に起因している。

　近世の石見国は、浜田藩5万5000石が海岸部を、津和野藩4万3000石が山間部を統治した。両藩とも山間地が広がり農地が少ない自然環境を、石州半紙の専売やたたら製鉄を行うことで補った。鉄穴流しも盛んに行われ、その際に出る大量の土砂を利用して各地に棚田がつくられた。浜田市三隅町室谷・旭町都川の棚田は日本の棚田100選に選ばれている。近世後期には、赤色を特徴とする石見焼、石州瓦が盛んに生産され、海運によって北陸や九州に販売された。

　明治時代になると、浜田には浜田県の県庁や陸軍歩兵第21連隊がおかれ、石見地方の政治・経済の中心地となった。しかし北前船や河川交通が鉄道にとってかわられると、全国の流通経済から遅れる傾向が強くなった。とくに第二次世界大戦後の高度経済成長期には人口の流出が顕著となり、過疎化が大きな問題となっている。

石西

　この地域として、益田市(2004〈平成16〉年11月に旧益田市と旧美濃郡美都町・匹見町が合併)、鹿足郡津和野町(2005年9月に日原町と津和野町が合併)・吉賀町(2005年10月に六日市町と柿木村が合併)を取り上げる。

　照葉樹林が広がる益田市匹見町の山間地から、縄文時代の遺跡があいついで発掘されており、森林がこの地域に豊かさをもたらしたことがうかがわれる。昭和時代初期まで全国有数の木材の産出地、木炭の生産地として、森林はこの地方を潤した。しかし、安価な外国産木材の輸入、家庭燃料のガスなどへの変化は、林業に頼るこの地方を直撃し、1963(昭和38)年の豪雪なども影響して、昭和40年頃には全国有数の過疎地域となった。

　益田市の日本海を見下ろす丘陵部には、大規模な前方後円墳が築造されており、古代の繁栄を物語っている。その代表である大元1号墳やスクモ塚古墳などはよく整備され、当時の姿を伝えている。

　中世に入ると、現在の益田市に石見最大の有力武士益田氏が拠点をおいた。益田氏の居所となった三宅御土居跡、居城である益田城(七尾城)および益田氏ゆかりの万福寺などが残っている。また、益田氏のもとを訪れた雪舟ゆかりの庭園や絵画も継承されており、地元では雪舟終焉の地と言い伝えられている。

　津和野藩の城主は初代坂崎氏の後、200年間亀井氏が藩主をつとめた。安定した政治の下、藩校養老館は森鷗外や西周ら明治時代を代表する文化人を輩出している。津和野藩の藩校養老館を始めとする風情ある町並みは、「山陰の小京都」とし

て多くの観光客を迎えている。また津和野には，明治政府により長崎から送られてきたキリスト教徒に改宗を迫った歴史もある。殿町のキリスト教会，殉教者をまつる乙女峠記念聖堂などが当時を偲ばせてくれる。

　吉賀町に源をもち，益田市より日本海に注ぐ高津川は日本有数の清流とされ，アユなどの好漁場として知られている。また，益田には益田糸操り人形，山間部には神招きの古い形態を残す神楽など，多くの民俗芸能が継承されている。

隠岐

　隠岐諸島は，大きく2つに分かれ，本土に近い島群を島前，遠い方を島後とよんでいる。古代には隠岐国として山陰道に位置づけられ，島前・島後のよび方も山陰道に近い島群から道前・道後とよんだことからきたといわれている。島前は，知夫里島（隠岐郡知夫村），西ノ島（隠岐郡西ノ島町），中ノ島（隠岐郡海士町）の3島からなっている。島後は円形の1つの島に西郷町・都万村・五箇村・布施村の4町村があったが，2004（平成16）年10月に隠岐郡隠岐の島町として合併した。また，隠岐の島町久見に属する竹島は，隠岐から北西約140kmの所に位置している。

　隠岐は，日本列島が形成される過程で火山活動によってできた白頭山火山帯に属し，日本列島の基盤でもある隠岐片麻岩などの岩石や国賀海岸など，雄大な自然景観に富んでいる。また，対馬海流やリマン海流の影響もあって，暖地性と寒地性の動植物が入り交じる貴重な自然環境があり，周囲の海域は豊富な魚介類に恵まれている。

　旧石器〜縄文時代には，島後の久見を始め島内各地で産出する黒曜石が山陰地方一帯で広く使用された。弥生時代になると，山陰地方独特の四隅突出型墳丘墓（大城遺跡）が隠岐にも築造され，古墳時代になると八尾川の中・下流域に古墳（平神社古墳など）が出現するようになった。奈良時代には，隠岐国庁が下西付近（玉若酢命神社周辺）におかれ隠岐全島の政治の中心となった。律令の規定によって，隠岐は遠流の地と位置づけられ，後鳥羽上皇・後醍醐天皇を始め多くの流人が島内各地に配流された。

　中世には，守護佐々木氏が隠岐を支配し，島後下西の国府尾城を拠点に支配を行い，戦国時代には，尼子氏の支配の後は毛利氏配下の吉川氏の支配を受けた。

　近世初期には，堀尾氏・京極氏の支配を経て，幕府の直轄地となった。ただ実際には松江藩が支配を代行する預かり地として幕末におよんだ。河村瑞賢によって西廻り航路が整備されると，隠岐は北前船の寄港地として船乗り相手に商業活動が発達し，地元でも回漕業を営む者があらわれた。また，豊富な海産物を中国向けに俵物に加工して長崎に送り，海運を利用して隠岐産の木材を移出するなど上方・北陸・本土のつながりが隠岐の経済や社会を活性化させた。

　幕末から明治時代初期には，上方や江戸の政治動向と関連した事件がおこった。住民が自治を求めて松江藩の郡代・代官を追放するという1868（慶応4）年の隠岐騒

動や,翌年の島内の寺院・仏像を破壊する廃仏毀釈(はいぶつきしゃく)である。

　明治時代には,一時,隠岐県がおかれたが,1876(明治9)年,島根県に編入された。近代に入ると隠岐の水産業と林業は活気をおびるようになった。また,定期的な隠岐航路が開設されて定期船が本土間に就航するようになり,また朝鮮半島への海外航路の寄港地ともなり,島外からの移入者もあって,人口は1910年代には4万人を超えた。しかし,漁獲高の減少と本土への人口流出が増加し,昭和時代に入ると離島としての問題が生じるようになった。1953(昭和28)年に成立した離島振興法以降,地域の産業や文化・教育の充実が図られ,また,豊かな自然を保全するため,1963年,大山隠岐(だいせん)国立公園に指定され,2009(平成21)年には日本ジオパーク(大地の公園)に認定された。2013(平成25)年には,世界ジオパークに認定され,「大地」「生態系」「人の営み」など豊かな自然,歴史・文化を観察・体験することができる地として評価が高まっている。

【文化財公開施設】　　　　　　　　　　　　　　　　①内容，②休館日，③入館料

和鋼博物館	〒692-0011安来市安来町1058　TEL0854-23-2500　①たたら製鉄法に関する原料・精錬技法・製品などの資料，②水曜日(祝日の場合は翌日)，年末年始，③有料
清水寺宝蔵	〒692-0033安来市清水町528　TEL0854-22-2151　①十一面観音立像などの仏像・懸仏，②4月26日～5月5日，11月1日～11月9日(要予約)，③有料
はくた文化学習館	〒692-0211安来市伯太町母里28　TEL0854-37-0050　①地域の民具・農具，②月曜日，祝日，月末，年末年始，③無料
安来市いにしえ横穴学習館	〒694-0305安来市吉佐町字神宝　TEL0854-22-3927　①安来市・東出雲町の横穴墓から発見された横口式家形石棺と穴神1号横穴墓出土の石棺の複製品を展示，②土・日・月曜日と祝日に開館，③無料
安来市立歴史資料館	〒692-0402安来市広瀬町町帳752　TEL0854-32-2767　①富田川河床・富田城関連の遺跡出土品，②水曜日，年末年始，③有料
金屋子神話民俗館	〒692-0731安来市広瀬町西比田213-1　TEL0854-34-0700　①金屋子神話・神社に関する資料，②水曜日(祝日の場合は翌日)，12～3月，③有料
島根県立八雲立つ風土記の丘展示学習館	〒690-0033松江市大庭町456　TEL0852-23-2485　①奈良時代の国府復元模型や風土記の丘地内出土遺物，『出雲国風土記』の写本，県内の古代史資料などを収蔵・展示，②火曜日(祝日の場合は翌日)，年末年始，③有料
ガイダンス山代の郷	〒690-0031松江市山代町470-1　TEL0852-25-9490　①山代二子塚周辺の見学拠点で，向山1号墳の石棺式石室の実物大模型を展示。また，山代二子塚の土層断面をみることができる，②火曜日(祝日の場合は翌日)，③無料
八重垣神社収蔵庫	〒690-0035松江市佐草町227　TEL0852-21-1148　①板絵著色神像の壁画，②無休，③有料
小泉八雲記念館	〒690-0872松江市奥谷町322　TEL0852-21-2147　①小泉八雲が愛用した遺品・自筆原稿，県知事との契約書など，②無休，③有料
小泉八雲旧居	〒690-0888松江市北堀町315　TEL0852-23-0714　①小泉八雲居住当時のままに保存，②年末年始，③有料
田部美術館	〒690-0888松江市北堀町310-5　TEL0852-26-2211　①楽山焼・志布名焼・漆工品などの茶道具・工芸品，不昧公ゆかりの茶道具，②月曜日，年末年始，③有料
松江歴史館	〒690-0887松江市殿町279　TEL0852-32-1607　①松江城の東側に隣接する家老屋敷のあった場所に開館，築城の経緯や城下町の変遷，庶民の暮らしなどを展示，②第3木曜日(祝日の場合翌日)，③有料
竹島資料室	〒691-8501松江市殿町1(島根県庁第3分庁舎〈旧島根県立博物館〉内)　TEL0852-22-5669　①竹島に関する古文書や出版物，写真・絵図・地図，韓国側資料(書籍等)を収蔵・展示，②火曜日，年末年始，③無料
月照寺宝物殿	〒690-0875松江市外中原町179　TEL0852-21-6056　①松江藩歴代藩主とその妻の遺品，②無休，③有料
安部栄四郎記念館	〒690-2102松江市八雲町東岩坂1754　TEL0852-54-1745　①人間国宝・故安部栄四郎が漉いた和紙，紙に関する資料，②火曜日(祝日の場合は翌日)，年末年始，③有料
仏谷寺大日堂	〒690-1501松江市美保関町美保関530　TEL0852-73-0712　①薬師・日

	光・月光・虚空蔵・聖観世音の仏像5体，②無休(事前連絡が必要)，③有料
島根町歴史民俗資料館	〒690-1212松江市島根町野波2048 ①近代の漁具・農具・武具，衣食住や信仰儀礼の資料，②土・日曜日，年末年始(事前に島根中央公民館〈0852-85-2301〉に連絡)，③有料
松江市立鹿島歴史民俗資料館	〒690-0803松江市鹿島町名分1355-4　TEL0852-82-2797　①佐太講武貝塚・古浦砂丘遺跡出土品，藤布織・手揉み製茶用具，②月曜日(祝日の場合は翌日)，年末年始，③有料
松江市立八雲郷土文化伝習施設	〒690-2104松江市八雲町熊野799　TEL0852-54-1027　①八雲町内に残る民具・出土品，市指定文化財などを展示，②水曜日，祝日の翌日，年末年始，③有料
松江市立出雲玉作資料館	〒699-0201松江市玉湯町玉造99-3　TEL0852-62-1040　①出雲玉作遺跡出土品および瑪瑙細工用具，②月曜日(祝日の場合は翌日)，祝日の翌日，年末年始，③有料
モニュメント・ミュージアム来待ストーン	〒699-0404松江市宍道町東来待1574-1　TEL0852-66-9050　①国指定の伝統的工芸品出雲石灯ろうの原材料である来待石の採石場跡地に，来待石の歴史や文化，また地場産業について展示，②火曜日(祝日の場合は翌日)，③有料
島根県立古代出雲歴史博物館	〒699-0701出雲市大社町杵築東99-4　TEL0853-53-8600　①荒神谷遺跡出土銅剣・加茂岩倉遺跡出土銅鐸・出雲大社本殿の巨大柱など島根の古代文化全般，②第3火曜日(祝日の場合は翌日)，③有料
出雲弥生の森博物館	〒693-0011出雲市大津町2760　TEL0853-25-1841　①巨大な四隅突出型墳丘墓を含む西谷墳墓群に隣接し，その模型や出土品などを展示，②火曜日(祝日の場合は翌日)，年末年始，③有料
出雲文化伝承館	〒693-0054出雲市浜町520　TEL0853-21-2460　①出雲の豪商江角家の屋敷を移築，出雲流庭園・茶室，②月曜日(祝日の場合は翌日)，年末年始，③有料
出雲民芸館	〒693-0033出雲市知井宮町628　TEL0853-22-6397　①出雲の豪農山本家の屋敷を改装，藍染・木工品・農具・陶器・日用雑器，②月曜日(祝日の場合は翌日)，祝日の翌日，年末年始，③有料
スサノオ館	〒693-0502出雲市佐田町原田735-14　TEL0853-84-0963　①神事花などの民俗資料・須佐神社所蔵資料，②第2・第4木曜日，年末年始，③有料
出雲大社宝物殿	〒699-0701出雲市大社町杵築195　TEL0853-53-3100　①歴代天皇の宸筆・名刀・宝剣・甲冑・稲田姫木像など，②12月21日，③有料
出雲市立吉兆館	〒699-0721出雲市大社町修理免735-5　TEL0853-53-5858　①伝統行事「吉兆さんと番内」を中心とする展示，②年末年始，③有料
出雲市立木綿街道交流館	〒691-0001出雲市平田町841　TEL0853-62-2631　①平田の開拓・産業振興に尽力した旧石橋家と，外科御免屋敷であった旧長崎家を復元した建物を中心に，雲州平田木綿の歴史や平田の街並みを保存，②火曜日，年末年始，③有料
出雲市立平田本陣記念館	〒691-0001出雲市平田町515　TEL0853-62-5090　①松江藩の本陣宿本木佐家を移築復元し，松江藩・松江城関係資料や郷土の画家の作品を収蔵・展示，②火曜日，年末年始，③有料

出雲市立一式飾ほんまち展示館　〒691-0001出雲市平田町515　TEL0853-63-2250　①一式飾の代表的なもの，②火曜日，③無料

荒神谷博物館　〒699-0503出雲市斐川町神庭873-8　TEL0853-72-9044　①荒神谷遺跡公園内にあり，国宝荒神谷遺跡出土品などを収蔵・展示　②無休(展示室は火曜日)，年末年始，③有料

加茂岩倉遺跡ガイダンス　〒699-1115雲南市加茂町岩倉837-24　TEL0854-49-7885　①加茂岩倉遺跡の総合案内，出土銅鐸の複製などを展示，②火曜日(祝日の場合は翌日)，年末年始，③無料

空外記念館　〒699-1125雲南市加茂町大崎39-8　TEL0854-49-7521　①山本空外収蔵の書・美術工芸品，②10月のみ開館，③有料

古代鉄歌謡館　〒699-1253雲南市大東町中湯石84　TEL0854-43-6568　①神楽衣装・神楽面・笛，②火曜日，年末年始，③有料

神楽の宿　〒699-1205雲南市大東町須賀375-1　TEL0854-43-3932(管理人宅)　①神楽舞の舞台・神楽衣装，②月曜日，年末年始，③有料

雲南市永井隆記念館　〒690-2404雲南市三刀屋町三刀屋199　TEL0854-45-2239　①自らの身体を提供して放射線物理療法の研究に生涯を捧げた永井隆に関する資料の展示，②月曜日，祝日の翌日，年末年始，③有料

鉄の歴史博物館　〒690-2801雲南市吉田町吉田2533　TEL0854-74-0043　①田部家所有の菅谷たたらなどの資料，②月曜日(祝日の場合は翌日)，年末年始，③有料

菅谷たたら山内・山内生活伝承館　〒690-2800雲南市吉田町吉田4210-2　TEL0854-74-0350　①高殿や大金胴場などのたたら製鉄施設，そのほか山内の生活民具，②月曜日(祝日の場合は翌日)，③有料

飯南町民俗資料館　〒690-3207飯石郡飯南町頓原2028-4　TEL0854-72-0301(飯南町教育委員会)　①中国山地の豪雪地帯の積雪期用具，②土・日曜日，祝日，年末年始，③無料

可部屋集成館　〒699-1621仁多郡奥出雲町上阿井内谷1656-1　TEL0854-56-0800　①たたら製鉄「菊一印」の銘鉄櫻井家伝来の美術工芸品・和鉄鋼資料など，②月曜日，12月中旬～3月中旬，③有料

雲州そろばん伝統産業会館　〒699-1832仁多郡奥出雲町横田992-2　TEL0854-52-0369　①雲州そろばんの歴史・製作工程などに関する資料，②月曜日，金曜日(祝日の場合は翌日)，年末年始，③有料

絲原記念館　〒699-1812仁多郡奥出雲町大谷856　TEL0854-52-0151　①奥出雲の鉄山師頭取をつとめた絲原家伝来の美術工芸品，たたら製鉄の用具など，②3・6・9月の展示替え日，年末年始，冬季積雪日，③有料

横田郷土資料館　〒699-1822仁多郡奥出雲町下横田474　TEL0854-52-1112　①明治時代中期の農家および江戸時代末期の米倉を移築，農具・生活資料，②月曜日(祝日の場合は翌日)，祝日の翌日，年末年始，③有料

奥出雲たたらと刀剣館　〒699-1832仁多郡奥出雲町横田1830-1　TEL0854-52-2770　①近世以降のたたらの歴史，日刀保たたらと玉鋼を用いてつくられる日本刀の展示，②月曜日(祝日の場合は翌日)，年末年始，③有料

| 石見銀山資料館 | 〒694-0305大田市大森町ハ51-1　TEL0854-89-0846　①旧邇摩郡役所の建物を利用し，石見銀山の採鉱・精錬工具や古地図・古文書などを展示，②年末年始，③有料 |

| 石見銀山世界遺産センター | 〒694-0305大田市大森町イ1597-3　TEL0854-89-0183　①世界遺産石見銀山の間歩や街道・山城跡・歴史的町並みなどから遺跡の全体像を紹介。ガイダンス棟には石見銀山の最盛期の精錬所を再現し，灰吹法(17世紀の銀の精錬法)なども解説，②月末の火曜日，年末年始，③無料(ガイダンス棟)，有料(展示棟) |

| 龍源寺間歩 | 〒694-0305大田市大森町　TEL0854-89-0343　①江戸時代に開発した石見銀山の間歩の一つで公開されている坑道。160mにわたり銀鉱石を探すための竪坑・横穴の内部をみることができる，②年始，③有料 |

| 旧河島家住宅 | 〒694-0305大田市大森町ハ118-1　TEL0854-89-0932　①石見銀山代官所地役人の屋敷と生活用品，②年末年始，③有料 |

| 熊谷家住宅 | 〒694-0305大田市大森町ハ63　TEL0854-89-9003　①石見銀山代官所の御用をつとめた大商人の住居，②月末の火曜日，年末年始，③有料 |

| 邑南町郷土館 | 〒696-0223邑智郡邑南町下亀谷210　TEL0855-83-1580　①たたら関係の資料と町内の民俗資料・遺跡出土品，②月曜日，祝日の翌日，年末年始，③無料 |

| 浜田市郷土資料館 | 〒697-0024浜田市黒川町3746-3　TEL0855-23-6453　①浜田市を中心とする考古・歴史・民俗資料などを収蔵・展示，②月曜日，祝日の翌日，年末年始，③無料 |

| 石見安達美術館 | 〒697-0004浜田市久代町1655-28　TEL0855-28-1920　①石見刀・石見長浜人形・石見絵徳利などの古美術・民俗資料，②火曜日(祝日の場合は翌日)，年末年始，③有料 |

| 浜田市金城民俗資料館 | 〒697-0211浜田市金城町波佐イ436-1　TEL0855-44-0146(波佐公民館)　①波佐地区の山村生活用具・農具・山樵用具・紙漉き用具，②祝日，年末年始(土・日以外は要予約)，③有料 |

| 浜田市金城歴史民俗資料館 | 〒697-0211浜田市金城町波佐イ438-1　TEL0855-44-0146(波佐公民館)　①たたら製鉄用具・たたら関係文書，島村抱月・能海寛の資料，②祝日，年末年始(土・日以外は要予約)，③有料 |

| 浜田市旭歴史民俗資料館 | 〒697-0425浜田市旭町今市　TEL0855-45-1234(浜田市旭支所旭教育課)　①石州半紙関係の資料，生産・生活用具，②土・日曜日，祝日，年末年始，③有料 |

| 石州和紙会館 | 〒699-3225浜田市三隅町古市場589　TEL0855-32-4170　①石州和紙の歴史や製造工程を学べる，②月曜日(休日の場合は翌日)，年末年始，③有料 |

| 浜田市三隅歴史民俗資料館 | 〒699-3211浜田市三隅町三隅1539-1　TEL0855-32-1785　①石州半紙の紙漉き用具・民具・漁具，②土・日曜日・祝日，年末年始，③無料 |

| 浜田市弥栄郷土資料展示室 | 〒697-1211浜田市弥栄町長安本郷325-1　TEL0855-48-2121(弥栄教育課)　①浜田市立弥栄小学校に隣接し，壺棺などの考古資料・民具などを収蔵・展示，②土・日曜日，祝日，年末年始，③無料 |

| 益田市立歴史民俗資料館 | 〒698-0005益田市本町6-8　TEL0856-23-2635　①旧美濃郡役所の建物に中世益田氏関連資料，明治・大正・昭和時代の生活用具などを収蔵・展示， |

②火曜日,祝日の翌日,年末年始,③無料

益田市立雪舟の郷記念館　〒698-0003益田市乙吉町イ1149　TEL0856-24-0500　①雪舟筆「益田兼堯像」ほか,雪舟・柿本人麻呂・益田家に関する資料,②水曜日(休日を除く),年末年始,③有料

津和野町日原歴史民俗資料館　〒699-5207鹿足郡津和野町枕瀬218-1　TEL0856-74-0933　①地域の生活・生産用具,②月～金曜日,年末年始,③有料

津和野町郷土館　〒699-5604鹿足郡津和野町森村ロ127　TEL0856-72-1854　①津和野藩関係文書,藩校養老館に関する資料,森鷗外・西周の著書・遺品など,②火曜日(祝日の場合は翌日),年末年始,③有料

津和野町民俗資料館　〒699-5605鹿足郡津和野町後田殿町　TEL0856-72-1000　①藩政時代から大正時代までの武具・民具・農耕用具など,②水曜日(祝日の場合は翌日),12～3月,③有料

森鷗外記念館　〒699-5611鹿足郡津和野町田イ238　TEL0856-72-3210　①森鷗外旧宅に隣接し,遺品・直筆原稿などを展示,②12～3月の月曜日,年末,③有料

隠岐郷土館　〒685-0311隠岐郡隠岐の島町郡749-4　TEL08512-5-2151　①旧三郡役所を利用,民俗資料・生産用具・郷土芸能資料など,②12～3月の土・日・祝日,年末年始,③有料

隠岐の島町立五箇創生館　〒685-0311隠岐郡隠岐の島町郡615-1　TEL08512-5-2845　①古典相撲・隠岐の伝統文化資料など,②12～3月の土・日・祝日,③有料

佐々木家住宅　〒685-0002隠岐郡隠岐の島町釜カス谷17　TEL08512-2-1290　①江戸時代の庄屋佐々木家の主屋に,近世の住宅生活用具や庄屋文書を展示。隠岐の代表的な近世民家建築,②12～2月,③有料

億岐家住宅・宝物殿　〒685-0017隠岐郡隠岐の島町下西　TEL08512-2-0571　①隠岐国駅鈴・「隠伎倉印」の銅印を始め,億岐家伝来の宝物・資料の展示,②12～2月,③有料

碧風館　〒684-0302隠岐郡西ノ島町別府275　TEL08514-7-8556　①後醍醐天皇に関する資料,黒木御所跡に関する文書など,②11～3月,③有料

海士町後鳥羽院資料館　〒684-0403隠岐郡海士町海士1521-1　TEL08514-2-1470　①後鳥羽上皇関係資料・隠岐神社宝物・海士町出土品・古文書,②11月21日～3月20日,③有料

知夫村郷土資料館　〒684-0102隠岐郡知夫村郡　①高津久横穴墓群など知夫里島出土の考古資料や,歴史資料,農具・漁具などを展示,②事前に知夫村教育委員会(08514-8-2301)に連絡,③無料

【無形民俗文化財】

国指定

五十猛のグロ　　大田市五十猛町大浦　大浦グロ保存会　1月11〜15日（小正月）

隠岐国分寺蓮華会舞　　隠岐郡隠岐の島町池田　隠岐国分寺蓮華会舞保存会　4月21日（隠岐国分寺法会）

津和野弥栄神社の鷺舞　　鹿足郡津和野町後田　弥栄神社の鷺舞保存会　7月20・24・27日（弥栄神社夏例祭）

隠岐の田楽と庭の舞　　隠岐郡西ノ島町美田・浦郷　隠岐の田楽と庭の舞保存連合会・美田八幡宮田楽保存会・日吉神社庭の舞保存会　隔年9月15日（美田八幡宮例祭）・隔年（日吉神社例祭）

佐陀神能　　松江市鹿島町佐陀宮内　佐陀神能保存会　9月25日（佐太神社例祭）など

大土地神楽　　出雲市大社町杵築西2296　大土地神楽保存会・神楽方　10月25日に近い金・土曜日（大土地荒神社例祭）

大元神楽　　江津市桜江町市山　邑智郡大元神楽保存会　式年祭（集落により4〜13年に1度）

県指定

大社町の吉兆神事　　出雲市大社町仮の宮地区ほか　1月2・3日

水若酢神社祭礼風流　　隠岐郡隠岐の島町　水若酢神社祭礼風流保持者会　隔年5月3日（水若酢神社）

玉若酢命神社御霊会風流　　隠岐郡隠岐の島町下西　玉若酢命神社御霊会風流保持者会　6月5日（玉若酢命神社）

鹿子原の虫送り踊り　　邑智郡邑南町矢上　鹿子原の虫送り踊り保持者会　7月20日（美穂神社）

島後久見神楽　　隠岐郡隠岐の島町久見　島後久見神楽保持者会　7月26日（伊勢命神社）

津和野踊　　鹿足郡津和野町後田　津和野踊保持者会　8月10日

須佐神社の念仏踊　　出雲市佐田町宮内　須佐神社の念仏踊保持者会　8月15日（須佐神社切明神事）

島後原田神楽　　隠岐郡隠岐の島町原田　島後原田神楽保持者会　夏季

隠岐島前神楽　　隠岐郡海士町　隠岐島前神楽保持者会　7月23・24日（焼火神社例祭）など

壇鏡神社八朔祭の牛突き習俗　　隠岐郡隠岐の島町那久　全隠岐牛突き連合会　9月1日

井野神楽　　浜田市三隅町井野　井野神楽保持者会　9月15日（井野八幡宮例祭）

海潮山王寺神楽　　雲南市大東町海潮　海潮山王寺神楽保持者会　9月28日（須我神社例祭）など

由来八幡宮の頭屋祭行事　　飯石郡飯南町由来　由来八幡宮の頭屋祭行事保持者会　10月1日〜11月8日（由来八幡宮例祭）

有福神楽　　浜田市下有福町　有福神楽保持者会　10月11日（有福八幡宮例祭）など

三葛神楽　　益田市匹見町紙祖　三葛神楽保持者会　10月14日（河内神社例祭）

埼田神社青獅子舞　　出雲市園町　埼田神社青獅子舞保持者会　10月15日（埼田神社例祭）

大田両八幡宮の祭礼風流　　大田市大田　大田両八幡宮祭礼風流保存会　10月15日（喜多八幡宮・鶴岡八幡宮例祭）

宇賀神社の獅子舞　　出雲市口宇賀町　宇賀神社奉納獅子舞楽保存会　10月19日(宇賀神社例祭)
隠岐武良祭風流　　隠岐郡隠岐の島町元屋・中村　隠岐武良祭風流保持者会　10月19日(隔年)
見々久神楽　　出雲市見々久町　見々久神楽保持者会　10月25日(御崎神社例祭)など
シッカク踊　　大田市水上町　シッカク踊保存会　10月20日(水上神社例祭)
柳神楽　　鹿足郡津和野町柳村　柳神楽保持者会　11月2日(天満宮例祭)
多久神社のささら舞　　出雲市多久町　多久神社のささら舞保存会　11月3日(多久神社例祭)
三谷神社投獅子舞　　出雲市大津町　三谷神社獅子舞保存会　11月3日(三谷神社例祭)など
奥飯石神職神楽　　飯石郡飯南町赤名　奥飯石神職神楽保持者会　11月3日(赤穴八幡宮例祭)など
抜月神楽　　鹿足郡吉賀町抜月　抜月神楽団　11月3・4日(剣玉神社例祭)
神原神社の獅子舞　　雲南市加茂町神原　神原神社獅子舞保存会　11月9日(神原神社例祭)
槻の屋神楽　　雲南市木次町槻の屋　槻の屋神楽保持者会　11月10日(加茂神社例祭)
下須の萬歳楽　　鹿足郡吉賀町下須地区　下須地区の萬歳楽保持者会　12月第1土・日曜日
大原神職神楽　　雲南市大東町幡屋　大原神職神楽保持者会　近郷諸社の祭礼時
黒沢囃子田　　浜田市三隅町黒沢　黒沢囃子田保持者会　不定期
益田糸操り人形　　益田市栄町1-15　益田糸操り人形保持者会　不定期
布施の山祭り　　隠岐郡隠岐の島町布施　大山神社(南谷，中谷)　4月第1土・日曜日(隔年)

【おもな祭り】(国・県指定無形民俗文化財をのぞく)

出雲大社大御饌祭　　出雲市大社町宮内(出雲大社)　1月1日
宅野の子供神楽　　大田市仁摩町宅野　1月1～3日
吉兆と番内さん　　出雲市大社町宮内(出雲大社)　1月3日
小伊津のトンド　　出雲市小伊津町　1月5～14日
お田植神事　　松江市美保関町千酌(爾佐神社)　1月6日
和布刈神事　　出雲市大社町日御碕(日御碕神社)　旧暦1月5日
初午祭り　　鹿足郡津和野町(太鼓谷稲成神社)　2月初午の日
宮祭り　　隠岐郡隠岐の島町(客神祠)　2月または3月
初午祭　　浜田市生湯町(多陀寺)　旧暦2月初午の日
青柴垣神事　　松江市美保関町美保関(美保神社)　4月7日
熊野大社御櫛祭り　　松江市八雲町熊野(熊野大社)　4月13日
縄久利神社花傘神事　　安来市広瀬町東比田(縄久利神社)　4月24日
佐太神社の直会祭り　　松江市鹿島町佐陀宮内(佐太神社)　5月3日
身隠神事　　松江市佐草町(八重垣神社)　5月3日
水若酢神社山曳き神事　　隠岐郡隠岐の島町郡(水若酢神社)　5月3日(隔年)
出雲大社大祭礼　　出雲市大社町宮内(出雲大社)　5月14～16日
ホーランエンヤ　　松江市東出雲町出雲郷(阿太加夜神社など)　5月(10年に1度)
出雲大社涼殿祭　　出雲市大社町宮内(出雲大社)　6月1日

半夏祭り	邑智郡邑南町矢上(諏訪神社)	7月半夏生
山辺神社祇園祭り	江津市江津町郷田(山辺神社)	7月14日
須賀神社夜祭り	安来市広瀬町広瀬(須賀神社)	7月21日
由良比女神社夏祭り	隠岐郡西ノ島町浦郷(由良比女神社)	7月28・29日(隔年)
大東の七夕	雲南市大東町大東	8月6日
月の輪神事	安来市安来町	8月14〜17日
精霊船送り	隠岐郡西ノ島町	8月16日
穂掛け祭り	松江市東出雲町揖屋町(揖夜神社)	8月28日
武内神社例祭	松江市八幡町(武内神社)	8月31日・9月1日
八朔祭り	益田市高津町上市(柿本神社)	9月1日
御座替神事	松江市鹿島町佐陀宮内(佐太神社)	9月24日
熊野大社鑽火祭	松江市八雲町熊野(熊野大社)	10月15日
どう行列	松江市旧市内	10月第3日曜日
出雲大社神在祭	出雲市大社町宮内(出雲大社)	旧暦10月11〜17日
姫之飯神事	飯石郡飯南町頓原(由来八幡宮)	11月7日
ハンボカブリ神事	松江市美保関町森山(横田神社)	11月11日
出雲大社古伝新嘗祭	出雲市大社町宮内(出雲大社)	11月23日
物部神社の鎮魂祭	大田市川合町川合(物部神社)	11月24日
諸手船神事	松江市美保関町美保関(美保神社)	12月3日

【有形民俗文化財】

国指定

たたら製鉄用具(250点)　　安来市安来町　和鋼博物館, 日立金属工業株式会社
東比田の山村生産用具(185点)　　安来市広瀬町富田　安来市
諸手船(2隻)　　松江市美保関町美保関　美保神社
美保神社奉納鳴物(846点)　　松江市美保関町美保関　美保神社
そりこ(1隻)　　松江市美保関町美保関　美保神社
菅谷たたら山内(1所)　　雲南市吉田町吉田
奥飯石および周辺地域の積雪期用具(150点)　　飯石郡飯南町頓原　飯南町
波佐の山村生産用具(758点)　　浜田市金城町波佐　西中国山地民具を守る会
隠岐島後の生産用具(674点)　　隠岐郡隠岐の島町郡　隠岐の島町
トモド(1隻)　　隠岐郡西ノ島町美田　焼火神社

県指定

東比田地方の生産用具コレクション(100点)　　安来市広瀬町富田　安来市
サバニー(1隻 附櫂17本, アンバ20本)　　松江市美保関町美保関　美保神社
トモド(1隻)　　松江市美保関町美保関　美保神社
獅子頭(1頭)　　仁多郡奥出雲町中村170　横田八幡宮
大社の吉兆(幡, 23流 附吉兆原図1枚)　　出雲市大社町　仮の宮地区ほか
波佐の山村生活用具(221点)　　浜田市金城町波佐　西中国山地民具を守る会
糸操人形の頭及び胴(43個30体 附馬3頭, 舞台襖72枚, 遠見2枚, 立看板12枚)　　益田市

赤城町18-6　　益田市
獅子頭（3頭）　　益田市美都町笹倉　笹倉八幡宮
富村の屋敷構え（1所）　　出雲市斐川町富村
出雲平野の衣食住及び生産用具（1087点）　　出雲市斐川町　出雲市
菅谷鈩製鉄用具（141点）　　雲南市吉田町吉田
獅子頭（1頭　附面4面）　　邑智郡邑南町矢上　諏訪神社
柳の神楽面（19面　附衣装34着）　　鹿足郡津和野町柳村　柳神楽保持者会
原田神楽の面（20面）　　隠岐郡隠岐の島町原田
隠岐島後の衣食住および生産用具（597点）　　隠岐郡隠岐の島町郡　隠岐の島町
都万目の民家（1棟）　　隠岐郡隠岐の島町郡　隠岐の島町
旧佐々木家住宅生活用具（91点）　　隠岐郡隠岐の島町釜　隠岐の島町

【無形文化財】

国指定
石州半紙　　浜田市三隅町古市場　石州半紙技術者会
国選定
玉鋼製造（たたら吹き）　　仁多郡奥出雲町大呂　木原明・渡部勝彦
県指定
広瀬絣　　安来市広瀬町広瀬　永田佳子
筒描藍染　　出雲市大津町　長田茂伸
日本刀　　仁多郡奥出雲町稲原　小林力夫
楽山焼　　松江市西川津町楽山　長岡権三
雁皮紙　　松江市八雲町別所　安部信一郎

【散歩便利帳】

島根県の教育委員会・観光担当部署など

島根県教育委員会　　〒690-8501松江市殿町1　TEL0852-22-5406
島根県教育庁文化財課　　〒690-8501松江市殿町1　TEL0852-22-5880
島根県教育庁埋蔵文化財調査センター　　〒690-0131松江市打出町33　TEL0852-36-8608
島根県観光振興課　〒690-8501松江市殿町1　TEL0852-22-5292
島根県観光連盟　　〒690-8501松江市殿町1　TEL0852-21-3969
島根県物産観光館　　〒690-0887松江市殿町191　TEL0852-22-5758
島根県商工会連合会　　〒690-0886松江市母衣町55-4　TEL0852-21-0651
島根県立図書館　　〒690-0873松江市内中原町52　TEL0852-22-5725
しまねミュージアム協議会　　〒690-0033松江市大庭町456（島根県立八雲立つ風土記の丘展示学習館内）　TEL0852-23-2485

県外の観光問い合わせ事務所

島根県東京事務所　　〒102-0093東京都千代田区平河町2-6-3　都道府県会館11階　TEL03-5212-9070
にほんばし島根館　　〒103-0022東京都中央区日本橋室町1-5-3　福島ビル1階　TEL03-5201-3310
島根県大阪事務所　　〒530-0047大阪府大阪市北区西天満3-13-18　島根ビル2階　TEL06-6364-3605
島根県広島事務所　　〒730-0032広島県広島市中区立町1-23　ごうぎん広島ビル3階　TEL082-541-2410
島根県九州事務所　　〒802-0081福岡県北九州市小倉北区紺屋町13-1　毎日西部会館1階　TEL093-521-7208

市町村の教育委員会・観光担当部署など

［安来市］
安来市教育委員会文化課　　〒692-0404安来市広瀬町広瀬703　TEL0854-23-3240
安来市商工観光課　　〒692-0207安来市伯太町東母里580　TEL0854-23-3340
観光交流プラザ(安来市観光協会)　　〒692-0011安来市安来町2093-3　TEL0854-23-7667

［松江市］
松江市まちづくり文化財課　　〒690-8540松江市末次町86　TEL0852-55-5658
松江市観光文化課　　〒690-8540松江市末次町86　TEL0852-55-5634
松江観光協会　　〒690-0874松江市中原町19　TEL0852-27-5843

［出雲市］
出雲市文化財課　　〒693-0011出雲市大津町2760　TEL0853-21-6893
出雲市観光交流推進課　　〒693-8531出雲市今市町70　TEL0853-21-6588
出雲観光協会　　〒699-0721出雲市大社町修理免735-5　TEL0853-53-2112

［雲南市］
雲南市教育委員会社会教育課　　〒699-1392雲南市木次町木次1031-1　TEL0854-40-1073
雲南市商工観光課　　〒699-1392雲南市木次町木次1013-1　TEL0854-40-1054
雲南市観光協会　　〒699-1311雲南市木次町里方614-1　TEL0854-42-9770

[大田市]
大田市教育委員会石見銀山課　〒694-0064大田市大田町大田ロ1111　TEL0854-88-8134
大田市観光振興課　〒694-0064大田市大田町大田ロ1111　TEL0854-88-9237
大田市観光協会　〒699-2301大田市仁摩町仁万562-3　TEL0854-88-9950
温泉津町観光協会　〒699-2511大田市温泉津町小浜イ308-6　TEL0855-65-2065
石見銀山世界遺産センター　〒694-0305大田市大森町イ1597-3（ふれあいの森公園内）　TEL0854-89-0183
[江津市]
江津市教育委員会社会教育課　〒695-8501江津市江津町1525　TEL0855-52-1542
江津市観光協会　〒695-0011江津市江津町926-4　TEL0855-52-0534
[浜田市]
浜田市教育委員会文化振興課　〒697-8501浜田市殿町1　TEL0855-25-9730
浜田市交流観光課　〒697-8501浜田市殿町1　TEL0855-22-9530
浜田市観光協会　〒697-0022浜田市浅井町777-19　TEL0855-24-1085
三隅町観光協会　〒699-3212浜田市三隅町向野田632-1　TEL0855-32-2104
石見観光振興協議会　〒697-0041浜田市片庭町254（島根県西部県民センター商工労政事務所内）　TEL0855-29-5647
[益田市]
益田市教育委員会文化財課　〒698-0033益田市元町11-15　TEL0856-31-0623
益田市観光交流課　〒698-8650益田市常盤町1-1　TEL0866-31-0688
益田市観光協会　〒698-0024益田市駅前町17-2　TEL0856-22-7120
美都町特産観光協会　〒698-0203益田市美都町都茂1809-2（美濃商工会内）　TEL0856-52-3160
[仁多郡]
奥出雲町教育委員会社会教育課　〒699-1832奥出雲町横田1037　TEL0854-52-2680
奥出雲町観光振興課　〒699-1511奥出雲町三成358-1　TEL0854-54-2504
奥出雲町観光協会　〒699-1511奥出雲町三成358-1　TEL0854-54-2260
[飯石郡]
飯南町教育委員会社会教育担当　〒690-3207飯南町頓原2084-4　TEL0854-72-1776
飯南町観光協会　〒690-3513飯南町下赤名880-3　TEL0854-76-9050
[邑智郡]
川本町教育課文化振興係　〒696-0001川本町川本332-15　TEL0855-72-0704
川本町観光協会　〒696-0001川本町川本558-10　TEL0855-72-0123
美郷町教育委員会　〒699-4692美郷町粕渕168　TEL0855-75-1217
美郷町観光協会　〒699-4692美郷町粕渕168　TEL0855-75-1330
邑南町教育委員会生涯学習課　〒696-0393邑南町淀原153-1　TEL0855-83-1127
邑南町商工観光課　〒696-0192邑南町矢上6000　TEL0855-95-2565
邑南町観光協会　〒696-0222邑南町矢上7154-10　TEL0855-95-2369
[鹿足郡]
津和野町教育委員会　〒699-5605津和野町後田ロ64-6　TEL0856-72-1854

津和野町商工観光課　　〒699-5605津和野町後田ロ64-6　TEL0856-72-0652
津和野町観光協会　　〒699-5605津和野町後田イ71-2　TEL0856-72-1771
吉賀町教育委員会　　〒699-5513吉賀町六日市648　TEL0856-77-1285
吉賀町企画課　〒699-5301吉賀町六日市750　TEL0856-77-1437
吉賀町観光協会　　〒699-5512吉賀町広石582　TEL0856-77-1255
[隠岐郡]
海士町教育委員会　　〒684-0403海士町海士1490　TEL08514-2-1222
海士町交流促進課　　〒684-0404海士町福井1365-5　TEL08514-2-0017
海士町観光協会　　〒684-0404海士町福井1365-5　TEL08514-2-0101
西ノ島町教育課　　〒684-0211西ノ島町浦郷544-38　TEL08514-6-0171
西ノ島町地域振興課　　〒684-0303西ノ島町別府46　TEL08514-7-8131
西ノ島町観光協会　　〒684-0303西ノ島町美田4386-3　TEL08514-7-8888
知夫村教育委員会　　〒684-0102知夫村1065　TEL08514-8-2301
知夫村観光振興課　　〒684-0102知夫村1065　TEL08514-8-2211
知夫里島観光協会　　〒684-0106知夫村来居1730-6　TEL08514-8-2272
隠岐の島町教育委員会　　〒685-0014隠岐の島町今津346-2　TEL08512-2-2206
隠岐の島町観光課　　〒685-8585隠岐の島町城北町1　TEL08512-2-8575
隠岐の島町観光協会　　〒685-0013隠岐の島町中町54-3　TEL08512-2-0787

【参考文献】

『出雲』　速水保孝　山陰郷土文化研究会　1975
『出雲・隠岐の城館跡』　島根県教育委員会　1998
『出雲市民文庫』1〜13　石塚尊俊ほか　出雲市教育委員会　1987〜94
『出雲神話』　水野祐　八雲書房　1972
『出雲神話の成立』（講談社学術文庫）　鳥越憲三郎　講談社　2006
『出雲大社』　千家尊統　学生社　1998
『出雲の国』　池田満雄・東森市良　学生社　1973
『出雲国風土記』　加藤義成校注　報光社　1965
『出雲国風土記と古代日本──出雲地域史の研究』　瀧音能之編　雄山閣出版　1994
『出雲文化財散歩』　石塚尊俊・近藤正　学生社　1973
『いにしえの島根ガイドブック』全8巻　島根県古代文化センター編　島根県教育委員会　1996
『石見銀山』　石村禎久　石見銀山資料館　1988
『石見銀山異記』上・下　石村禎久　石見銀山資料館　1981〜82
『石見銀山遺跡総合調査報告書』1〜6　島根県教育委員会ほか　1999
『石見の城館跡』　島根県教育委員会　1997
『江戸時代　人づくり風土記32──ふるさとの人と知恵　島根』　石川松太郎ほか　農山漁村文化協会　1994
『隠岐』　速水保孝　山陰郷土文化研究会　1976
『隠岐国郷土誌』　永海一正　松江文庫　1978
『奥出雲横田とたたら』　高橋一郎　横田史談会　1990
『街道の日本史37　鳥取・米子と隠岐──但馬・因幡・伯耆』　錦織勤・池内敏編　吉川弘文館　2005
『街道の日本史38　出雲と石見銀山街道』　道重哲男・相良英輔編　吉川弘文館　2005
『角川日本地名大辞典32　島根県』　角川日本地名大辞典編纂委員会編　角川書店　1979
『金城町誌』1〜7　金城町誌編纂委員会編　金城町　1996〜2003
『江津市誌』全3巻　江津市役所編　江津市役所　1982
『古代を考える　出雲』　上田正昭編　吉川弘文館　1993
『山陰の武将』　藤岡大拙・藤澤秀晴　山陰中央新報社　1974
『山陰文化シリーズ8　山陰の歴史』　島根郷土研究会編　今井書店　1964
『山陰文化シリーズ12　石見銀山』　坂根兵部之輔・江面竜雄・高橋宣光編　今井書店　1965
『山陰文化シリーズ48　隠岐の歴史』（改訂版）　永海一正　今井書店　1992
『三百藩家臣人名辞典』5　家臣人名辞典編纂委員会編　新人物往来社　1988
『三百藩藩主人名辞典』4　藩主人名辞典編纂委員会編　新人物往来社　1986
『三瓶山　歴史と伝説』　石村禎久　大田市観光物産館　1967
『しまね観光ムック1993』　島根県観光連盟編　島根県観光連盟　1993
『島根郷土資料オリジナルシリーズ　2　しまね史記』　読売新聞社松江支局編　島根郷土資料刊行会　1974
『島根県史』全10巻　島根県編　島根県　1921〜30
『島根県大百科事典』上・下　島根県大百科事典編集委員会編　山陰中央新報社　1982

『島根県の歴史』(新版)　　松尾寿・田中義昭・渡辺貞幸・大日方克己・井上寛司・竹永三男　山川出版社　2005

『島根県歴史人物事典』　　山陰中央新報社島根歴史人物事典刊行委員会編　山陰中央新報社　1997

『島根路の文化財』　　石塚尊俊　島根文化財愛護協会　1971

『島根地方史論攷』　　藤岡大拙　ぎょうせい　1987

『島根の神々』　　島根県神社庁編　島根県神社庁　1987

『島根の百年』　　NHK松江放送局編　日本放送協会松江放送局　1968

『島根の文化財』　　島根県文化財愛護協会編　島根県文化財愛護協会　1990

『島根のまつりと伝統芸能』　　島根県観光連盟　1994

『神国島根』　　島根県神社庁編　島根県神社庁　1981

『宍道町史』資料編・通史編　　宍道町史編纂委員会編　宍道町　1999～2004

『新修島根県史』通史篇1～3・史料篇1～6・年表篇　　島根県編　島根県　1965～68

『新修松江市誌』　　新修松江市誌編纂委員会編　松江市　1962

『図説　中世城郭事典』3　　村田修三編　新人物往来社　1987

『図説日本の歴史32　図説島根県の歴史』　　内藤正中編　河出書房新社　1997

『続　山陰の武将』　　藤岡大拙・藤澤秀晴・日置粂左衛門　山陰中央新報社　1975

『大社町史』通史編・史料編　　大社町史編さん委員会編　大社町　1991～2002

『玉湯町誌』上・下　　玉湯町編　玉湯町　1964～82

『津和野郷土誌』　　内藤正中・森澄泰文編　松江文庫　1988

『津和野史』1～3　　沖本常吉編　津和野町史刊行会　1970～89

『津和野ものがたり』1～10　　沖本常吉ほか　津和野歴史シリーズ刊行会　1968～2000

『定本　島根県の歴史街道』　　池橋達雄監修　樹林舎　2006

『頓原町誌』全3巻　　頓原町誌編纂委員会編　頓原町　1997～2004

『日原町史』　　大庭良美　日原町　1976～79

『日本城郭大系14　鳥取・島根・山口』　　藤岡大拙ほか編　新人物往来社　1980

『日本の古代遺跡20　島根』　　前島己基　保育社　1993

『日本の民俗32──島根』　　石塚尊俊　第一法規出版　1973

『日本歴史叢書29　古代の出雲』(新装版)　　水野祐　吉川弘文館　1996

『日本歴史地名大系33　島根県の地名』　　山本清ほか監修　平凡社　1995

『浜田市誌』上・下　　浜田市誌編纂委員会編　浜田市　1973

『平田市誌』　　平田市誌編纂委員会編　平田市　1969

『広瀬町史』上・下　　広瀬町史編纂委員会編　広瀬町　1968～69

『益田』　　矢富厳夫　益田市観光協会　1988

『益田市誌』上・下　　益田市誌編纂委員会編　益田市　1975～78

『松江市誌──市制施行100周年記念』　　松江市誌編纂委員会編　松江市　1989

『松江城物語』　　島田成矩　山陰中央新報社　1985

『松江の民俗芸能』　　石村春荘・島田成矩編　松江郷土芸能保護育成協議会　1976

『美保関町誌』上・下　　美保関町誌編纂委員会編　美保関町　1986

『安来市誌』上・下　　安来市誌編纂委員会編　安来市　1999

『温泉津町誌』全4巻　　温泉津町誌編さん委員会編　温泉津町役場　1994～96

【年表】

時代	西暦	年号	事項
旧石器時代			正源寺遺跡・下黒田遺跡(松江市), 原田遺跡(奥出雲町), 新槇原遺跡(益田市)
縄文時代	早期		堀田上遺跡(邑南町), 菱根遺跡(出雲市)
	前期		佐太講武貝塚・西川津遺跡(松江市), 宮尾遺跡(隠岐の島町)
	中期		下鴨倉遺跡(奥出雲町), 石ヶ坪遺跡(益田市), 波子遺跡(江津市)
	後期		サルガ鼻洞窟住居跡・権現山洞窟住居跡(松江市), 三田谷遺跡(出雲市)
	晩期		石台遺跡・氏元遺跡(松江市), 板屋Ⅲ遺跡(飯南町)
弥生時代	前期		古浦遺跡・堀部1遺跡・西川津遺跡(松江市), 原山遺跡(出雲市), 鰐石遺跡(浜田市)
	中期		田和山遺跡(松江市), 荒神谷遺跡(斐川町), 加茂岩倉遺跡(雲南市), 猪目洞窟包含層(出雲市)
	後期		西谷墳墓群・古志本郷遺跡(出雲市), 沖丈遺跡(美郷町), 平田遺跡(雲南市), 九重遺跡・仲仙寺墳墓群(安来市), 大城遺跡(隠岐の島町)
古墳時代	前期		荒島古墳群(安来市), 神原神社古墳・松本1号墳(雲南市), 廻田1号墳(松江市), 大寺1号墳(出雲市), 大元1号墳(益田市)
	中期		廟所古墳・丹花庵古墳・金崎古墳群・徳連場古墳(松江市), 上島古墳(出雲市), 周布古墳(浜田市), スクモ塚古墳(益田市)
	後期		大庭鶏塚・山代二子塚・山代方墳・御崎山古墳・岡田山1号墳・安部谷古墳・岩屋寺跡古墳・出雲玉作跡(松江市), 岩舟古墳(安来市), 今市大念寺古墳・上塩冶築山古墳・上塩冶地蔵山古墳・宝塚古墳(出雲市), 鵜ノ鼻古墳群(益田市), 平神社古墳(隠岐の島町), 高津久横穴墓群(知夫村)
飛鳥時代	646	大化2	隠岐に駅鈴2個を分かつ
	659	(斉明5)	出雲国造に命じ, 杵築大社(出雲大社)造営させる
	692	(持統6)	鰐淵寺観音菩薩立像鋳造される
	702	大宝2	出雲は上国, 石見は中国, 隠岐は下国と区分される
	708	和銅元	忌部子首, 出雲守となる
奈良時代	716	霊亀2	出雲臣果安, 神賀詞奏上する
	724	神亀元	隠岐を遠流の地とする
	729	天平元	隠岐国郡稲帳つくられる
	733	5	『出雲国風土記』完成
	768	神護景雲2	出雲国分寺に吉祥天像1舗を安置
	792	延暦11	出雲国に100人, 石見・隠岐に各30人の健児がおかれる
平安時代	798	17	出雲国造, 意宇部大領との兼任を禁じられる
	814	弘仁5	俘囚の反乱により出雲国の3郡で免税

	838	承和5	小野篁, 隠岐に流される
	842	9	承和の変により伴健岑が隠岐に流される
	861	貞観3	渤海使150人, 隠岐より島根郡にくる
	884	元慶8	石見で国司襲撃事件おこる
	970	天禄元	源為憲著『口遊』に「雲太(出雲大社), 和二, 京三」と書かれる。この頃, 出雲大社, 東大寺大仏殿や大極殿を超えてもっとも高層な建築として知られる
	1107	嘉承2	源義親が出雲で目代を殺害したため, 因幡守平正盛が追討する
	1114	永久2	藤原定通(国兼)が石見国司として下向, 土着して益田氏の祖となったという
	1153	仁平3	鰐淵寺の石製経筒がつくられる
	1176	安元2	高倉天皇が出雲大社に秋野鹿蒔絵手箱を奉納
	1182	寿永元	鰐淵寺の銅鐘鋳造される
	1184	元暦元	鎌倉殿代官梶原景時, 平家方の岐須木次郎・横田兵衛尉らの追討を命ず
鎌倉時代	1193	建久4	近江・石見・長門国守護佐々木定綱, 隠岐一国地頭となる
	1221	承久3	後鳥羽上皇, 承久の乱により隠岐海士郡に配流
	1223	貞応2	石見国惣田数注文作成される
	1239	延応元	後鳥羽上皇, 隠岐苅田郷の行在所にて崩御
	1248	宝治2	杵築大社の造営遷宮
	1271	文永8	幕府, 守護佐々木氏らに命じて杵築大社三月会相撲舞頭役結番を定めさせる
	1295	永仁3	吉見頼行が津和野三本松城を築くという
	1309	延慶2	この頃, 大内弘幸, 石見銀山にきて銀を採掘したという
	1322	元亨2	孤峯覚明が雲樹寺を建立
	1332	正慶元(元弘2)	後醍醐天皇, 元弘の変により隠岐へ流される
南北朝時代	1333	2(3)	後醍醐天皇, 隠岐を脱出, 伯耆船上山に拠る。出雲の塩冶高貞, 石見の佐和顕連ら船上山に馳せ集まる
	1341	暦応4(興国2)	塩冶高貞, 佐々布にて自害するという
	1343	康永2(4)	足利尊氏, 佐々木高氏を出雲守護に任ず
	1344	3(5)	出雲国造, 千家・北島両家に分かれる
	1351	観応2(正平6)	足利直冬の軍, 出雲に攻め入り諸城を降す
	1374	応安7(文中3)	万福寺創建される
	1391	明徳2	山名満幸, 仁多郡横田の仙洞御領を押領して追討される。明徳

時代	年	和暦	事項
室町時代		(元中8)	の乱おこり，山名氏敗退
	1392	3 (9)	京極高詮が出雲・隠岐守護に補任される
	1399	応永6	石見守護大内義弘，堺で戦死
	1420	27	津和野永明寺建立されるという
	1425	32	石見国長浜に朝鮮人漂着，翌年使者が訪れ謝礼
	1441	嘉吉元	日親上人，出雲に巡錫する
	1458	長禄2	玉若酢命神社，大風により破損，隠岐国内に棟別銭を課して修理
	1467	応仁元	応仁の乱おこり，出雲・隠岐守護京極持清は東軍，石見守護山名政清は西軍となる
	1479	文明11	雪舟，益田兼堯の画像を描く
	1486	18	尼子経久，富田城を奪取し，戦国大名への道を歩み始める。この頃，益田の医光寺と万福寺の庭園なる
	1509	永正6	尼子経久，鰐淵寺に三カ条の掟を定める
	1524	大永4	尼子経久，日御碕社造営のために出雲と伯耆・石見の一部に棟別銭を課す
	1526	6	博多の豪商神谷寿禎，石見仙山で銀を採掘するという
	1541	天文10	尼子晴久，安芸吉田に毛利元就を攻めて大敗。尼子経久没する
	1543	12	大内義隆，富田城を攻め大敗する
	1555	弘治元	尼子晴久，伯耆大山寺を再建する
	1559	永禄2	毛利元就，正親町天皇の即位にあたり石州銀2000貫を献上
	1562	5	毛利元就，大挙して出雲に侵入
	1566	9	富田城落ち，尼子氏滅亡する
安土・桃山時代	1569	12	山中鹿介，尼子家再興を図り出雲に進攻
	1578	天正6	尼子勝久，上月城にて自刃する。山中鹿介も殺され，尼子家再興の企図は消える
	1589	17	毛利氏により出雲に検地
	1590	18	毛利氏により石見に検地
江戸時代	1600	慶長5	堀尾忠氏，出雲・隠岐24万石に封ぜられ，富田城に入る
	1601	6	大久保長安，初代石見銀山奉行となる。坂崎出羽守，津和野に入城
	1609	14	出雲大社遷宮
	1611	16	松江城竣工し，堀尾吉晴，富田城から移る
	1617	元和3	亀井政矩，因幡鹿野より津和野4万3000石に移封
	1619	5	古田重治，浜田5万4000石に移封され浜田城起工
	1634	寛永11	京極忠高，松江藩主となる
	1638	15	松平直政，松江藩主となる
	1639	16	洪水により，斐伊川が東流して宍道湖にそそぐ
	1649	慶安2	大原郡木次町に紙座をおく

1653	承応2	黒沢石斎、『懐橘談』を著す
1665	寛文5	津和野藩、紙専売仕法を施行
1666	6	松江藩の支藩広瀬藩(3万石)、母里藩(1万石)成立する
1673	延宝元	日御碕検校小野尊俊、隠岐へ流される
1677	5	大梶七兵衛が出雲荒木浜の拓殖に着手
1679	7	倉崎権兵衛、長門より招かれて楽山焼を始める
1686	貞享3	津和野城雷火により炎上
1687	4	松江藩は隠岐を幕府に返上、隠岐は大森代官管轄下におかれる
1691	元禄4	たたら製鉄に天秤ふいごを用いる
1696		江戸幕府、日本人の竹島渡海を禁ず
1719	享保4	隠岐布施村の藤野孫一、植林事業に着手
1720	5	隠岐国、再び松江藩の預かりとなる
1724	9	江戸浜田藩邸で鏡山事件おこる
1731	16	井戸平左衛門が大森代官となる
1732	17	石見地方大凶作で、井戸代官、囲米を放出して救助する。甘藷栽培をすすめる。出雲神門郡で百姓一揆おこる
1734	19	国東治兵衛、石見美濃郡遠田に藺草を植え、畳表を普及させる
1747	延享4	松江藩で小田切備中らによる延享の改革始まる
1748	寛延元	松江藩、義田方・泉府方・木実方を設ける
1758	宝暦8	松江藩、母衣町に藩校文明館開設
1759	9	本田忠敏、浜田藩主となるが、まもなく死去
1767	明和4	松江藩で朝日郷保による御立派の改革始まる
1769	6	松平康福、再び浜田藩主となる
1770	7	松平治郷(不昧)、『むだごと』を著して茶道改革を提唱
1776	安永5	大原郡加茂町に木綿市できる
1786	天明6	津和野藩校養老館創設
1787	7	佐太川開削工事竣工
1794	寛政6	松平治郷の指図で、家老有沢弌善の山荘内に菅田庵を建てる。平田の桔梗屋重兵衛、一式飾を始める
1798	10	国東治兵衛、『紙漉重宝記』を著す
1801	享和元	初代長岡住右衛門が松江楽山窯を再興する
1806	文化3	伊能忠敬、出雲・石見の海岸を測量する
1817	14	石田春律、『石見八重葎』を刊行
1825	文政8	仁多郡亀嵩の村上吉五郎が、そろばん製作を始める
1830	天保元	長岡サダ、広瀬絣を始める
1832	3	斐伊川の支流新川が開かれる
1836	7	浜田藩唐物密貿易事件(竹島事件)で、会津屋八右衛門と橋本三兵衛らが断罪される。松平斉厚、浜田藩主となる
1849	嘉永2	異国船、隠岐の諸浦に来航
1862	文久2	松江藩、防備のために英国製木造船と鋼鉄艦を購入

	1866	慶応2	第2次長州征討で幕軍は益田口に敗れ、浜田城は落城。石見は長州軍に占領され、大森に本陣をおいて軍政をしく
明治時代	1868	明治元	西園寺公望、山陰道鎮撫使として松江にくる。隠岐騒動おこり、松江藩の代官を追放する
	1869	2	隠岐に廃仏毀釈運動おこる
	1872	5	浜田に大地震おこり、石見畳ヶ浦・千畳敷できる
	1873	6	平田小学校・朝日山小学校・雑貨小学校開校
	1875	8	能義郡荒島の広田亀治がコメの新種「亀治」をつくる
	1876	9	鳥取県を島根県に合併
	1878	11	第七十九国立銀行、松江南田町で開業
	1879	12	第1回島根県会が開会。松江中学校・松江師範学校開校
	1880	13	浜田中学校開校
	1881	14	鳥取県、島根県から分離
	1882	15	松江で「山陰新聞」創刊
	1889	22	松江に市制施行。隠岐をのぞく町村に町村制を施行
	1890	23	ラフカディオ・ハーン(小泉八雲)、松江尋常中学校・師範学校の英語教師として赴任
	1895	28	隠岐汽船株式会社設立
	1896	29	島根県農会設立
	1905	38	ロシアのバルチック艦隊所属イルティッシュ号が那賀郡和木の海岸に漂着し、乗組員は投降する
	1909	42	県庁新庁舎が松江城三の丸跡に竣工
大正時代	1912	大正元	山陰線出雲今市―京都間が全通
	1916	5	安来製鋼所、特殊鋼の製造を始める
	1917	6	島村抱月の芸術座、「復活」を県下で公演
	1918	7	浜田で米騒動おこり、軍隊が出動し鎮圧する
	1925	14	松江で県下初の野外メーデー集会が開かれる
昭和時代	1926	昭和元	第1次若槻礼次郎内閣成立
	1928	3	伯備線倉敷―米子間が全通
	1931	6	柳宗悦の来県で民芸運動おこる
	1932	7	松江放送局JOTK開局
	1933	8	松江市に小泉八雲記念館設立
	1935	10	大本教主出口王仁三郎、松江市赤山の教会で逮捕される
	1940	15	浜田に市制施行
	1943	18	日立金属安来工場、和鋼記念館を設立
	1945	20	終戦直後、島根県庁が焼討ちされる
	1948	23	新制高校35校開校
	1949	24	島根大学開学。若槻礼次郎死去
	1951	26	松江市、「松江国際文化観光都市建設法」の指定を受ける
	1959	34	NHKとラジオ山陰、枕木山からテレビ放送を開始

	1961	36	島根県総合振興計画策定
	1963	38	豪雪で県下全域に大被害。三瓶山・島根半島・隠岐島が国立公園に指定される
	1968	43	八束郡八雲村の安部栄四郎，紙漉きの人間国宝に指定される
	1969	44	知夫・海士・周吉・穏地4郡が合併して，隠岐郡となる
	1970	45	国営中海干拓・淡水化事業起工
	1971	46	第22回全国植樹祭が三瓶山で行われる
	1972	47	7月豪雨により県下全域大洪水。神原神社古墳から「景初三年」銘の銅鏡が出土
	1974	49	中国電力島根原子力発電所営業運転開始
	1975	50	三江線全線開通。島根医科大学開学
	1977	52	松江駅高架化完成
	1979	54	益田市に石西県民会館完成
	1980	55	出雲―東京間，ジェット機就航
	1982	57	第37回国民体育大会「くにびき国体」開催
	1983	58	県西部に記録的豪雨。死者・行方不明者107人
	1984	59	岡田山古墳出土円頭大刀に12文字の銘文が発見される。荒神谷遺跡で銅剣358本出土
	1985	60	荒神谷遺跡で銅鐸6個，銅矛16本が出土
	1987	62	竹下登内閣発足
	1988	63	中海干拓・宍道湖淡水化事業凍結
平成時代	1989	平成元	島根医科大学で国内初の生体肝移植
	1991	3	台風19号，農作物などに大被害を与える。中国横断自動車道広島浜田線全線開通
	1993	5	米作，最悪の凶作。石見空港開港。隠岐航路に超高速船就航
	1994	6	斐伊川放水路事業起工
	1996	8	加茂岩倉遺跡で銅鐸39個出土
	1999	11	三瓶山麓で縄文時代後期の火山活動で埋没したスギの巨木林が発見される。島根県立美術館，松江市に開館
	2000	12	出雲大社境内から本殿の巨大柱根が発見される。中海干拓・宍道湖淡水化事業の中止が正式決定される
	2001	13	田和山遺跡の保存決定(国指定史跡)
	2005	17	「竹島の日を定める条例」公布
	2007	19	島根県立古代出雲歴史博物館開館。石見銀山遺跡とその文化的景観が世界遺産に登録される。松江開府400年祭始まる
	2009	21	石州半紙がユネスコの世界遺産(無形文化遺産)に登録される
	2010	22	出雲弥生の森博物館開館
	2011	23	佐陀神能がユネスコの世界遺産(無形文化遺産)に登録される
	2013	25	隠岐諸島が世界ジオパークに認定される
	2015	27	松江城天守が国宝に指定される

【索引】

ア

会津屋(今津屋)八右衛門頌徳碑……………191
青木遺跡……………………………………86
赤穴八幡宮…………………………135, 136
赤禿山………………………………………264
明屋海岸……………………………………261
AQUAS(島根県立しまね海洋館)…………196
上島古墳……………………………………89
顎無地蔵……………………………………241
朝日たたら跡………………………………116
阿太加夜神社……………………………49, 50
穴神横穴墓群……………………………12, 13
安部栄四郎記念館…………………………41
安部谷古墳…………………………………43
海士御塩司所………………………………261
尼子清貞………………………………25, 26, 53
尼子里御殿跡…………………………27, 28
尼子経久……23-26, 28, 39, 40, 49, 53, 100, 150
尼子晴久………………………24, 25, 28, 39, 40, 50
天佐志比古命神社(一宮神社)……………263
天健金草神社………………………………240
海士町後鳥羽院資料館…………256-258, 260
天鏡神社……………………………………45
荒島古墳群…………………………………15
阿羅波比神社………………………………81
有福神楽……………………………………189

イ

飯南町民俗資料館…………………………135
伊賀多気神社………………………………144
伊賀見古墳…………………………………57
伊甘神社……………………………………192
医光寺………………………………188, 214
石銀集落跡…………………………………167
伊志見一里塚…………………………59, 119
石宮神社………………………………56, 57
石屋古墳……………………………………48
出雲国府(庁)跡………………37, 38, 42, 43, 46
出雲国分寺跡・国分尼寺跡……………47, 48
出雲国分寺瓦窯跡…………………………47
出雲市立一色飾展示館……………………91
出雲市立吉兆館………………………104, 105
出雲市立平田本陣記念館(木佐邸)……90, 91
出雲市立木綿街道交流館(本石橋邸・長崎邸)……………………………………90
出雲大社……25, 39, 40, 50, 58, 59, 61, 66, 67, 87, 91, 97-107, 109, 113, 118, 139, 152, 224
出雲玉作跡………………………………54, 55
出雲阿国の墓………………………………106
出雲国山代郷遺跡群正倉跡……………45, 46
出雲文化伝承館…………………………108, 111
出雲民芸館………………………………114, 115
伊勢命神社…………………………………242
五十猛のグロ………………………………152
一畑電車出雲大社前駅舎…………………98
一畑薬師(一畑寺)………………………94-96
絲原記念館・絲原家住宅…………29, 139, 140
井戸平左衛門正明…………………………161
稲佐の浜……………………………102, 106, 107
犬町(郡)廃寺………………………………242
井野神楽……………………………………200
猪目洞窟遺跡………………………………97
今市大念寺古墳…………………………110, 111
揖夜神社……………………………………50
巌倉寺…………………………………26, 27
岩舟古墳……………………………………19
石見銀山遺跡……………………………157, 159
石見銀山街道……………………157, 168, 169, 184
石見銀山資料館…………………………154, 158
石見銀山世界遺産センター………………167
石見国府跡…………………………………192
石見国分寺跡(金蔵寺)……………………194
石見国分寺瓦窯跡…………………………194
石見国分尼寺跡(国分寺)…………………194
石見城跡……………………………………171
石見畳ヶ浦………………………………195, 196

岩屋後古墳	38
岩屋寺跡古墳	55
岩屋寺の切開	144
インヨウチク群落	11, 12
蔭涼寺	137

―ウ―

上野1号墳	59
宇賀神社	114
海潮山王寺神楽	129
海潮のカツラ	128
薄井原遺跡	73
宇受賀命神社	242, 260
内神社	71
鵜ノ鼻古墳群	206
鵜丸城跡	172
宇竜港	95
雲州久邑長沢焼窯跡	118
雲州そろばん伝統産業会館	145
雲樹寺	8, 10
雲松寺	218
雲南市木次町郷土文化保存伝習施設「でんしゅう館」	129
雲南市永井隆記念館	131

―エ―

永明寺	220-222
エクス和紙の館	198
恵比寿神社(大田市)	172
円成寺	53, 81
円応寺	151
塩冶判官高貞	57, 108, 112

―オ―

大内義隆	24-26, 50, 152, 169, 212, 226
大垣大塚古墳群	70
大草岩船古墳	43
大久保長安の墓	167
大久保間歩	164, 167
大城遺跡	234
大谷土居跡	211
大寺古墳	88
大寺薬師(万福寺, 出雲市)	86, 88
大土地神楽	105
大成古墳	14-17
邑南町郷土館	182
大庭鶏塚	45
大船山	96
大元神楽伝承館	179
大元古墳群	207
大元神社跡の樟	216
大森代官所跡	157, 158, 170
大森代官墓所	160, 167
大山神社	252
岡田山古墳	36-38, 42
小川庭園	187, 188
隠岐郷土館(旧周吉外三郡役所庁舎)	242, 243
隠岐国賀海岸	245, 253, 254
億岐家住宅	237
隠岐国府跡推定地	237
隠岐国分寺	238, 239, 248
隠岐国分尼寺跡	239
隠岐自然館	233
隠岐氏館跡	237
隠岐白島海岸	244
隠岐神社	258, 260
隠岐知夫赤壁	264
隠岐島前神楽	250
隠岐の田楽と庭の舞	250, 253
隠岐海苔田ノ鼻	246
隠岐布施海岸	246
隠岐モーモードーム	241
奥飯石神職神楽	136
奥出雲たたらと刀剣館	29, 140
奥出雲多根自然博物館	137
小倉宮教尊王墓[伝]	262
乙女峠記念聖堂	222
鬼舌振	138, 139
表匹見峡	219
陰地たたら跡	140

―カ―

加賀の潜戸	68, 69

柿本神社（江津市）……………………188	旧八川郵便局………………………146
柿本神社（益田市）……………………210	教昊寺跡（野方廃寺）………………10, 11
鰐淵寺……………6, 25, 86, 89, 92-94, 100, 238, 248	清水寺（安来市）………………………6-8
月山…………………………………23, 27-29	金光寺…………………………………260
葛飾北斎美術館……………………221, 222	金光寺山………………………………260
勝日高守神社…………………………26, 29	金崎古墳群……………………………73
金屋子神社（安来市）……………29-31	─ク─
金屋子神話民俗館…………………29, 31	櫛山城跡………………………………172
金谷の城山桜………………………218, 219	口田儀台場跡（手引ケ浦台場公園）……118
可部屋集成館……………………29, 137, 138	熊谷家住宅……………………………160
釜屋間歩……………………………166, 167	熊野城跡………………………………41
上塩冶地蔵山古墳…………………111, 112	熊野大社…………………………39, 40, 42, 102
上塩冶築山古墳………………………111	久見神楽………………………………242
亀井氏歴代の墓所……………………222	雲見の滝……………………………132, 133
加茂岩倉遺跡………54, 103, 119, 124, 125	黒木御所跡（黒木神社）……………238, 248
賀茂神社（邑智郡邑南町）…………184	黒沢囃子田……………………………202
神魂神社………………38, 39, 43, 44, 50, 62	桑原史成写真美術館…………………221
唐音の蛇岩……………………………206	─ケ─
仮屋遺跡…………………………179, 180	華蔵寺………………………………63, 64
菅田庵・向月亭……………………72-74	月照寺…………………………………80, 81
神門寺…………………………………112	源福寺跡（後鳥羽上皇行在所跡）……258-260
甘南備寺……………………………176, 177	─コ─
神庭岩船山古墳………………………120	小泉八雲旧居・小泉八雲記念館………74, 76
神原神社古墳…………………103, 125-127	興雲閣…………………………………78, 79
─キ─	康国寺…………………………………89
城上神社……………………………157, 158	迎接寺…………………………………49
岸静江の墓……………………………215	荒神谷遺跡………54, 103, 112, 119, 120, 125
北島国造館……………………………102	荒神谷・後谷古墳群…………………44
北新造院跡・南新造院跡（四王寺跡）……46	弘長寺…………………………………56
木谷石塔………………………………177	国府尾城跡……………………………237
喜多八幡宮……………………………151	国府原古墳群…………………………238
貴布祢神社・稲荷神社（神魂神社末社）……38	光明寺（雲南市）……………………127
貴船神社（雲南市）………………127, 128	光明寺3号墳…………………………112
旧江津郵便局…………………………186	高野寺（出雲市）…………………96, 116
旧大社駅本屋…………………………106	五箇創生館……………………………244
旧津和野藩邸馬場先櫓………………224	極楽寺（出雲市）……………………114
旧道面家住宅………………………217, 218	小坂古墳（刈山古墳群28号墳）……112
旧歩兵第21連隊雨覆練兵場（島根県立浜田高等学校第二体育館）………196	古曽志大塚1号墳……………………70
旧堀氏庭園……………………………228	古代出雲王陵の丘……………………14
	古代鉄歌謡館（ミューズエコー）……29, 128

索引　305

後醍醐天皇……8, 55, 60, 62, 93, 94, 102, 238, 248, 249, 263, 264	佐渡公園……256
後醍醐天皇御座所跡(千福寺跡)……249	佐毘売山神社……165
琴ヶ浜……155	サルガ鼻洞窟住居跡……62, 63
後鳥羽上皇……60, 62, 104, 187, 241, 256, 259, 260	山内生活伝承館……29, 133
	三瓶小豆原埋没林……155
後鳥羽上皇御火葬塚……241, 258, 259	三瓶山……64, 106, 153-155
小浜遺跡……62, 63	―シ―
古墳の丘古曽志公園……69-71	椎山第1号墳……58
五本松公園……62	塩津神社古墳……14, 18, 19
小丸山古墳……207-209	塩津山墳墓群(荒島古墳群塩津山支群)……14-18
固屋城跡……257, 258	
御料銀山町年寄山組頭遺宅高橋家……164	塩見縄手……74
御料郷宿泉屋遺宅金森家……162	鳴山公園……185
御料郷宿田儀屋遺宅青山家……160, 161	志谷奥遺跡……65
御霊会風流……236	志多備神社……41
木幡家住宅……57, 58	シッカク踊……153
権現山洞窟住居跡……62	志都の岩屋……183
金剛寺……71	島根県水産技術センター栽培漁業部……253
権得寺廃寺……238	島根県立古代出雲歴史博物館……11, 12, 20, 69, 86, 93, 94, 100, 111, 117, 126, 184, 199, 218
―サ―	
西郷港……232, 234, 241, 245	
西郷陣屋跡……233	島根県立三瓶自然館サヒメル……154, 155
西郷測候所……233	島根県立図書館……79
西塔寺遺跡……257	島根県立美術館……51, 52
斎藤茂吉鳴山記念館……185	島根県立八雲立つ風土記の丘・展示学習館……36-38, 42, 48, 65, 196
津井ノ池……234	
西本寺……163	島の星山……188
坂崎出羽守直盛の墓……222	島村抱月生誕地顕彰の杜公園……197
佐香神社(松尾神社)……94	清水谷精錬所跡……166
坂根口番所跡……170	下府廃寺塔跡……192, 193
埼田神社……114	下須の萬歳楽……217
鷺の湯病院跡横穴墓石棺……19	下瀬山城跡……217
鷺舞……224, 225	十王免横穴群……47
櫻井家住宅……138	順庵原1号墳……181-183
廻田1号墳……48	出西・伊波野一里塚……118
佐々木家住宅……234, 235	寿福寺……132
笹倉八幡宮……218	城安寺(安来市)……27, 28
佐太講武貝塚……68	常栄寺……40
佐太(陀)神社……61, 65-69, 72, 118	浄音寺……39
	承久海道キンニャモニャセンター……255, 256

勝源寺	160
城山稲荷神社	49, 76, 80
成相寺	69
正法寺	200
松養寺	261, 262
正林寺	39
正蓮寺	198
浄蓮寺	198
白潟公園	51, 52
白潟天満宮	51, 52
白島神社	244
心覚院	191
新切間歩	166
新宮党館跡	28
心光院	151
新横原遺跡	219
新横相間歩	165

― ス ―

推恵神社	260
須我神社	44, 129, 130
菅谷たたら山内	29, 132, 133
スクモ塚古墳	207, 208
須佐神社	115, 116
周布古墳	199
諏訪神社(邑智郡邑南町)	180

― セ ―

清久寺(地蔵院)	232
清光院	74, 81
清水寺(大田市)	166
清水寺(隠岐郡海士町)	261
清泰寺	186
石州半紙	197, 201
雪舟灰塚	214
千家国造館	102
泉光寺	210, 211
善光寺	52, 53
千手院	39, 74
千丈渓	176
禅定寺	131, 132
船通山	139, 143

― ソ ―

蔵泉寺口番所跡	157, 163
崇福寺	153
外浜遺跡	255
染羽天石勝神社	213, 214
そろばんと工芸の館	145

― タ ―

代官所地役人遺宅阿部家	162
代官所地役人遺宅岡家	158
代官所地役人遺宅三宅家	162
代官所同心遺宅柳原家	162
大喜庵	209
太鼓谷稲成神社	223-225
大根島熔岩隧道(幽鬼洞・竜渓洞)	64, 65
大麻山神社	199, 200
大満寺山	246
高尾暖地性闊葉樹林	247
高田神社	240
高野寺(大田市)	156
宝塚古墳(一保塚)	114, 115
田儀櫻井家たたら製鉄遺跡	29, 117
多久神社	114
焼火神社	232, 250-252
竹崎のカツラ	142
竹田遺跡	256, 257
多胡家表門	222, 223
多古の七ツ穴	69
多陀寺	193
たたら角炉伝承館	29, 137
鑪崎	210
立久恵	115
立虫神社	118
タテチョウ遺跡	73
旅伏山	89
田部家土蔵群	29
玉造築山古墳	56
玉作湯神社	56
玉作要害山城跡	56
玉若酢命神社	236, 237, 239, 240, 242
田和山遺跡	53, 54

壇鏡神社・壇鏡の滝	240, 241
断魚渓	178
丹花庵古墳	69, 70

―チ―

知夫村郷土資料館	263
仲仙寺古墳群	14-16
長谷寺	127

―ツ―

築島の岩脈	69
月無遺跡	238
槻の屋神楽	129
月の輪神事	9
造山1・2・3号墳(荒島古墳群造山支群)	14-17
都万目の民家	243
鶴岡八幡宮	150
津和野カトリック教会	222, 223
津和野城(三本松城)跡	220, 224, 225
津和野町郷土館	223
津和野町民俗資料館	223
津和野町立安野光雅美術館	221
津和野町立日原天文台	217
津和野町立日原歴史民俗資料館	217
津和野藩校養老館	222, 223
津和野藩御殿跡	224, 226
津和野美術館	221
津和野町役場津和野庁舎(旧鹿足郡役所)	222, 223

―テ―

手銭記念館	104
鉄の未来科学館	29, 133
鉄の歴史博物館	29, 133
寺ノ峰経塚	255
天平古道	47
天倫寺	81, 82

―ト―

桐岳院	74
洞光寺(松江市)	52, 53, 74
洞光寺(安来市)	26
島後原田神楽	239
藤間家住宅	105
東陽庵	215
トカゲ岩	247
十神山	4, 9
徳連場古墳	55, 56
富田川河床遺跡	21-23
富田城跡	21, 23, 26
富田八幡宮	28
鳶が巣城跡	88
鞆ヶ浦	157, 169, 170
鞆ヶ浦道	169
豊栄神社	163
豊田神社	216
鳥上滝	139, 144
鳥上木炭銑工場角炉施設	142

―ナ―

中沼了三生家跡	245
中山墳墓群	179
那智神社	218
七尾城(益田城)跡	211-213
並河家住宅	5
波来浜遺跡	196
名和長年	94, 108, 249

―ニ・ヌ・ノ―

仁王寺	127
西周旧居	226, 227
西谷墳墓群	17, 112-114
西ノ島ふるさと館(西ノ島町自然民俗資料館)	250
尼寺原遺跡	239
西村神社	246
日刀保たたら	140, 142
二宮神社古墳	238
仁摩サンドミュージアム	156
仁万の珪化木	155
抜月神楽	218
乃木二子塚古墳	54

―ハ―

波子遺跡	196
秦記念館	219

羽内谷鉱山鉄穴流しの本場	142
放れ山古墳	114
羽根西の珪化木	154
浜田市旭歴史民俗資料館	198
浜田市金城民俗資料館	197, 198
浜田市金城歴史民俗資料館	196, 197
浜田市三隅歴史民俗資料館	201
浜田城跡	190, 191
浜田市立第一中学校屋内運動場	196

―ヒ―

東百塚山古墳群・西百塚山古墳群	43
菱浦港	255, 256, 261
日御碕神社	108, 109, 260
日御碕灯台	109
日御碕の大ソテツ	109
日原神社	128
毘売塚古墳	9
日吉神社	250, 253
平所遺跡	38, 44, 48
平浜八幡宮	43, 48-50
広瀬絣センター	21
広瀬重要民俗資料収蔵庫	22

―フ―

福王寺	208
福神山間歩	164
福泉寺	189
二ツ山城跡	181, 184
仏谷寺	62, 194
普門院	79, 80
古天神古墳	43

―ヘ―

兵庫遺跡	250, 255
平神社古墳	239
碧風館	248, 249
別府山八幡宮	189

―ホ―

法王寺	117
報恩寺古墳群	56
法眼寺	80
保元寺	128
宝照院	61, 81
仏山古墳	14, 17
堀江家住宅	134
堀尾忠氏	24, 27, 53, 74, 77
堀尾忠晴	53, 56, 80
堀尾吉晴	24, 27, 49, 53, 77, 78, 81, 82
堀部第1遺跡	67
本願寺	82, 117, 118
本間歩	167

―マ―

益田兼堯の墓	212
益田兼見の墓[伝]	213
益田氏城館跡	210
益田市立雪舟の郷記念館	208, 209
益田市立歴史民俗資料館(旧美濃郡役所)	213
松江市鹿島歴史民俗資料館	67
松江城(千鳥城)	27, 49, 64, 74, 76-80
松江市立出雲玉作資料館	55
松江神社	78
松江藩主松平家墓所	80
松島の磁石石	210
松代鉱山の礬石産地	154
松平直政	49, 64, 76, 78, 80-82, 108, 259
松平治郷(不昧)	73, 74, 79-81, 89, 108, 130, 138
松本第1号墳	130
真名井神社	39, 43, 46
丸山城跡	178
万九千神社	118
万福寺(雲南市)	128
万福寺(益田市)	188, 208, 212-215

―ミ―

三浦周行の墓	80
三葛神楽	219
御崎山古墳	38
三沢城跡	136
瑞穂ハンザケ自然館	181, 182
三隅大平ザクラ	201, 202
三隅神社	200, 201

索引 309

三隅高城跡	202
水若酢神社(一宮さん)	235, 241, 242
三谷神社	114
美田八幡宮	249, 250
見付島	249
三刀屋じゃ山城跡及び三刀屋尾崎城跡	130
峯寺	130
美保神社	60-62, 81
美保の北浦	62
見々久神楽	113
三宅御土居跡	210, 211, 213
宮田遺跡	132
宮尾遺跡	234
妙義寺	212
明神古墳	154
妙用寺	184
妙蓮寺山古墳	114
三渡八幡宮	216, 217, 252

― ム・メ ―

村上家	257, 258
室谷の棚田	200
明々庵	74
女夫岩遺跡	57, 58
売布神社	52

― モ ―

毛利元就	21, 24, 25, 28, 52, 88, 93, 163, 164, 169, 171, 181, 184, 226
モニュメント・ミュージアム来待ストーン	56, 57
物部神社	152, 153
森鷗外旧宅・森鷗外記念館	226, 227
森鷗外の墓	222
杜塾美術館	221
文覚窟	252

― ヤ ―

八重垣神社	44, 45
八百スギ	236
弥栄神社	221, 223-225
安来一里塚	5, 6, 119
安来市いにしえ横穴学習館	12
安来市立歴史資料館	21, 24
安来節演芸館	11
安原備中(伝兵衛)の墓・霊所	167
矢滝城跡	169
矢田横穴墓群	19, 20
柳神楽	216
矢筈城跡	169
山代二子塚	45, 46, 110
山代方墳	46
山中鹿介幸盛	25, 26, 28
山辺神社	186
山吹城跡	163

― ユ ―

由来八幡宮	135
温泉津	157, 168-172
温泉津沖泊道	168-170
由良比女神社	242, 253

― ヨ ―

要害山公園	58
横田相愛教会(旧救世軍会館)	145, 146
横田八幡宮	144

― ラ・リ・レ・ロ ―

羅漢寺	162
竜雲寺	201, 202
龍源寺間歩	164, 165, 167, 170
龍昌寺跡	167
蓮乗院	6, 8
ローソク島	244
六所神社	37, 39, 42, 43

― ワ ―

和鋼博物館	4, 5, 16, 29
鷲ヶ峰	247
鷲原八幡宮	227, 228
割田古墳	180

【執筆者】(五十音順　2015年10月現在)

編集・執筆委員
勝部昭　かつべしょう(島根県文化財愛護協会)
山根正明　やまねまさあき(島根県中世史研究会)

執筆委員
赤山克司　あかやまかつし(県立安来高校)
大谷晃二　おおたにこうじ(県立松江北高校)
岡一宏　おかかずひろ(県立松江南高校)
坂根昌宏　さかねまさひろ(県立松江東高校)
服部美紀夫　はっとりみきお(県立松江商業高校)
原慶三　はらけいぞう(県立松江東高校)
山﨑誠　やまさきまこと(県立隠岐養護学校)

【写真所蔵・提供者】(五十音順, 敬称略)

赤穴八幡宮	島根県立三瓶自然館
出雲観光協会	浄音寺
大寺薬師奉賛会	心覚院
隠岐の島町教育委員会	清泰寺
鰐淵寺	天倫寺
甘南備寺	ひらた中高年者まちづくり企業組合
華蔵寺	益田市観光協会
榊原信也	益田市立雪舟の郷記念館
島根県観光連盟	松江市教育委員会
島根県教育庁文化財課	三浦誠二
島根県教育庁埋蔵文化財調査センター	峯寺
島根県古代文化センター	八重垣神社
島根県立古代出雲歴史博物館	安来市教育委員会

本書に掲載した地図の作成にあたっては，国土地理院長の承認を得て，同院発行の２万５千分の１地形図，５万分の１地形図，20万分の１地勢図を使用したものである(承認番号 平19総使, 第47-M036121号　平19総使, 第46-M036121号　平19総使, 第45-M036121号)。

歴史散歩㉜
島根県の歴史散歩

| 2008年3月10日　1版1刷発行　2016年3月10日　1版3刷発行 |

編者────島根県の歴史散歩編集委員会
発行者───野澤伸平
発行所───株式会社山川出版社
　　　　　〒101-0047　東京都千代田区内神田1-13-13
　　　　　電話　03(3293)8131(営業)　　03(3293)8135(編集)
　　　　　http://www.yamakawa.co.jp/　振替　00120-9-43993
印刷所───図書印刷株式会社
製本所───株式会社ブロケード
装幀────菊地信義
装画────岸並千珠子
地図────株式会社昭文社

Ⓒ　2008　Printed in Japan　　　　　　　ISBN978-4-634-24632-4
・造本には十分注意しておりますが，万一，落丁・乱丁などがございましたら，
　小社営業部宛にお送りください。送料小社負担にてお取り替えいたします。
・定価は表紙に表示してあります。

島根県全図

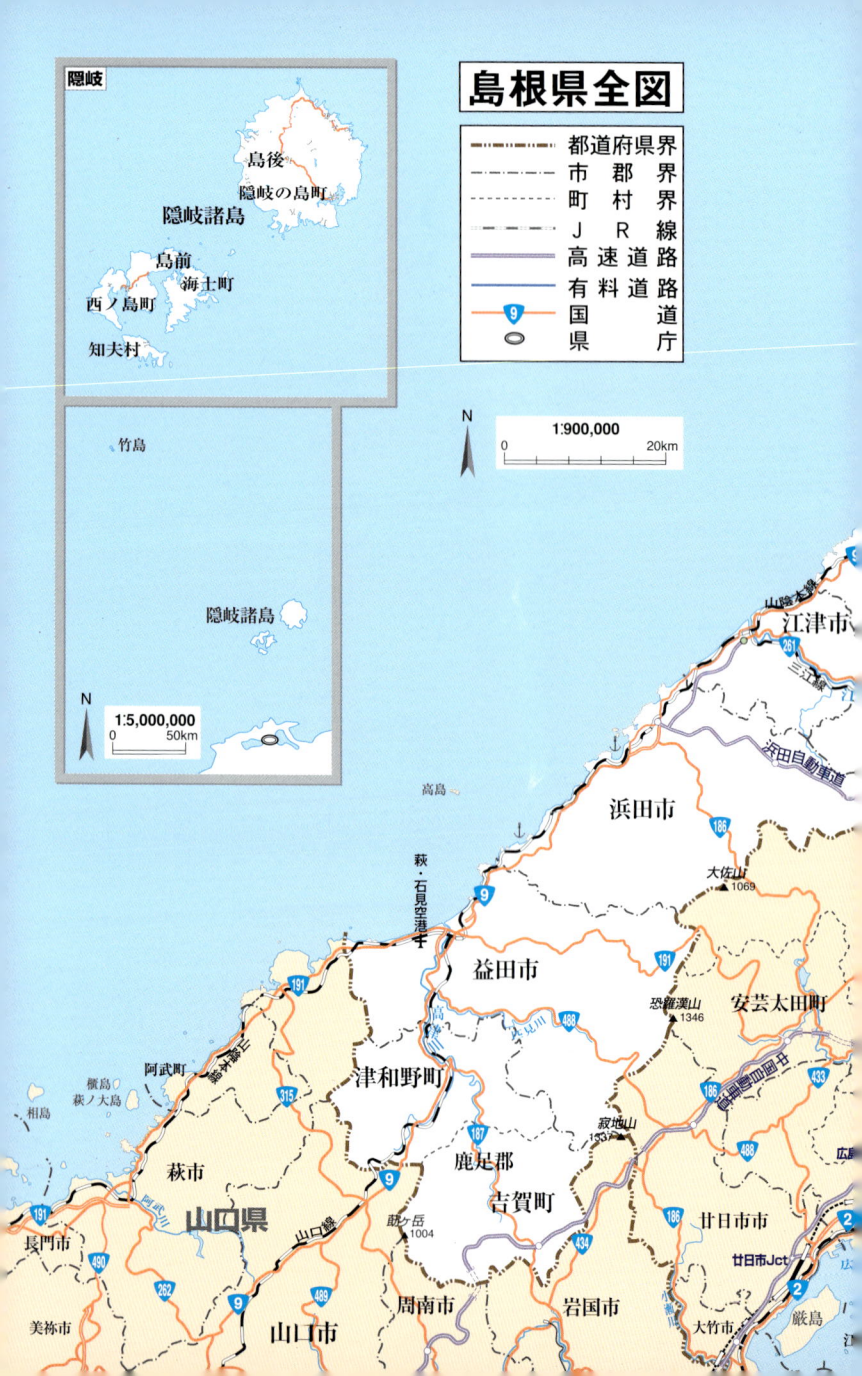

隠岐

- 島後
- 隠岐の島町
- 隠岐諸島
- 島前
- 海士町
- 西ノ島町
- 知夫村

凡例
- 都道府県界
- 市郡界
- 町村界
- JR線路
- 高速道路
- 有料道路
- 国道（9）
- 県庁

1:900,000 0 20km

竹島

隠岐諸島

1:5,000,000 0 50km

- 江津市
- 浜田市
- 大佐山 1069
- 高島
- 萩・石見空港
- 益田市
- 安芸太田町
- 恐羅漢山 1346
- 阿武町
- 横島
- 萩ノ大島
- 相島
- 津和野町
- 寂地山 1337
- 萩市
- 鹿足郡
- 吉賀町
- 廿日市市
- 長門市
- 美祢市
- 山口県
- 山口市
- 眺ヶ岳 1004
- 周南市
- 岩国市
- 大竹市
- 廿日市Jct
- 厳島